T.X.H. Pantcheff
Der Henker vom Emsland

D1719470

T.X.H. Pantcheff

DER HENKER VOM EMSLAND

Dokumentation einer Barbarei am Ende des Krieges 1945

SCHUSTER

ISBN 3-7963-0324-2
2. Auflage 1995
Berichtigter Nachdruck der im Bund-Verlag Köln unter dem Titel:
›Der Henker vom Emsland. Willi Herold. 19 Jahre alt‹
erschienenen 1. Auflage 1987. Übersetzung aus dem Englischen:
Liselotte Julius.
Der Nachdruck wurde ergänzt um eine Aufstellung von Berichtigungen/
Ergänzungen.
Die Abbildungen wurden neu reproduziert nach den Originalen aus dem
Nachlaß des Autors.
© 1995 by Verlag SCHUSTER 26789 Leer
Veröffentlichungen in Medien gleich welcher Art bedürfen einer vorherigen
schriftlichen Genehmigung.
Einbandentwurf: A. Langwisch
Gesamtherstellung: Hans Kock Buch- und Offsetdruck GmbH, Bielefeld
Printed in Germany

Inhalt

Keine der in diesem Buch geschilderten Personen oder Begebenheiten ist erfunden. Soweit als möglich entspricht jedes Wort, jede Handlung genauestens den damaligen Aufzeichnungen.

Zum Geleit

Wir können nichts ungeschehen oder wiedergutmachen. Ermordeten kann man ihr Leben nicht wiedergeben, Gefolterten und Verfolgten nicht einreden wollen, es sei alles so wie vorher.

Was wir aber können, das ist, immer wieder den Versuch machen, aus dem Unsäglichen zu lernen.

Auszug aus einer Rede von Willy Brandt
anläßlich einer Gedenkstunde der DGB-Jugend Bayern
zur »Reichskristallnacht 1938«
in der KZ-Gedenkstätte Dachau am 6. November 1982

Vorwort

Es gab mehrere Gründe, aus denen es lohnend erschien, dieses Buch zu schreiben. Vom rein menschlichen Standpunkt aus handelt es sich um eine gute Geschichte, die auf wahren Tatsachen beruht, aber darum nicht weniger anrührt.

Vom historischen Standpunkt aus spricht sicher manches dafür, ein Stück von dem festzuhalten, was in einem bestimmten Augenblick, an einem bestimmten Ort geschah, Ereignisse, die für die Beteiligten eine große – mitunter verhängnisvolle – Rolle spielten, damals jedoch von den einschneidenderen Umwälzungen überschattet wurden, die 1945 und 1946 die Welt beschäftigten.

Und vom politischen Standpunkt aus bringt es ein warnendes Beispiel vergangener Schreckenstaten.

Man macht es sich zu einfach, wenn man in großen ideologischen Begriffen – richtigen oder falschen – denkt; das gilt auch für damals und noch viel mehr für spätere Zeiten und Generationen beim Rückblick aus sicherer Distanz. Vielleicht täte es uns allen gut, auf den Boden der Wirklichkeit zurückzukehren und nicht nur die breiten geschichtlichen Entwicklungen zu betrachten, sondern auch das, was dem einzelnen Menschen widerfährt. Dieses Buch befaßt sich weniger mit politischer Theorie als mit ihren Auswirkungen in der Praxis; mit der Geisteshaltung, die sie bei ihren Anhängern und ihren Kritikern auslöste; und mit dem daraus resultierenden Einfluß auf eine kleine Gruppe von Menschen.

Aus all diesen Überlegungen heraus habe ich das Buch »Der Henker vom Emsland« den Opfern von Tyrannei und

9

willkürlicher Gewalt gewidmet – überall und zu jeder Zeit, in der Gegenwart wie in der Vergangenheit.

Daher bin ich Willy Brandt überaus dankbar für die Genehmigung, einige Sätze aus einer seiner Reden zu zitieren – gehalten in Dachau, am 6. November 1982. Ferner möchte ich Otto Spehr meinen Dank aussprechen für seine Unterstützung und Hilfe bei der deutschen Ausgabe; dem Bund-Verlag für die Bereitschaft, sie zu veröffentlichen; Colin Partridge für das Zeichnen der Karten und viel praktische Unterstützung; allen, die bei der Überprüfung des Textes mithalfen, insbesondere Major Michael Evelyn, der auch als Kontrollinstanz für mein Erinnerungsvermögen fungieren konnte; und nicht zuletzt Mrs. Janet Wilson für die Geduld, die sie an der Schreibmaschine bewiesen hat.

Sollte die Darstellung nicht umfassend genug erscheinen, so bitte ich um Entschuldigung. Eventuell im Text verbliebene Irrtümer gehen natürlich zu meinen Lasten.

T. X. H. Pantcheff
Alderney, Channel Islands

TEIL I

Das Verbrechen

März bis Mai 1945

I

Der Junge schleppte sich mühsam über die lange, schnurgerade Landstraße dahin, die kein Ende zu nehmen schien.

Der scharfe Märzwind ließ keinen Zweifel, daß der Winter noch nicht vorbei war. Im Grenzgebiet zwischen Holland und Deutschland herrscht vorwiegend ein rauhes Klima, während es gegen Süden, in der hügeligen Umgebung von Limburg, milder ist. Nördlich des Rheins jedoch flacht das Gelände immer mehr ab und wird zunehmend öder und trostloser – bis zu den Kanälen und Mooren im Emsland, dem Wattenmeer und der Nordsee. Wer Wasservögel liebt oder an ihrer Ausrottung sportliches Vergnügen findet, ist von der Gegend fasziniert, ob in der Brut- oder in der Jagdzeit, je nach Geschmack. Für die übrigen Menschen aber ist es ein trübseliger, feuchter Landstrich, auf dessen glitschigem Sumpfboden sich die wenigsten freiwillig ansiedeln.

Ende März des Jahres 1945 brach über die Deutschen in diesem kalten, unwirtlichen Gebiet hinter der holländischen Grenze die Niederlage herein. Die amerikanische Armee hatte den Rhein an mehreren Stellen im Süden, Montgomery an der nördlichsten bei Wesel überquert. Der nördlich des Niederrheins gelegene Teil Nordwestdeutschlands wurde von britischen, kanadischen und polnischen Truppen der 21. Heeresgruppe bedroht, die nun weiter nach Mitteldeutschland vorstoßen wollten. Eine bittere Stunde für viele Deutsche, die vergeblich versucht hatten, diesen Vormarsch aufzuhalten, und sich jetzt mit den jahrelang als undenkbar geltenden Folgen konfrontiert sahen.

Zu diesen Betroffenen gehörte auch der Junge. Als Gefreiter der Fallschirmjäger hatte er im Westen bei der Gruppe Gramse gekämpft, einem jener zahlreichen Sonderverbände, die in den Wirren dieser letzten Kriegswochen hastig zusammengewürfelt wurden. Bei Gronau hatte er in dem ständigen Hin und Her seine Einheit verloren und befand sich nun auf dem Weg nach Bentheim – erschöpft, durchnäßt, allein, ohne Verbindung zu irgendeiner deutschen Einheit, ohne Marschbefehl trottete er nach Norden in Richtung Emsland, weil er zufällig auf diese Landstraße geraten war und nichts Besseres zu tun hatte.

Demoralisiert war er eigenartigerweise nicht. Das lag nicht in seiner Natur. Herkunft, soziales Milieu, Erziehung und Staat hatten wenig dazu beigetragen, seine geistige und menschliche Entwicklung zu fördern. Dafür besaß er ein überproportionales Maß an Schläue; er war der geborene Pragmatiker – ohne zu wissen, was das bedeutete – und hatte einen ebenso ausgeprägten wie unpassenden Sinn für Späße. Auf seine Art könnte man ihn durchaus als Überlebenskünstler bezeichnen.

Als er sich an jenem kalten Märztag ausgepumpt in Richtung Bentheim weiterschleppte, zählte Willi Herold gerade neunzehneinhalb Jahre. Trotz seiner Jugend verfügte er bereits über einige Kampferfahrung. Nach seiner Einberufung hatte er die Grundausbildung als Fallschirmjäger erhalten. Doch das Kriegsgeschehen brachte es mit sich, daß er vom hochspezialisierten Einsatz bei Luftlandeoperationen als simpler Infanterist an die italienische Front versetzt wurde, wo er die Kämpfe bei Nettuno und um Monte Cassino mitgemacht hatte. Dann kam die Invasion der Alliierten in der Normandie, Versetzung an die Westfront, Rückzug und Niederlage und jetzt der Alleingang Richtung Bentheim.

Doch falls er sich in Gedanken überhaupt mit dem Krieg beschäftigte, dann verweilte er nicht bei der verlorenen Sache, weder politisch noch militärisch; ihn interessierten weniger die strategischen oder taktischen Entwicklungen, die sich ringsum abspielten, als vielmehr seine unmittelbaren persönlichen Chancen. Er empfand es als entmutigend, so allein zu sein, als lästig, sich mit Kälte, Hunger und Erschöpfung herumzuschlagen. Sich über eine lange, schnurgerade Landstraße zu schleppen, war auch kein reines Vergnügen. Und dann ließ etwas seine Augen aufleuchten – irgendein Gegenstand, der ein Stück weiter vorn die Eintönigkeit zu unterbrechen schien. Seine Neugier erwachte, und dieses wachsende Interesse begann seinen Schritten Sinn und Ziel zu geben.

Der Gegenstand nahm Gestalt an – ein liegengebliebenes Fahrzeug. Beim Näherkommen sah er, daß es im Straßengraben gelandet war und ein Kennzeichen der deutschen Luftwaffe trug. Weit und breit war anscheinend niemand, und er spähte hinein. Es war vollgepackt mit Kisten und Koffern, von denen einige beim Aufprall beschädigt worden waren. Er öffnete sie und untersuchte den Inhalt. Dabei stieß er auf die fast neue Uniform eines Hauptmanns der Luftwaffe, vermutlich gehörte sie dem Fahrer oder einem Insassen. Vom Hauptmann oder seiner Leiche keine Spur. Willi Herold betrachtete die Uniformjacke. Der Hauptmann war bei den Fallschirmjägern gewesen und mit dem Eisernen Kreuz Erster und Zweiter Klasse dekoriert worden. Zweifellos ein kampferprobter Mann, denn am Jackenärmel befanden sich der Narvikschild und das Kretaband, was bedeutete, daß er 1940 in Norwegen und ein Jahr später in Griechenland im Einsatz gewesen war. Ein tapferer Mann und ein guter Soldat; die Uniform begann sich in eine Art Talisman zu verwandeln.

Willi Herold probierte die Jacke an. Sie saß tadellos, und ihn erfüllte Stolz auf die Auszeichnungen des ursprünglichen Trägers – ein Stolz, den er quasi stellvertretend genoß. Dann zog er auch noch die Hose und die Stiefel an, die ebensogut paßten und ihm gegenüber seinen schmutzigen, mit Kampfspuren übersäten Kleidungsstücken als deutliche Verbesserung erschienen. Seine Stimmung hob sich merklich. Irgendwelche Dokumente fanden sich nirgends, so daß er sein eigenes Soldbuch als Gefreiter in die Tasche der neuen Uniform steckte, die Mütze des Hauptmanns aufsetzte und wieder losmarschierte, jetzt freilich in stolzierender Gangart.

Nach ein bis zwei Kilometern rief ihn eine Stimme aus der Straßenböschung an:

»Herr Hauptmann! Herr Hauptmann!«

Willi Herold drehte sich um und sah einen Gefreiten in

Fallschirmjägeruniform, der auf die Straße kletterte und dann vor ihm strammstand.

»Gefreiter Walter Freytag meldet sich zur Stelle, Herr Hauptmann.«

Und wieder wurde Willi Herold von Stolz durchströmt.

»Ich habe meine Einheit verloren«, fuhr Freytag fort. »Ich habe keinen Marschbefehl und bitte gehorsamst, mich Herrn Hauptmann unterstellen zu dürfen.«

Ein leichtes Lächeln umspielte Willi Herolds Mund. Das war das wahre Leben!

»Folgen Sie mir«, sagte er, und sie marschierten gemeinsam los.

Andere Versprengte schlossen sich ihnen auf die gleiche Weise an. Bei der Ankunft in Bentheim zählten sie fünf und in Meppen bereits dreißig Mann. Es herrschte das in diesen Tagen übliche ständige Kommen und Gehen, doch rund ein Dutzend blieb als harter Kern in treuer Gefolgschaft um »Hauptmann Herold« geschart.

Eine neue kleine Einheit war entstanden. Zwar auf denkbar unrechtmäßige Weise, aber trotzdem unbestreitbar vorhanden – die Gruppe Herold.

2

Die Freunde und Feinde von Wasservögeln waren nicht die einzigen, die sich für die trostlosen Sumpfmoore im Emsland interessierten. Das preußische Justizministerium, dem das Gebiet unterstand, seitdem nach dem Krieg von 1866 das Königreich Hannover an Preußen gefallen war, befand Anfang der 1920er Jahre, das unwirtliche Terrain eigne sich bestens zur Errichtung einer Strafkolonie. Hinzu kam die praktische Überlegung, daß sich der industriell nicht nutzbare Landstrich mit billiger Sträflingsarbeit kultivieren ließe. Drei staatliche Stellen waren unabhängig voneinander damit befaßt, die Wasserwege auszubauen, die Sümpfe trockenzulegen und die Moore durch Torfstechen landwirtschaftlich zu erschließen. Diese Arbeiten ließ man von Gefangenen ausführen, den Insassen der Straflager, die man im Emsland unter der Oberaufsicht einer Zentralverwaltung mit Sitz in Papenburg errichtet hatte.

Als die Nationalsozialisten 1933 an die Macht kamen, installierten sie das erste Konzentrationslager in Oranienburg bei Berlin, dessen Leitung Werner August Max Schäfer, ehemaliger Polizeibeamter und verdienter Parteigenosse, innehatte. Schäfer wurde 1934 nach Papenburg versetzt, wo er die Zentralverwaltung übernahm und als Kommandant der Straflager im Emsland fungierte. Damals unterstanden ihm vier Lager, von denen eines gerade wieder in die Kontrolle des Reichsjustizministeriums übergegangen war, nachdem es die SS ein Jahr vorübergehend als Konzentrationslager benutzt hatte; ein weiteres Lager wurde 1936 ebenfalls von der SS zurückgegeben. Außerdem erbaute man in der zweiten Hälfte der dreißiger Jahre mehrere neue Straflager, so daß die Zentralverwaltung 1939 insgesamt fünfzehn unter sich hatte. Seit Kriegsausbruch wurden davon sechs bis neun der Wehrmacht als Kriegsgefangenenlager zur Verfügung gestellt.

In den ersten zwei Jahren unter Schäfers Leitung oblag die gesamte Bewachung ausschließlich der SA. Schäfer selbst war SA-Oberführer, und damit erfüllte diese Regelung einen zweifachen Zweck: Sie stärkte seine Machtposition ebenso wie die Kontrollfunktion der Partei. 1936 amtierten innerhalb der Lager wieder die normalen Justizbeamten des Strafvollzugsdienstes, während die SA die Wacheinheiten stellte.

Im Jahre 1938 fand gegen Schäfer ein Disziplinarverfahren statt, nachdem die Häftlinge aus Protest gegen seine Härte und die miserablen Zustände massenweise Selbstverstümmelung begangen und Löffel verschluckt hatten. Dank seiner einflußreichen Beziehungen in der Partei kam Schäfer mit einer Verwarnung davon und kehrte in die Zentralverwaltung Emsland zurück, allerdings mit etwas beschnittenen Machtbefugnissen. Während seiner Suspendierung hatte ein Sonderbeauftragter des Justizministeriums als Stellvertreter amtiert und fungierte auch nach Schäfers Rückkehr weiterhin als Verbindungsmann der Zentralverwaltung zum Ministerium, zu dem Schäfer jetzt keinen direkten Zugang mehr besaß. Der Sonderbeauftragte war in Berlin stationiert, hatte jedoch einen Stellvertreter in der Zentralverwaltung, der von Papenburg aus die Lager im Auge behalten sollte. Ab 1944 übte ein Dr. Richard Thiel dieses Amt aus. Außerdem hatte er die Funktion eines stellvertretenden Lagerkommandanten. Als Schäfer zur Wehrmacht eingezogen wurde, oblag dem siebzigjährigen Thiel, ehemals Präsident im Strafvollzugsdienst, die alleinige Leitung. Von ihm wird später noch die Rede sein.

Bis 1940 waren die Insassen durchweg zu Zuchthaus verurteilte deutsche Straftäter, die ihre Haft in diesem mit höchstmöglichen Sicherheitsvorkehrungen ausgestatteten Lagerkomplex verbüßten. Ende 1944 bestand rund die Hälfte aus ehemaligen Wehrmachtsangehörigen, die entweder von einem Kriegsgericht abgeurteilt worden waren oder sich in Untersuchungshaft befanden. Im Jahr 1941 wurden die ersten ausländischen Häftlinge eingeliefert: aus dem besetzten Polen überstellte Strafgefangene; Polen, die als »deutschstämmig« zur Wehrmacht eingezogen worden und desertiert waren; und eine Anzahl Franzosen, Belgier und Niederländer, die man wegen Delikten gegen die deutsche Besatzungsmacht verurteilt hatte. So gab es im weiteren Verlauf des Krieges zahlreiche politische Lagerhäftlinge, unter denen der Ausländeranteil gut zehn Prozent betrug.

Nach all diesen Wechselfällen blickte man in den Emslandlagern nun mit banger Sorge dem Ansturm entgegen, der sie in jenen letzten Kriegswochen mit Aufruhr und Chaos zu überziehen drohte.

In den ersten Apriltagen führte das Vorrücken der Alliierten zu zwei einschneidenden Entwicklungen. Die SA-Wachmannschaften und die entbehrlichen Justizbeamten in den Lagern wurden zum Volkssturm eingezogen und bildeten ein Bataillon, das vom Leiter der Papenburger SA-Personaldienststelle befehligt wurde. Sein Adjutant war Karl Schütte, Führer der Wacheinheit im Lager II, Aschendorfer Moor; außerdem unterstand ihm eine der Volkssturmkompanien, die weiterhin ihren Wachdienst im Lager II versah, sofern sie nicht anderweitig eingesetzt wurde. Schütte war Altparteigenosse und SA-Führer.

Bei der dann folgenden Entwicklung handelte es sich um

Das Emsland – was für eine gottverlassene, unerträglich triste Einöde . . .

Hitler empfängt SA-Oberführer Werner Schäfer (4. von rechts), ab 1934 erster Kommandant der Justizstraflager Emsland.

den Versuch, bestimmte Gefangene an sicheren Orten zusammenzufassen – und die daraus resultierenden Folgen. Zu der Angst, die sich angesichts der näher rückenden Front in der Zentralverwaltung verbreitete, gesellte sich eine politische Komponente; man wollte verhindern, daß ausländische oder nachweisbar regimefeindliche deutsche Gefangene dem Feind in die Hände fielen. Bereits im Mai 1944 hatten die Vertreter von sechs Regionen Nordwestdeutschlands, darunter Thiel für das Emsland, auf einer Konferenz in Hamburg vereinbart, bei akuter Bedrohung durch alliierte Streitkräfte die für eine gesonderte Sicherheitsverwahrung vorgesehenen Lagerhäftlinge aus den entlegenen Randgebieten ins Landesinnere, nach Celle, zu deportieren.

Im März 1945 hielt die Zentralverwaltung den Zeitpunkt für gekommen, ihre ausländischen nebst anderen suspekten Gefangenen nach Celle zu verlegen. Thiel hatte eine Liste vorbereitet, diese von 900 auf 400 zusammengestrichen und dann die Endauswahl ins Lager VII nach Esterwegen bringen lassen. Am Nachmittag des 25. März setzte sich die Kolonne nach Celle in Marsch, doch als sie am nächsten Morgen um drei Uhr das rund 30 Kilometer entfernte Werlte erreicht hatte, stand fest, daß die erschöpften, unterernährten Gefangenen niemals bis Celle gelangen würden. Von den zehn, die am Straßenrand zusammenbrachen, wurden drei als Simulanten erschossen, drei weitere starben an Erschöpfung. Die übrigen wurden für den Rest der Nacht in einer Schule auf dem Fußboden der Turnhalle zusammengepfercht, wo drei oder vier in der qualvollen Enge zugrunde gingen. Am nächsten Morgen erhielten die Gefangenen eine Suppe und schleppten sich auf Thiels Anordnung nach Esterwegen zurück.

Am 7. oder 8. April wurde diese Gruppe ganz oder teilweise zum Lager I in Börgermoor in Marsch gesetzt, etwa zwei Stunden Fußweg. Dort trafen sie mit 400 Untersuchungsgefangenen der Wehrmacht und über 900 normalen Lagerhäftlingen zusammen. Die Wehrmachtsgruppe sollte laut Anweisung in den Marineartillerie-Baracken in Leer vor den Alliierten in Sicherheit gebracht werden, und der Vorsteher von Lager I hielt es für eine gute Idee, seine Häftlinge mitzuschicken. So machten sich alle zusammen in den

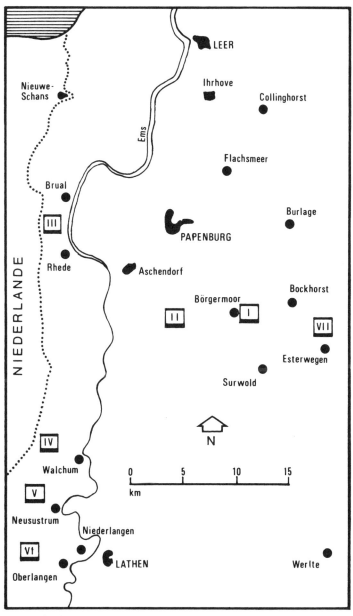

Die Emsland-Straflager.

19

Morgenstunden des 9. April auf den Weg, ohne jede Vorbereitung oder Instruktionen. Vor dem Abmarsch erhielt jeder Gefangene eine dicke Scheibe Brot und einen Becher Ersatzkaffee, und bei der Ankunft in Collinghorst, 25 Kilometer nördlich von Börgermoor, bekamen sie eine ähnliche »Verpflegung«.

Zu diesem Zeitpunkt trafen die LKWs für den Weitertransport der Wehrmachtsangehörigen nach Leer ein, wie vorgesehen. Für die verbleibenden Zivilgefangenen bestehe in Leer keinerlei Aufnahmemöglichkeit, hieß es klipp und klar. Der Vorsteher rief in Papenburg an und erhielt Befehl zum Rückmarsch, nicht ins Lager I, sondern ins Lager II, Aschendorfer Moor. Sie traten ihn am gleichen Abend an, nächtigten unterwegs auf freiem Feld und trafen am Spätnachmittag des 10. April im Lager II ein.

Während des Marsches nach Collinghorst und zurück nutzten rund 150 Gefangene die Gelegenheit zur Flucht. Zu all den Entbehrungen, unter denen sie im Lager gelitten hatten, mußten sie nun auch noch die Strapazen dieses Fußmarsches hinnehmen; der Hunger quälte sie mehr als gewöhnlich, doch gleichzeitig boten die dichten Nebelschwaden, die über dem Boden hingen, eine Chance, etwas dagegen zu unternehmen. Die Flüchtlinge erbettelten und stahlen Lebensmittel, wo immer sie etwas Eßbares fanden. In einem Bauernhaus vermißte man eine Speckseite. Zweifellos trieb der Hunger einige zu Gewaltandrohungen, falls man ihnen den Mundraub verwehrte. Als die ersten Beschwerden in der Zentralverwaltung einliefen, erhielten die Wachmannschaften Befehl, die Disziplin wiederherzustellen, notfalls mit Gewalt. Karl Hagewald, Platzmeister von Lager VII, prügelte auf dem Collinghorst-Marsch so lange mit dem Gewehrkolben auf einen am Straßenrand zusammengebrochenen Gefangenen ein, bis die Splitter flogen. Fünf entflohene Häftlinge wurden erschossen, als sie sich der Aufgreifung entziehen wollten.

Das eigentliche Dilemma offenbarte sich jedoch erst nach der Rückkehr ins Lager II. Über hundert Gefangene befanden sich noch auf freiem Fuß. Bei den Bürgermeistern häuften sich die Beschwerden aus der Bevölkerung und wurden prompt nach Papenburg weitergegeben. Als die Sache an die Parteidienststellen in Leer und Aschendorf-Hümmling gelangte, wandten diese sich ihrerseits an die Zentralverwaltung. Es galt als erwiesen, daß entflohene Sträflinge in einem Kampfgebiet (wozu das Emsland inzwischen geworden war) plünderten und etwa ein halbes Dutzend Hausfrauen laut deren Aussage mit Vergewaltigung bedroht oder zumindest mit unsittlichen Anträgen verfolgt hatten. Wenn man nur einmal kurz über diese erschöpften, ausgehungerten Männer nachgedacht hätte, die sich nach dem Hin- und Rückmarsch kaum noch auf den Füßen halten konnten, wäre der Wahrheitsgehalt dieser Drohungen nicht so ohne weiteres hingenommen worden. Daß sie jedoch bei der allgemeinen Verunsicherung mit ihrer verzweifelten Jagd nach Lebensmitteln Furcht und Schrecken in der Gegend verbreiteten, dürfte feststehen. Kaum entschuldigen läßt sich allerdings, welchen Gebrauch die Partei von diesem Tatbestand machte. Dr. Thiel mußte sich nun zur Aufrechterhaltung der Ordnung geeignete Maßnahmen überlegen. Die Bestimmungen der Strafvollzugsordnung hätten erfordert, die aufgegriffenen Gefangenen im Lager zu verhören und die Vernehmungsprotokolle der Zentralverwaltung zur Kenntnisnahme und weiterer Veranlassung zuzuleiten. Thiel hielt jedoch ein abgekürztes Verfahren mit drakonischer Strafe für angemessen. Mit seinen eigenen Worten:

»Ich war der Meinung, daß unter den gegebenen Umständen, wo die Front nur noch wenige Kilometer entfernt war, die Zivilbevölkerung unbedingt geschützt und ihre Moral aufrechthalten werden mußte, was nur durch strenge und gerechte Bestrafung der Schuldigen zu erreichen war. Bei der Suche nach einer gesetzlichen Handhabe erinnerte ich mich an eine Verordnung, die direkt von Hitler stammte, wonach in Zeiten des nationalen Notstandes ein Reichsverteidigungskommissar ermächtigt war, Standgerichte zu bilden, vor die auch Zivilisten gestellt werden konnten. Ein Standgericht setzt sich zusammen aus einem Strafrichter, einem Offizier der Wehrmacht oder der Polizei und einem Parteimitglied; als Anklagevertreter tritt ein Staatsanwalt auf. Ich setzte mich mit dem zuständigen Staatsanwalt in Oldenburg in Verbindung, dem die Vorkommnisse bereits bekannt waren.«

Der alte Rechtsanwalt und Expräsident im Strafvollzug, Dr. Thiel, wollte ein schnelles, exemplarisches Vorgehen, freilich strikt im Rahmen der Legalität, nach dem Buchstaben des Gesetzes. Nicht so die andere unmittelbar betroffene Institution, die Partei. Die örtlichen Parteidienststellen in Leer und Aschendorf hatten den Hauptteil der öffentlichen Klagen über die entflohenen Häftlinge zu spüren bekommen. Wenn die Partei unter den derzeitigen Belastungen und Anspannungen glaubwürdig bleiben wollte, mußte sie der Bevölkerung demonstrieren, daß sie die Macht besaß, die Ursachen für die Beschwerden zu beseitigen; außerdem war die Partei ohne jeden Zweifel entschlossen, die politische Zielsetzung zu verwirklichen und regimefeindliche Gefangene nicht den vorrückenden alliierten Truppen in die Hände fallen zu lassen; und gegenüber den Feinden ihres Systems, zu denen die Gefangenen mit Sicherheit gerechnet wurden, kannte die Partei kein Pardon.

Gerhard Buscher, Kreisleiter in Aschendorf, beriet sich mit seinem Parteifreund Karl Schütte, dem Führer der Wacheinheit im Lager II sowie des Volkssturm-Bataillons, der außerdem unter Buscher eine Parteifunktion ausübte. Auf Buschers Verlangen schickte Schütte Suchtrupps aus, die über 30 entflohene Häftlinge zurückbrachten. Beim zweiten Einsatz eines Volkssturmtrupps unter Führung von Bernhard Meyer, Leiter der Wachmannschaft im Lager I und ebenfalls Parteigenosse, wurden weitere 54 Mann aufgegriffen – ursprünglich waren es 55, von denen jedoch einer durch einen von Meyers Leuten erschossen wurde. Sämtliche Gefangenen wurden ins Lager II, Aschendorfer Moor, gebracht, wo sie vorschriftsgemäß von den übrigen Häftlingen abgesondert in der Arrestbaracke ihre Vernehmung erwarteten.

Aber die Partei war inzwischen auf höherer Ebene eingeschaltet. Die Gauleitung in Oldenburg hatte die Berichte der untergeordneten Dienststellen in Leer und Aschendorf erhalten. Ein Parteifunktionär, ein jüngerer Richter namens Helmut Grahlmann, bekam Anweisung, sich mit der Staatsanwaltschaft in Verbindung zu setzen und ein Standgericht bestimmen zu lassen. In den seit Veröffentlichung der Verordnung über die Einberufung von Standgerichten verstrichenen Monaten war nun eine Fehde zwischen der Gauleitung und der Generalstaatsanwaltschaft in Oldenburg aufgeflammt; die Partei, vertreten durch Grahlmann, hatte mehrfach um solche Standgerichte ersucht und war ausnahmslos abschlägig beschieden worden. Auch diesmal wurde das Ansuchen zurückgewiesen unter dem Vorwand, der Vorsitzende des Standgerichts sei anderweitig beschäftigt. Das war zuviel für Grahlmann, und er beschloß, ein Resultat zu erzwingen, innerhalb oder außerhalb der Legalität, den Fall der entflohenen Gefangen zu bereinigen und die Autorität der Partei sowie seinen eigenen Ruf als strammer Nazi wiederherzustellen. Er erklärte dem Staatsanwalt, ein Standgericht habe sich erübrigt, da er andere Maßnahmen ergreifen werde, und ließ durchblicken, daß er dabei an die Gestapo denke.

Ein wahrheitsgemäßer Lagebericht hätte am 12. April melden müssen, daß die Front nach Norden und Osten unaufhaltsam vorrückte; daß die Alliierten Meppen genommen hatten und sich bereits dem südlichsten der Emslandlager näherten. Rückblickend betrachtet würde der Krieg keinen Monat mehr andauern; binnen vier Wochen wäre es mit dem »Dritten Reich« und seinem gesamten staatlichen wie gesellschaftlichen Gefüge zu Ende. Für die Wachmannschaften in den Emslandlagern geriet in diesen chaotischen Zeitläufen der geregelte Berufsalltag völlig durcheinander; eine Anzahl entflohener Häftlinge befand sich immer noch auf freiem Fuß und diejenigen, die nach ihnen fahndeten, zweifelten keine Sekunde daran, wem die Schuld gegeben würde, wenn man sie nicht aufgriffe und daran hinderte, weiterhin öffentliches Ärgernis zu erregen; Gefangene aus anderen Lagern wurden ins Aschendorfer Moor gebracht, das auf 1 500 Personen eingerichtet war und jetzt an die 4 000 unterbringen mußte, ein für die Verwaltung kaum zu lösendes Problem; erschwerend kam hinzu, daß die bisher aufgegriffenen Gefangenen gesondert inhaftiert werden mußten und daß sich ihre Zahl im Laufe des Tages noch erhöhte. Die Partei, empört über die öffentliche Kritik an ihrer Effizienz und über die Verzögerungstaktik der Justiz, beschloß, in eigener Regie zu handeln; die Gestapo wurde informiert, und die örtlichen Parteigenossen brannten geradezu darauf, autonom vorzugehen.

Und an diesem 12. April trat die Herold-Gruppe auf den Plan.

3

Willi Herold lächelte. Das Leben meinte es gut mit ihm.

Vor ein paar Tagen war er, knapp vor den anrückenden alliierten Truppen, durch Meppen gekommen. Er hatte keine rechte Vorstellung, wie dieser erste Einzug der Gruppe in eine Stadt vor sich gehen sollte, es aber für angebracht gehalten, sich bei irgend jemandem zu melden. Schließlich war Krieg und er Soldat, auch wenn sein neuer Rang und das Kommando über eine kleine Einheit für ihn persönlich eine positive Veränderung bedeuteten. Also hatte er sich beim Kampfkommandanten, einem Oberst, gemeldet, der ihn überaus freundlich empfing. Um ihn nicht zu enttäuschen, hatte Herold ihm erzählt, daß er eine komplette Artillerie-Batterie mitführe, die bei der Verteidigung von Meppen mithelfen könne. Das entsprach natürlich keineswegs der Wahrheit, aber der Oberst war so begeistert, daß Herold hinzufügte, unter seinen Geschützen befinde sich auch eine 15-cm-Haubitze, ohne zu wissen, was eine Haubitze ist. Dann hatte er sich unter dem Vorwand, die Kanonen herzuschaffen, verabschiedet und über Lathen weiter nach Norden abgesetzt.

Jetzt saß er auf dem Beifahrersitz. Neben *seinem* Fahrer. Sie hatten den Geländewagen irgendwo unterwegs am Straßenrand gefunden und es nicht über sich gebracht, ihn einfach dort liegenzulassen. *Sein* Wagen und *sein* Fahrer. Ja, das Leben meinte es wirklich gut mit ihm.

Zwischen Meppen und Lathen hatte ihn die Militärpolizei angehalten und festgenommen, als er es ablehnte, sich auszuweisen. Eine brenzlige Situation, aber wie hätte er in Hauptmannsuniform das Soldbuch eines Gefreiten vorzeigen können? Es war noch einmal gutgegangen. Er wurde zu einem Hauptmann gebracht, demgegenüber er sich ebenfalls weigerte, es sei denn, der Hauptmann lege zuerst sein Soldbuch vor, da er ja den gleichen Rang innehabe. Der Hauptmann hatte diesen naßforschen Auftritt damit quittiert, daß er Willi Herold einen Schnaps anbot und ihn dann anstandslos entließ.

In Lathen lagerten dem Vernehmen nach mehrere leichte 2-cm-Flakgeschütze samt Munition auf Kanalschiffen.

Prompt holte er sich eins, requirierte einen 1,5-Tonner und lud es auf.

Und so war die Gruppe Herold in Papenburg eingetroffen: »Hauptmann« Herold, Feldwebel Hoffmeister, zwei Gefreite, Freytag und Kipinski, den er später zum Unteroffizier »beförderte«, sowie neun Soldaten, alle mit Handfeuerwaffen ausgerüstet; ein Geländewagen, ein 1,5-Tonner und ein leichtes Flakgeschütz. Der Mann, der Hauptmann Kathim von der in Papenburg stationierten 21. Fallschirmjäger-Division aufsuchte, stellte jedenfalls etwas dar. Es machte ihn noch selbstsicherer, als Kathim ihn, seinen Rang und seine Gruppe sofort akzeptierte. Durch Kathim lernte er den Bürgermeister von Papenburg kennen sowie Jan Budde, der Ortsgruppenleiter im etwas weiter südlich gelegenen Surwold und Buschers Vertrauensmann war.

Willi Herold bekam allmählich das Gefühl, er sei tatsächlich dieser Hauptmann und habe sich nicht nur die Uniform, sondern auch die Identität und die Verdienste jenes Mannes angeeignet, dessen Orden er nun trug. Ja, das Leben meinte es wirklich gut mit ihm an jenem Donnerstag, dem 12. April.

Jan Budde strengte sich an. Er bewirtete ihn mit Getränken und lud ihn zum Essen ein. Auch Herolds Leute wurden beköstigt. Während sie bei Tisch saßen, klingelte das Telefon unaufhörlich, und der entnervte Budde mußte unentwegt wiederholen, daß er wegen der entflohenen Gefangenen, von denen die Anrufer sich bedroht fühlten, nichts unternehmen könne; man sollte wirklich meinen, daß sie jetzt andere, schwerere Sorgen hätten, wo die Front nur noch wenige Kilometer entfernt sei und man den Geschützdonner bereits deutlich höre. Nach dem Essen kam man natürlich auf die jüngsten Ereignisse zu sprechen, die unter der einheimischen Bevölkerung eine Panik ausgelöst hatten, und Budde berichtete Herold in großen Zügen, was passiert war.

»Da sehen Sie's, Herr Hauptmann«, schloß er, »wir hier an der Heimatfront stehen genauso im Krieg, auch wenn's dabei vielleicht weniger fein zugeht als bei euch Offizieren. Wir müssen eben versuchen, auf unsere Art zu verhindern, daß diese heimtückischen Schweine Ihnen – und uns – ein Messer in den Rücken jagen.«

»Diese Schweine«, wiederholte Willi Herold vorsichtig; damit ging er wohl kein Risiko ein.

»Schweinepack, das sind sie – plündern, morden, vergewaltigen«, fuhr Budde fort. »Sie haben's ja eben selber mitgekriegt, und so geht das tagtäglich mit diesen Hilferufen. Da steht das deutsche Volk im Überlebenskampf, und diese Verbrecher streunen frei rum und plündern. Abschaum ist das. Würde mich gar nicht wundern, wenn manche von diesen Staatsfeinden dabei auch noch Sabotage betreiben. Unruhestifter im Kampfgebiet, das muß Ihnen als Offizier doch einleuchten.«

Willi Herold zeigte sich der Situation gewachsen und machte seinem Zorn über eine solche Infamie Luft, wie es für einen Offizier angemessen ist.

»Ich habe noch nie so ein Lager gesehen«, sagte er. Und dann fiel ihm der Ausgangspunkt für den Marsch nach Collinghorst ein, von dem ihm Budde gerade erzählt hatte. »Bringen Sie mich nach Börgermoor. Ich muß mir selber ein Bild machen.«

Budde wandte vorsichtig ein: »Hat keinen Sinn, jetzt nach Börgermoor zu fahren, Herr Hauptmann. Die Insassen sind samt und sonders ins Lager II nach Aschendorfer Moor verlegt worden. Und die Brücke über den Kanal ist sowieso gesprengt, wir kämen gar nicht durch nach Börgermoor.«

»Dann möchte ich mir das Lager II ansehen. Würden Sie mich zum Aschendorfer Moor fahren?«

Das paßte Budde ausgezeichnet, da er bei Schütte Ausrüstung für den Volkssturm abholen sollte. In Begleitung von Herolds Feldwebel trafen sie gegen Mittag im Lager ein, und Budde ging in die Kantine, wo er Schütte vermutete. Schließlich fanden sie ihn in seinem Zimmer, zu dem sie einer aus Schüttes Wachmannschaft gebracht hatte.

Als kraftvolle männliche Erscheinung konnte man den neunundvierzigjährigen Karl Schütte beim besten Willen nicht bezeichnen; krasser ausgedrückt – er war ein Fettwanst. Von Beruf Musiker, hatte er seit seinem Eintritt in die Partei, 1931, im örtlichen SA-Musikzug gespielt. Seit Kriegsausbruch diente er in der Wacheinheit von Lager II, zu deren Führer er 1942 befördert wurde. Ein Jahr darauf wurde er Ortsgruppenleiter und war damit seinem Freund Budde im Rang gleichgestellt. Er gehörte zum Fußvolk der Partei, wo es keiner von sich aus wagen würde, auch nur ein Huhn zu verscheuchen, sich aber groß und stark fühlte, sobald er die Schaftstiefel anzog und im Namen der Partei zum Handlanger eines totalitären Regimes wurde.

Schütte empfing Budde und dessen imposanten Begleiter mit offenen Armen. Er war überglücklich, einem Luftwaffenoffizier sein Herz ausschütten zu können, holte eine Flasche Steinhäger und ein Päckchen Zigaretten hervor, und sie setzten sich, um die akuten Schwierigkeiten eingehend zu erörtern.

Sie redeten und tranken. Sie tranken und redeten. Darüber verstrich eine halbe Stunde.

»Die müssen alle erschossen werden«, sagte Schütte. »Gar keine Frage, einfach abknallen.«

Niemand erhob Einwände.

»Was hat uns die Partei dauernd gepredigt? Was habt ihr auf den Plakaten gelesen, die überall angeschlagen wurden, he? Auf Plündern steht Todesstrafe, punktum. Ausländerpack unternimmt Sabotageakte gegen das Reich, punktum. Das gleiche gilt für das hiesige Gesocks, für all die Scheißkerle, die dauernd versuchen, uns in den Rücken zu fallen bei unserem Schicksalskampf. Und jetzt, wo's mau aussieht mit dem Krieg, wittern sie Morgenluft und sind im Handumdrehen wieder am Werk. Die Partei hat recht: Die Lage erfordert schärferes Durchgreifen, kein Pardon. Das Kroppzeug gehört abgeknallt, aus.«

»Was ist mit dem Standgericht?« erkundigte sich Budde. »Ich hab den Kreisleiter davon reden hören.«

»Wär zu schön, um wahr zu sein«, entgegnete Schütte. »Da ballert die feindliche Artillerie auf uns los, und dieses Scheißpack, dieses Lagergesindel jagt uns das Messer in den Rücken, und was passiert? Juristisches Palaver, weiter nichts. Sollen wir ein Standgericht bilden, oder sollen wir kein Standgericht bilden? Oh, wir glauben nicht, daß der Präsident sofort zu Ihnen kommen kann, er ist sehr beschäftigt. Können Sie das mit dem Standgericht nicht allein übernehmen? Und so weiter. Immer die gleiche Leier. Mir hängt das Ganze zum Hals raus, ehrlich. Ich war beim Vorsteher, zwei Tage ist das her, glaube ich, und hab ihm klipp und klar gesagt, daß man sämtliche entflohenen Gefangenen, die in der ganzen Gegend gewütet haben, erschießen muß. Und wissen Sie, was er geantwortet hat? ›Sie müssen nach Vorschrift verhört werden‹, erklärte er. ›Man muß nach dem Buchstaben des Gesetzes mit ihnen verfahren, der Rechtsweg ist unbedingt einzuhalten.‹ Das waren seine Worte. Da wird um den Bestand des Reiches gerungen, überall lauert Verrat, und er hat nichts weiter zu sagen, als daß nach Recht und Gesetz gehandelt werden muß, immer dasselbe Gelaber.«

»Aber warum bilden wir denn kein Standgericht und erledigen den Fall?« fragte Budde.

»Die da drüben in Oldenburg reden immer noch hin und her. Du wirst sehen, von denen kommt keiner her.«

Er betrachtete Herold nachdenklich.

Willi Herold hatte das Gefühl, daß man etwas von ihm erwartete. Das Ganze war viel zu gut inszeniert, als daß es ihm hätte entgehen können, und er dachte gar nicht daran, sein Publikum zu enttäuschen.

»Wo sind die aufgegriffenen Sträflinge?« erkundigte er sich.

»In der Arrestbaracke«, entgegnete Schütte.

»Bringen Sie mich zu ihnen«, verlangte Herold.

Schütte zögerte kurz. »Ich weiß nicht recht, ob die Vorschriften das zulassen«, begann er tastend und sichtlich bekümmert. »Innerhalb des Lagers habe ich keine Befugnisse.«

»Ich scheiße auf Vorschriften!« brüllte Herold, der mit nachtwandlerischer Sicherheit auf sein Stichwort reagierte. »Befugnisse!« Er raffte alle Kraft zusammen, um würdevoll zu verkünden: »Ich werde Ihnen die Befugnis erteilen.«

»Heißt das, Sie werden das Standgericht abhalten?« fragten Budde und Schütte wie aus einem Mund.

»Ich habe den Auftrag, aber keine Zeit für endloses Gerede und kleinkariertes Hickhack über eure albernen Vorschriften«, erklärte Herold, der sich für die Sache zu erwärmen begann. Sein Selbstvertrauen wuchs, als er erkannte, daß er ihnen genau das sagte, was sie hören wollten.

»Was für Vollmachten haben Sie?« wollte Schütte wissen.

»Unbeschränkte Vollmacht«, versicherte Herold. »Ich besitze unbeschränkte Vollmacht.« Je mehr die Idee Gestalt annahm, desto beredter wurde er. »Der Führer persönlich hat mir unbeschränkte Vollmacht erteilt, alle erforderlichen Maßnahmen zu ergreifen. Bringen Sie mich zu den Gefangenen.«

Man erhob sich. Budde, der nicht zum Lagerpersonal gehörte und keinen Zutritt zum Stacheldrahtbereich hatte, entfernte sich nach draußen und wartete dort, bis ihn einer von Herolds Leuten eine Stunde später nach Hause fuhr.

Schütte rief einem seiner blauuniformierten Wachposten im Vorbeigehen zu: »Brockhoff, holen Sie den Lagerleiter her!« Dann führte er Herold und zwei seiner Unteroffiziere in die Arrestbaracke. Brockhoff kam nach ein paar Minuten zurück mit der Meldung, er könne den Lagerleiter nicht finden. Daraufhin verließ Schütte die Baracke, um sich selber auf die Suche zu begeben. Er stöberte ihn beim Mittagsschlaf in seiner Unterkunft auf.

Vorsteher Johann Friedrich Hansen war ein altgedienter Justizbeamter. Er hatte 1914 bei Ausbruch des Ersten Weltkrieges angefangen, war 1939 bei Ausbruch des Zweiten Weltkrieges ins Emsland versetzt worden als Vorsteher von Lager V in Neusustrum und hatte als 66jähriger vor zehn Tagen Lager II übernommen. Ein Durchschnittstyp, weder besonders gut noch besonders schlecht, politisch unbedarft, kein Kirchenlicht, aber auch kein Dummkopf, doch die Bestimmungen des Strafvollzugs kannte er aus dem Effeff.

»Na, Schütte, was gibt's?« fragte er.

Er rieb sich die Augen und zog den Morgenrock zurecht.

»Da ist ein Hauptmann im Lager aufgekreuzt. Von der

Luftwaffe. Er möchte die aufgegriffenen Gefangenen in der Arrestbaracke sehen.«

»Ist er vom Standgericht?«

»Jawohl.«

»Hat er ordnungsgemäße Papiere, Vollmachten?«

»Jawohl. Er hat unbeschränkte Vollmacht. Er ist vom Führer direkt beauftragt, Fälle wie unseren zu erledigen.«

Hansen stand auf und begann sich anzuziehen.

»In Ordnung, Schütte. Aber solange der Hauptmann sich im Stacheldrahtbereich aufhält, muß ihn einer von unseren Leuten begleiten.«

»Das übernehme ich persönlich«, entgegnete Schütte.

Bei der Rückkehr stellte Schütte fest, daß Herold dem diensthabenden Justizoberwachtmeister, Paul Melzer, befohlen hatte, die Zellen aufzuschließen und die Häftlinge nach draußen zu bringen. Dort mußten sie sich in einer Reihe hinknien, die Hände über den Kopf. Einige wurden von Herolds Leuten geschlagen. Herold selbst war dabei, sie einzeln nach ihrer Flucht und den Straftaten zu befragen, die sie begangen hatten, während sie sich auf freiem Fuß befanden. Wenn er mit einem fertig war und dieser gestanden hatte, einen Zivilisten bestohlen oder bedroht zu haben, sagte Herold zu Freytag: »Gleichschalten.« Daraufhin führte der mit einer Maschinenpistole bewaffnete Freytag den Delinquenten hinter die Baracke und erschoß ihn. Als Schütte eintraf, waren bereits einer oder zwei auf diese Weise getötet worden. Manche der weiteren Opfer erhielten einen gezielten Schuß in den Hinterkopf oder ins Genick. Einer, der nach zwei Bauchschüssen noch lebte, wurde hochgezerrt, neuerlich verhört und dann endlich mit einem Kopfschuß »liquidiert«.

Schütte setzte sofort Sicherheitsvorkehrungen in Gang, die weit über der bei Unruhen oder Alarm geltenden Norm lagen, auf die seine Wachmannschaften gedrillt waren. Ein Volkssturm-Trupp trat als Verstärkung an, und am Stacheldraht wurde alle zehn bis fünfzehn Meter ein Mann postiert. Brockhoff erhielt Befehl, mit einem Trupp die Lagerstraße zu räumen. Die Gefangenen wurden verwarnt, sich ja nicht an den Barackenfenstern blicken zu lassen, und die Wachmannschaften bekamen Order, bei Zuwiderhandlung sofort zu schießen. Nachdem all diese Maßnahmen ergriffen worden waren, erhielt Brockhoff von Schütte Anweisung, ein Arbeitskommando der Häftlinge antreten und draußen eine Grube ausheben zu lassen.

Angeblich handelte es sich um ein Grab für die acht Entflohenen, die an jenem Morgen bei der Ergreifung erschossen worden waren. Zeitpunkt und Ausmaß der Grabungsarbeiten lassen jedoch den Schluß zu, daß weit mehr dahintersteckte. Der Vorarbeiter des Torfstecher-Arbeitskommandos erhielt Anweisung, mit fünf seiner Leute Schaufeln aus ihrem Materiallager zu holen. Da einige schadhaft waren, wurden sie zur Hauptgerätekammer geschickt und dort mit der erforderlichen Ausrüstung versorgt. Dann wurden sie durch das Haupttor nach draußen geführt zu einer kleinen Pflanzschule, die sich unmittelbar hinter dem Stacheldraht gegenüber von Baracke 7 befand, und bekamen den Befehl, eine 7 Meter lange, 2 Meter breite und 1,80 Meter tiefe Grube auszuheben. Kurz nach 14 Uhr begannen sie mit der Arbeit, und als sich herausstellte, daß es mit sechs Mann zu langsam voranging, wurde ihnen der Vorarbeiter der Gerätekammer zugeteilt. Sie brauchten bis 18 Uhr. Einer von ihnen äußerte sich dazu stark untertrieben:

»Die Grube war viel größer als ein Grab für die acht Mann, die sie erschossen hatten.«

Zu Beginn der Grabungsarbeiten erschien Hansen auf der Bildfläche, korrekt angezogen, hellwach und irgendwie irritiert durch die Schießerei. Er kam gerade rechtzeitig, um mit anzusehen, wie Freytag neben der Arrestbaracke sein fünftes Opfer umlegte.

»Was geht denn hier vor?« begann Hansen. »Herr Hauptmann?«

Schütte trat vor und machte Hansen mit Herold bekannt.

»Nun, Herr Hauptmann, wie steht's mit Ihrer Vollmacht?«

»Ich habe uneingeschränkte Vollmacht«, versicherte Herold mit Nachdruck. »Uneingeschränkte Vollmacht, diese Angelegenheit zu erledigen.«

»Trotzdem muß ich Sie bitten, Herr Hauptmann, keine weiteren Schritte zu unternehmen, bis ich mich mit meinem Vorgesetzten verständigt habe«, fuhr Hansen fort. »Das wird Ihnen als Offizier doch sicher einleuchten. Ich habe bisher keinerlei Anweisungen erhalten.«

»Aber selbstverständlich.« Herold war die Sanftmut und Einsicht in Person. »Ich halte mich zu Ihrer Verfügung.«

»Gut. Ich werde unverzüglich telefonieren.«

Bei dem Versuch, Thiel zu erreichen, bekam Hansen nur dessen Assistenten an den Apparat. Kurz danach rief Thiel zurück, und Hansen übergab Herold den Hörer. Thiels Wunsch, ihn so bald als möglich in seinem Büro in Papenburg aufzusuchen, stimmte Herold bereitwillig zu. Er fuhr in Begleitung von Freytag und Schütte nach Papenburg – Schütte nutzte seine Doppelfunktion und verließ das Lager, ohne die Genehmigung des Vorstehers einzuholen, die er als Führer der Wacheinheit unbedingt benötigt hätte. Vielleicht befürchtete er, Hansen hätte ihn nicht beurlaubt.

Hansen befaßte sich inzwischen mit den Vorgängen in seinem Lager. Als erstes fiel sein Blick auf die große Grube, die von einem Gefangenentrupp unter Aufsicht der Wachmannschaft ausgehoben wurde. Er besprach dies mit dem Zugführer der Volkssturmeinheit, die um den Stacheldrahtbereich postiert war. Von ihm erfuhr er, daß Brockhoff für die durch Herold erschossenen Gefangenen ein Grab schaufeln ließ; auf Brockhoffs Frage, wie tief es sein müsse, habe er ihm das richtige Maß genannt, nämlich 1,80 Meter.

Die Grabungsarbeiten gingen den Nachmittag über weiter.

Dann rief Thiel abermals bei Hansen an.

»Ich hatte eine Unterredung mit Hauptmann Herold«, berichtete er. »Er tritt anstelle eines Standgerichts in Aktion – wegen der Schwierigkeiten, auf die der Reichsverteidigungskommissar bei der Sache gestoßen ist. Der Reichsverteidigungskommissar hat die Gestapo ersucht, die notwendigen Untersuchungen durchzuführen und die schuldig Befundenen zu erschießen.«

»Besitzt Herold denn entsprechende Vollmacht?« forschte Hansen.

»Er hat die erforderliche Vollmacht. Ich habe versucht, mich zwecks Bestätigung mit Berlin in Verbindung zu setzen, was allerdings sehr schwierig ist, außerdem sind die Leitungen miserabel. Aber ich habe Hauptmann Herolds Vollmacht mit der Gestapo in Emden abgeklärt, so daß kein Zweifel an seiner Befugnis besteht, anstelle des Standgerichts zu handeln.«

Hansen legte gerade den Hörer auf, als Herold und Schütte zurückkamen und vom Ergebnis ihrer Zusammenkunft mit Thiel berichteten. Das alles habe er eben telefonisch von Dr. Thiel gehört, beschied sie Hansen unwirsch.

In ihm nagten Zweifel, und er bestand auf einem Protokoll, das von ihm und Herold unterschrieben wurde. Herold erklärte sich sofort einverstanden. Der Text lautete:

> In Anwesenheit des Vorstehers von Lager II, Oberinspektor Friedrich Hansen, und Hauptmann Herold von den Fallschirmjägern:
>
> Der unterzeichnete Hauptmann Herold erklärte bei seiner Ankunft, er habe Anweisung erhalten, anstelle des Standgerichts in Oldenburg zu handeln, die Gefangenen, die während der Überführung nach Lager II entflohen waren, abzuurteilen und die Urteile zu vollstrecken. Folgende Häftlinge wurden erschossen:

Dieses Schriftstück unterzeichneten beide, während die Liste der Häftlinge niemals hinzugefügt wurde.

Ohne Wissen von Thiel und Hansen hatten Herold und Schütte auch Kreisleiter Buscher in Aschendorf aufgesucht. Schütte stellte seinen Begleiter vor.

»Das ist Hauptmann Herold, Buscher. Er ist hergekommen, um die Sache mit den Häftlingen, die entflohen sind und geplündert haben, zu erledigen.«

Er hielt inne, um die Wirkung seiner Worte auf Buscher zu beobachten, und fuhr dann fort:

»Tatsächlich hat er schon drei liquidiert.«

Buscher zeigte sich von dieser Eröffnung nicht im mindesten beunruhigt.

»In Ordnung«, sagte er. »Einverstanden.«

Obwohl ihm sehr daran gelegen war, gegen die aufgegriffenen Häftlinge vorzugehen und durch Verhängung exemplarischer Strafen das Ansehen der Partei zu heben, erschien es ihm doch angezeigt, sich höheren Orts Rückendeckung zu verschaffen. Also rief er in Gegenwart von Herold und Schütte die Gauleitung in Oldenburg an und sprach mit Grahlmann.

Grahlmann machte unmißverständlich klar, daß von der Einberufung eines Standgerichts und dessen Entsendung nach Aschendorfer Moor keine Rede sein könne. Die Angelegenheit sei zwecks Durchführung an die Gestapo in Emden weitergegeben worden. Wenn Buscher dort wegen Bestätigung anriefe und Herold bereit sei, die Exekutionen vorzunehmen, dann könne man viel Zeit sparen und den ganzen Fall zufriedenstellend abschließen. Das deckte sich mit Buschers persönlicher Auffassung, daß es sich hier um Kapitalverbrechen im Kampfgebiet handelte und es folglich durchaus angemessen war, dies durch einen Wehrmachtsoffizier ahnden zu lassen.

Mit seinem Schachzug, sich bei Buscher abzusichern (da weder von Hansen noch von Thiel eine klare Weisung vorlag), hatte Schütte bei Herold vollen Erfolg. Er nahm Buschers Zustimmung, daß er etliche Gefangene erschießen solle, als gegeben an, und bemerkte auf der Rückfahrt zu Schütte, nun habe er die Bestätigung des Kreisleiters und niemand mehr könne sich ihm in den Weg stellen.

Buscher rief auch tatsächlich bei der Gestapo in Emden an und sicherte sich das mündliche Einverständnis, aufgegriffene Gefangene zu exekutieren, vorausgesetzt, daß die Untersuchung ihre Schuld zweifelsfrei erwies; der Gestapo bliebe es damit erspart, jemanden von Emden nach Aschendorf zu entsenden. Faktisch ersuchte Buscher die Gestapo, die Erschießung von »dreißig bis vierzig Mann« zu genehmigen, wobei er verschwieg, daß einige Hinrichtungen bereits stattgefunden hatten, daß sie laufend weitergingen und daß es sich um weit mehr als 40 handelte.

Der bis dahin gravierendste Tatbestand war jedoch, daß niemand von Willi Herold verlangt hatte, irgendwelche schriftlichen Vollmachten vorzulegen oder sich auch nur zu legitimieren – ausgenommen der eine Militärpolizist auf der

Straße nach Lathen, dessen Vorgesetzter Herold einen Schnaps angeboten und ihn dann entlassen hatte.

4

Es war Willi Herolds Sternstunde.

Er war sich der Tatsache bewußt, daß es sich um den großen Augenblick seines Lebens handelte. Um ihn herum lauter willfährige Marionetten, und er hielt die Schicksalsfäden in der Hand. Er stand im Mittelpunkt – Entscheidungsträger, Herr über alles, was hier geschah. Die örtlichen und regionalen Parteileiter erbaten seine Mitarbeit, die Zentralverwaltung der Emsland-Straflager billigte sein Vorgehen, im Lager zeigten sich die Funktionäre auf allen Ebenen kooperativ. Er hatte das Sagen. Er beherrschte die Lage bis ins letzte.

Am Spätnachmittag ließ er den Rest der Gruppe Herold zum Aschendorfer Moor kommen und mit ihren Waffen antreten, zu denen mittlerweile noch ein MG 42 sowie etliche Handgranaten gehörten. Alle seine Leute waren versammelt: als rangältester Feldwebel Heinz Hoffmeister, ein dunkelhaariger, vierzigjähriger Fallschirmjäger aus Erfurt; danach Unteroffizier Mühlinghoff aus Chemnitz, den Herold zum Feldwebel »beförderte« und Unteroffizier Fütterer. Doch am nächsten stand Herold, von Anfang an sein Gefolgsmann der ersten Stunde, der Gefreite Walter Freytag, ein fünfundzwanzigjähriger Fallschirmjäger aus Thüringen, den er im Lager II zum Unteroffizier »beförderte«. Der Gefreite Siegfried Kipinski war ein schwarzhaariger, polnisch sprechender Fallschirmjäger aus Oberschlesien, etwas über 30, bekannt für seine zahlreichen Goldplomben; er wurde ebenfalls im Lager II zum Unteroffizier »befördert«. Der dritte Gefreite war Heinz Huber, 23, aus der Gegend von Lambach in Oberösterreich, der vierte hieß Rudi Barbe. Drei weitere Gefreite konnten nie identifiziert werden und waren nur unter ihren Vornamen bekannt: Fritz aus Danzig, genannt »Killer«; Michael aus Mannheim, beinahe glatzköpfig; und noch ein Michael aus der Steiermark, der außergewöhnlich große Hände hatte. Dann gab es noch ei-

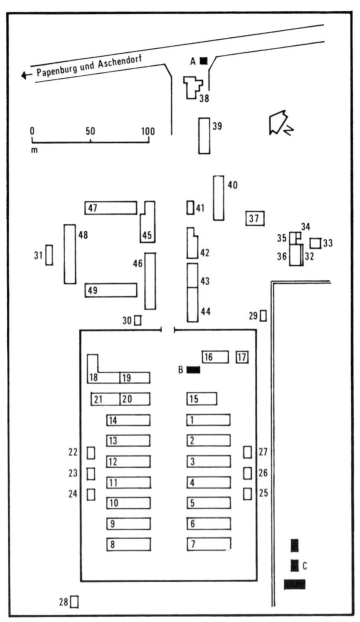

Lager II – Aschendorfer Moor.

Lager II – Aschendorfer Moor

1–14	Häftlingsbaracken
15	Aufenthaltsraum
16	Arrestbaracke
17	Kartoffel-Lagerraum
18	Krankenrevier
19	Wäscherei und Schneiderwerkstatt
20	Küche
21	Waschräume
22–27	Latrinen
28–29	Wachtürme
30	Kläranlage
31	Latrinen für das Wachpersonal
32	Reparaturwerkstatt
33	Wasserreservoir
34	Schmiede
35	Schlachthaus
36	Pumpenhaus
37	Ställe
38	Wachraum
39	Werkzeugraum
40	Lagerraum der Gärtnerei
41	Ehemaliger Wachraum
42	Garage
43	Verwaltungsbüro
44	Kleidungslager
45	Kantine für das Wachpersonal
46	Büro des Lagervorstehers
47–49	Quartiere für das Wachpersonal
A	Grab für 13 Leichen
B	Grab für 46 Leichen
C	Grab für 136 Leichen

nen Fahrer namens Willi und einen Angehörigen der Marine mit unbekanntem Dienstgrad.

Das also war die Mannschaft, die Herold im Aschendorfer Moor antreten ließ.

Als das Arbeitskommando gegen 18 Uhr die Grube ausgehoben hatte, marschierten die Häftlinge durch das Haupttor zurück, gaben die Schaufeln ab und wurden dann zu ihren Baracken geführt und dort eingeschlossen.

Der Befehl, nicht aus den Fenstern zu blicken, und die Drohung, bei Zuwiderhandlung werde geschossen, waren sehr ernst zu nehmen. Doch die Neugier von Häftlingen läßt sich nicht so einfach verhindern, und in jeder Baracke gab es eine Anzahl von Geheimtips, wo ein Spalt in der Holzwand, ein lockeres Brett oder ein Astloch den Blick in die Außenwelt ermöglichten.

Das Grab lag gegenüber von Baracke 7, deren Insassen natürlich nicht die einzigen waren, die es sehen konnten; das weitere Geschehen war vielmehr von etwa acht Baracken aus zu beobachten. So wurde eine beträchtliche Anzahl von Gefangenen ganz oder teilweise zu Zeugen der Ereignisse jenes Abends, wobei der Pole Augustyn Mielewczyk mit der Latrine den unkonventionellsten Standort gewählt hatte.

Das Wachpersonal konnte natürlich die Vorgänge noch besser beobachten als die Häftlinge. Die diensthabenden Aufseher im Lager, das Wachbataillon, die Volkssturmposten um den Stacheldrahtbereich, sie alle waren Zeugen, von den Beteiligten selbst ganz zu schweigen.

Die zur Bewachung der Grabungsarbeiten abgestellte Volkssturmeinheit unter Führung von Gerhard Setzer, Hansens Vorgänger in Lager II, wurde um 18 Uhr abgelöst. An der Spitze des neuen Trupps stand Bernhard Meyer, ehemals Kommandeur des Wachbataillons in Lager I, Börgermoor.

Meyer war ein hochgewachsener, korpulenter Fünfziger, von Beruf Bäcker, und allgemein unter dem Namen »Schnurrbart-Meyer« bekannt wegen des üppigen Oberlippenbartes, der es seit dem Ersten Weltkrieg dank seiner sorgfältigen Pflege auf fast zwanzig Zentimeter Länge gebracht hatte. Er war 1932 in die Partei und in die SA eingetreten und seitdem in verschiedenen Emslandlagern eingesetzt worden. Äußerlich mochte er zwar zunächst den Eindruck einer wohlbeleibten Vaterfigur vermitteln, tatsächlich aber war er hart, und das aus Überzeugung.

Um 18 Uhr befanden sich nun Lagerleiter Hansen und sein Vorgänger Setzer auf ihren Zimmern und somit weitab von dem Geschehen, das, wie sie wußten, unmittelbar bevorstand, während Herold, assistiert von einer Anzahl Männer aus dem Lagerpersonal und Volkssturm-Wachposten unter Schütte und Meyer, den Schauplatz dieses Geschehens beherrschte.

Nach 18 Uhr überstürzten sich die Ereignisse, und viele Gefangene merkten gar nicht, daß der Abzug des Arbeitskommandos vor Beginn der Schießerei erfolgt war, und dachten, die Opfer hätten sich ihr eigenes Grab gegraben. Tatsächlich wurde der erste Schub zu der Grube geführt, sobald das Arbeitskommando ins Lager zurückgekehrt war.

Die ersten Opfer waren die aufgegriffenen Flüchtlinge. Bis dahin hatte man mehr als neunzig ins Lager II zurückgebracht und von den Mithäftlingen isoliert. Über dreißig Mann mußten vor der Arrestbaracke antreten und unter Bewachung in Zweierreihen durch das Haupttor am Stacheldraht vorbei zu dem Grab marschieren, an dessen Rand man sie Aufstellung nehmen ließ. Einen Augenblick lang herrschte Totenstille. Dann eröffnete das 2-cm-Flakgeschütz auf sie das Feuer; der Lastwagen, auf dem es stand, war ungefähr gegenüber von Baracke 4 postiert, das heißt, etwa 50 m entfernt.

Ein 2-cm-Flakgeschütz eignet sich jedenfalls für eine Exekution kaum optimal, und als sich jetzt ahnungslose, ungeübte Soldaten daran versuchten, entwickelte sich die Situation zum Horrorspektakel. Die erste Salve traf einige Gefangene in die Beine, während die anderen, die sie verfehlte, in die Grube sprangen und sich dadurch zu retten hofften. Dann gab es Ladehemmung. Herold fluchte. Chaos brach aus.

Herold befahl seinen Leuten, die Sache mit Handfeuerwaffen zu Ende zu bringen, woraufhin sie mit Pistolen, Gewehren und Maschinenpistolen vorrückten. Die Lagerwachen beteiligten sich mit ihren Waffen. Trotz des ohrenbetäubenden Infernos aus Schüssen und Schreien vermochten die Ohrenzeugen manche zusammenhängenden Worte der Sterbenden zu unterscheiden. Von den noch Unversehrten brüllten einige: »Heil Hitler! Heil Hitler!«, als ob sie durch einen Widerruf in letzter Minute ihre Henker rühren könnten. Viele bettelten laut schreiend um Gnade. Eine polnische Stimme übertönte den Lärm: »Gott helfe uns!« Doch am meisten zu Herzen ging wohl der einsame Klageruf: »Mutter!«

Diejenigen, die am Rand zusammengebrochen waren, wurden von den Lagerwachen und Herolds Leuten mit Fußtritten in die Grube befördert. Zur Sicherheit jagten sie dann Schüsse hinterher, bis sie alle, die noch lebten, endgültig ermordet hatten. Zur Beschleunigung des Verfahrens wurden Handgranaten eingesetzt, die zerfetzte Körperteile durch die Luft wirbelten. Ein Wachmann sah, daß ein Gefangener mit einem klaffenden Loch in der Brust und einem weggerissenen Arm noch lebte, und erledigte ihn mittels Kopfschuß.

Als die Henker sich von der Grube zurückzogen, trat kurzfristig relative Ruhe ein. Herolds Leute versuchten, die Ladehemmung des Flakgeschützes zu beheben, besaßen aber alle nicht die nötige Sachkenntnis, und ihre Kumpane vom Volkssturm waren auch nicht dazu in der Lage. Also rangierte man es aus und setzte statt dessen ein Maschinengewehr ein.

Und so wurden der zweite und dritte Schub, wiederum jeweils über 30 Mann, auf Herolds Befehl in ähnlicher Weise durch Schüsse in das Grab befördert und mit Handfeuerwaffen endgültig erledigt.

Es gab noch zwei weitere Tatzeugen. Hans Dahler-Kaufmann und Heinz Müller, ehemalige Offiziere, die wegen antinazistischer Äußerungen aus der Wehrmacht ausgestoßen worden waren. Sie hatten ihre Strafe in Lager VII in Esterwegen abgesessen und gehörten zu den 200 am 10. April entlassenen und zum Volkssturm überstellten Häftlingen – wo sie ihren früheren Dienstgrad als Leutnant zurückbeka-

men. Beide waren jetzt als Kompanieführer in der Kampfgruppe Gericke eingesetzt, den Vormarsch der alliierten
Truppen im Emsland durch Brückensprengung aufzuhalten. Als sie sahen, daß sich dies mit den ihnen zur Verfügung gestellten Hilfsmitteln und Arbeitskräften unmöglich
machen ließ, und von der Anwesenheit eines regulären
Hauptmanns in Aschendorfer Moor erfuhren, gedachten
sie sich bei diesem Herold als dem am nächsten erreichbaren
dienstälteren Offizier zu melden. Die beiden trafen gerade
bei Beendigung der Grabungsarbeiten ein und konnten die
anschließenden Exekutionen mit ansehen. Dahler-Kaufmann, der sich bei den Umstehenden informiert hatte, ging
unerschrocken zu Herold und stellte sich ihm als Offizier,
allerdings untergeordneten Dienstgrades, vor.

»Herr Hauptmann, ich habe gesehen und gehört, was hier
vorgeht, und muß Ihnen sagen, daß dieses Verfahren in keiner Weise den geltenden Vorschriften entspricht. Tatsächlich läßt sich das, was Sie hier machen, als Mord bezeichnen. Ich behalte mir Meldung an die vorgesetzte Dienststelle vor.«

»Na schön«, gab Herold zurück, »wenn Sie wollen, können Sie meinen Wagen nehmen. Ich habe Befehl vom Standgericht, diese Leute zu erschießen.«

»Aber Herr Hauptmann . . .«

Herold hielt eine gezogene Pistole in der Hand, als er erwiderte:

»Wenn Ihnen nicht paßt, was ich hier tue, nehme ich Sie
mir mit den übrigen vor, und dann sind Sie dran. Wegtreten.«

Dahler-Kaufmann ging. Da er eine Kamera bei sich hatte, konnte er einen Teil des Massakers fotografieren. Doch
als er nach einem oder zwei Tagen in Kriegsgefangenschaft
geriet, wurde ihm bedauerlicherweise die Kamera abgenommen, und damit war auch der Film verloren.

Während die Erschießungen weitergingen, machte sich
Buscher in der Kreisleitung Gedanken, wie Herold wohl
vorankommen mochte. Seiner Dienststelle war vom Volkssturm ein Meldefahrer namens Josef Urbanek zugeteilt
worden, von Beruf Justizbeamter im Strafvollzugsdienst, 32

Jahre alt, aus Westpolen stammend. Er war zwei Monate vor Hitlers Machtergreifung in die Partei und in die SA eingetreten und seit 1938 im Emsland tätig, mit einer dreijährigen Unterbrechung von 1939 bis 1942 bei der Wehrmacht. Anfang April 1945 hatte er die Häftlinge von Lager III in Brual-Rhede nach Aschendorfer Moor gebracht, wurde eine Woche danach zum Volkssturm eingezogen, mit einem Krad ausgerüstet und Buschers Dienststelle zugeteilt. Er hatte Herold, als dieser Buscher aufsuchte, nicht kennengelernt, ihn jedoch von weitem gesehen und für den Leutnant gehalten, mit dem er im Frankreichfeldzug 1940 während der Moselüberquerung bei Montherme aneinandergeraten war, und das Buscher gegenüber erwähnt. Er hatte von Buscher erfahren, daß Herold als »Wehrmachtsoffizier zur Durchführung von Exekutionen befugt« sei.

Daher überraschte es Urbanek auch nicht, als er den Befehl erhielt, zu Herold ins Lager II zu fahren, dessen Vollzugsmeldung entgegenzunehmen und sie Buscher zu überbringen. Er sprang auf sein Krad und brauste auf dem kürzesten Weg zum Aschendorfer Moor.

Er kam dort in dem kritischen Augenblick an, als die 2-cm-Flak Ladehemmung hatte, und rief Herold an:

»Herr Hauptmann!«

Herold war anderweitig so in Anspruch genommen, daß er nicht antwortete, möglicherweise hatte er ihn bei dem nicht geringen Krach ringsum auch gar nicht gehört. Er putzte seine Leute herunter, weil sie mit dem Flakgeschütz nicht umgehen konnten.

Urbanek ging nun direkt zu ihm und sprach ihn nochmals an.

»Scheren Sie sich zum Teufel«, schnauzte Willi Herold.

»Aber Herr Hauptmann, ich habe Ihnen zu melden. . .«

»Ich habe Ihnen doch schon gesagt, Sie sollen sich zum Teufel scheren.«

»Herr Hauptmann, ich komme von Kreisleiter Buscher.« Jetzt hörte Herold zu. »Ich soll Ihre Vollzugsmeldung, die Exekutionen betreffend, für den Kreisleiter entgegennehmen.«

Herold fluchte wieder drauflos. »Darum kümmere ich mich selbst. Ich komme später persönlich rüber.« Danach widmete er sich nur noch seiner eigentlichen Aufgabe.

Urbanek sah den Erschießungen eine Zeitlang zu, denn die Wachmannschaften waren Herolds Aufforderung gefolgt und nach dem Defekt in Aktion getreten. Dann schlenderte er zur Lagerkantine, kaufte Zigaretten und trank ein Bier. Es war bereits dunkel, als er wieder bei Buscher eintraf und berichtete, was Herold ihm gesagt und was er gesehen hatte.

»Das geht schon in Ordnung«, meinte Buscher.

Im Lager II näherten sich die Aktivitäten dieses Tages ihrem Ende. Die Schießerei verstummte, nachdem 98 Gefangene getötet worden waren oder kein Lebenszeichen mehr von sich gaben. Herold und seine Leute entfernten sich die Nacht über. Brockhoff ließ das Grabungskommando nochmals antreten und befahl den Häftlingen, die Grube zuzuschaufeln. Doch sie weigerten sich. So mußten die Wachmannschaften selber Erde und Chlorkalk auf die Leichen häufen.

5

Ruhe trat jedoch danach nicht ein.

Karl Schütte, als Kompanieführer im Volkssturm, beschloß, am nächsten Tag die Suche nach den noch nicht wiederaufgegriffenen entflohenen Häftlingen fortzusetzen. Um 11 Uhr befahl er Zugführer Bernhard Meyer, sich für diesen Auftrag bereitzuhalten. Als überaus dringlich scheint man es letztlich doch nicht betrachtet zu haben, denn es machte sich nur der halbe Zug auf den Weg, und das erst nach dem Mittagessen.

Als er in die Schreibstube kam, um sich bei Schütte abzumelden, fand Meyer dort auch Herold vor. Seine Instruktion lautete, auf alle Sträflinge, die beim Plündern erwischt wurden, zu schießen und Herold persönlich vom Ergebnis der Suchaktion telefonisch Bericht zu erstatten.

Und so führte »Schnurrbart-Meyer« am Freitagnachmittag des 13. April seine Leute, alle auf Fahrrädern, hinaus ins

Moor. In diesem halben Volkssturmzug befanden sich auch Angehörige des Wachpersonals und der Wachmannschaften aus verschiedenen Emslandlagern. Teilnehmer der Suchaktion an jenem Tag waren:

Aus Lager I:

> Arnulf Hilrath, höherer Justizwachbeamter;
> Gronewald, Wachposten (niedriger Dienstgrad);
> Raune, kleiner Justizwachbeamter;
> Adolf, Student;
> Engelbert Widhalm, Wachposten im Unteroffiziersrang.

Aus Lager VII:

> Becker, Wachposten, mit Wachhund;
> Hermann Brandt, Offiziersdiensttuender in der Wacheinheit;
> Josef Karalus, Wachmann, bei den Gefangenen unter dem Spitznamen »Mussolini« – wegen der Ähnlichkeit – bekannt;
> Otto Peller, höherer Justizwachbeamter und Meyers Stellvertreter.

Bevor sich die Gruppe trennte, um sich einzeln oder zu zweit auf die Suche zu begeben, verabredeten sie für den Abend ein Treffen im Wirtshaus von Burlage, das von Hermann Cordes geführt wurde.

Der Nachmittag war keineswegs unergiebig. Die Landbevölkerung war durch das immer näher rückende Kampfgetöse bereits ziemlich überreizt und sparte nicht mit Hinweisen, wo man die entflohenen Häftlinge finden und ihnen damit zumindest eine ihrer Ängste nehmen würde, gleichgültig, ob diese vergleichsweise geringfügig, ob sie begründet oder eingebildet waren.

Und so machten sich Meyers Leute ab 18 Uhr einer nach dem anderen auf den Weg zum vereinbarten Treffpunkt. Als sie alle dort versammelt waren, stellten sie fest, daß der halbe Zug acht Häftlinge aufgegriffen hatte.

Zunächst sollte Peller die Personalien überprüfen und jeweils die kriminellen Handlungen im einzelnen ermitteln. Sämtliche Angaben wurden feierlich in einem Notizbuch festgehalten. »Schnurrbart-Meyer« war ein ordentlicher

Mensch. Dann erstattete er vom Wirtshaus aus telefonisch Meldung in Lager II. Schütte war am Apparat, gab aber den Hörer an Herold weiter.

»Melde gehorsamst, Herr Hauptmann«, begann er, »acht Gefangene wiederaufgegriffen.«

»Liquidieren«, lautete die knappe Antwort.

Der ordnungsliebende Meyer gab sich jedoch mit einer so vagen Instruktion nicht zufrieden.

»Bitte, was meinen Herr Hauptmann damit?«

»Gleichschalten.«

»Bitte um Entschuldigung, aber ich verstehe Herrn Hauptmanns Befehl nicht.«

Aus dem Hörer brüllte es ihm entgegen:

»Sie dämliches Arschloch! Gleichschalten, das hab ich Ihnen doch schon gesagt. Jetzt tun Sie das gefälligst, sonst komm ich selber rüber, und dann werden wir ja sehen, wer hier wen erledigt.«

Als er sich wieder beruhigt hatte, erklärte Willi Herold langsam und deutlich, als spreche er zu einem Schwachsinnigen:

»Ich erteile Ihnen den dienstlichen Befehl, das Urteil an diesen Männern zu vollstrecken und mir innerhalb einer Stunde Vollzugsmeldung zu erstatten.«

Dann legte er auf.

Daß es gar kein Urteil geben konnte, da ja keine Gerichtsverhandlung stattgefunden hatte, um es zu verhängen, schreckte Meyer kaum. Ihm war befohlen worden, acht Männer zu erschießen, und so würden eben acht Männer ordnungsgemäß erschossen werden. Er begann gerade seinen Leuten die ersten Anweisungen zu geben, als er von Cordes unterbrochen wurde.

»Was wirst du denn nun machen, Meyer?« wollte Cordes wissen.

»Die Männer müssen erschossen werden. Ich habe meine Befehle. Abschaum ist das, nichts weiter, und der hat auf dieser Welt nichts zu suchen.«

45

»Aber hier darfst du sie nicht erschießen!« protestierte Cordes.

»Na ja, wenn dir das lieber ist, können wir uns ja auch in dein Wäldchen verziehen«, entgegnete Meyer gereizt.

»Nein, kommt überhaupt nicht in Frage. Ich möchte nicht, daß so was in meinem Haus oder auf meinem Grund und Boden vor sich geht. Das hier ist ein Gasthaus, kein Richtplatz.«

Meyer musterte ihn einen Augenblick unschlüssig und fand dann, eine Auseinandersetzung, die alles nur verzögern würde, lohne sich nicht.

»Na schön«, knurrte er, »dann gehen wir eben in den Wald auf der anderen Seite vom Kanal.«

Nachdem er das Gelände kurz inspiziert und einen geeigneten Platz gefunden hatte, kehrte Meyer in die Wirtschaft zurück, und die Gefangenen mußten sich auf seine Anweisung fast völlig entkleiden. Wozu sollten sie die ganzen Sachen zurücktragen, wenn der Auftrag ausgeführt war, erklärte er, das wäre doch zwecklos und nur eine überflüssige Arbeit. Mit ein paar Schaufeln ausgerüstet, die Brandt im Haus organisiert hatte, machte sich der Trupp mit seinen acht halbnackten Opfern auf den Weg zu der auserkorenen Richtstätte; einen Mann ließen sie zur Bewachung der Fahrräder zurück. (Daraus ergab sich in der späteren Untersuchung ein Problem, da jeder, der zu Meyers halbem Zug gehört hatte, er selbst ausgenommen, im Verhör behauptete, er sei derjenige gewesen, der bei den Fahrrädern geblieben war. Schließlich stellte sich heraus, daß es sich hier um Josef »Mussolini« Karalus gehandelt hatte.)

Im Wald ließ man die Gefangenen ihr eigenes Grab ausheben und dann davor Aufstellung nehmen. Die Wachmannschaft postierte sich ein paar Meter entfernt ihnen gegenüber, und Meyer gab den Befehl:

»Anlegen! Feuer!«

Die Gefangenen fielen rücklings in das Grab, und Meyer gab einem, der noch nicht ganz tot war, den Rest. Dann schaufelten die Wachmannschaften das Grab zu und marschierten ins Gasthaus zurück.

Meyer telefonierte wiederum und erstattete Herold Meldung. Der war wesentlich besserer Laune und offenkundig erfreut über die Nachricht.

»Gut gemacht, Meyer«, sagte er abschließend. »Sie bleiben jetzt weiter am Ball und gehen nicht ins Lager zurück. Sie werden die Suche die Nacht über fortsetzen und mir morgen früh wieder Meldung erstatten.«

Zu guter Letzt fanden Meyers Leute freilich, für einen Tag hätten sie genug Aufregungen gehabt. Kaum hatten sie sich wieder getrennt, ging jeder zu einem Bauernhaus in seinem zugeteilten Suchgebiet und verbrachte dort die Nacht. Am nächsten Morgen griffen sie drei weitere Flüchtlinge auf.

»Schnurrbart-Meyer« war an jenem Morgen sehr gefragt. Einer seiner Leute, Brandt, hatte gehört, zwei Gefangene flüchteten zwischen einer Viehherde hindurch, und als er in einem Feld bei Burlage zwei kriechende Gestalten sah, erwischte er eine durch Kopfschuß. Seine Treffsicherheit war in dem Fall jedoch fehl am Platz, denn es handelte sich um einen zwölfjährigen Jungen, der mit einem Freund gespielt hatte. Der Bürgermeister von Burlage brauchte Meyers Mitwirkung in einer Untersuchungskommission, die sich mit diesem Todesfall befaßte.

6

Auch im Lager II trat keine Beruhigung ein.

Das Geschehen am Freitag, dem 13. April, stellte eine gleichsam logische Folge des Vortages dar: Aufgegriffene Häftlinge, die im Kampfgebiet geplündert oder sich anderweitig schuldig gemacht haben sollten, mußten erschossen werden. Und so lungerte die Gruppe Herold den ganzen Tag über im Lager herum und vertrieb sich die Langeweile dadurch, daß sie sich jeden von den Suchtrupps aufgegriffenen Flüchtling persönlich vornahm. Einige wurden unmittelbar nach der Ankunft erschossen, andere in die Arrestbaracke geschleppt und später abgeknallt. Im Lauf des Vormittags wurden etwa 15 Leichen, alle mit Schußwunden, in einem Handkarren zum Schauplatz der Ereignisse des Vortages gebracht, wo sie dasselbe Häftlingskommando in einem Grab neben dem ihrer toten Kameraden verscharrte.

Laut Herolds Befehl waren alle Plünderer auf der Stelle zu erschießen. Inzwischen aber wurden immer mehr Beteiligte von schierem Aktionismus erfaßt, und weder im Lager noch bei den Suchtrupps draußen unterzog man sich der Mühe, herauszufinden, wer geplündert hatte und wer nicht, geschweige denn, ob überhaupt geplündert worden war. Ein beispielloser Tummelplatz für alle tat sich auf, wo jeder freie Bahn hatte, einen entflohenen Gefangenen nach Belieben zu töten oder alte persönliche Rechnungen zu begleichen. Auf diese Weise wurde eine Anzahl außerhalb des Lagers erschossen, ebenso wie diejenigen, die sich Herold und seine Leute vornahmen.

An diesem Abend begann das Ganze dann eine neue Wendung zu nehmen. Der äußere Anschein von Ordnung und Legalität – die Meinung, Plünderer und andere Delinquenten würden auf Grund irgendeiner Vollmacht streng, aber gerecht bestraft – geriet ins Wanken. Die Gruppe Herold und alle im Volkssturm, in der Partei und im Strafvollzug, die gemeinsam mit ihr dieses Gemetzel anrichteten, amüsierten sich nach Herzenslust und wollten sich den Spaß durch nichts verderben lassen. Was immer dazu beitrug, war ihnen willkommen.

Willi Herold hatte im Laufe des Tages einen Häftling im Lager II zu seinem Burschen gemacht. Von diesem Rudi erfuhr er, daß es unter den Gefangenen eine Anzahl Bühnenkünstler gab. Willi Herold zeigte sich wie immer der Lage gewachsen und verkündete, er habe Geburtstag (tatsächlich war er am 11. September geboren) und aus diesem Anlaß einen Unterhaltungsabend angeordnet. Unter den Insassen befand sich ein ehemaliger Kabarettist und Regisseur, Heinz (»Roger«) Kuckelsberg-Alexander, der wegen Wehrkraftzersetzung aus der Wehrmacht ausgestoßen und zum Tode verurteilt worden war, was dann später revidiert wurde. Ihm übertrug Herold die Leitung der Veranstaltung.

Kuckelsberg-Alexander hatte bei der Auswahl seiner Truppe freie Hand und konnte für einen zur Exekution bestimmten Freund die Begnadigung durchsetzen. Bedenkt

man, daß die Vorbereitungszeit überaus kurz und den halb-
verhungerten Gefangenen die notwendige Bühnenpraxis
abhanden gekommen war, so erscheinen Zweifel an der
Qualität der Darbietungen erlaubt. Um so sicherer dürfte
sein, daß die Künstler unter diesen Umständen größtmögli-
che Anstrengungen unternommen haben, kein Mißfallen zu
erregen, und es waren sich alle darin einig, daß die Gruppe
Herold und ihre Kumpels sich amüsierten. Allerdings waren sie da nicht gerade nüchtern. Und so wurden die Dinge
noch weiter vorangetrieben, als Herold nach der Vorstellung die Mitwirkenden mit großmütiger Geste einlud, ein
Glas mit ihm und seinen Leuten zu trinken. Er fuhr fort:

»Ich habe Sondervollmachten vom Führerhauptquartier,
und von den Gefangenen soll sich ja keiner einbilden, daß er
den Engländern lebend in die Hände fällt. Jetzt wollen wir
uns einen Schluck genehmigen. Ihr seid auch Soldaten und
müßt mit uns trinken.«

Feldwebel Hoffmeister saß zechend neben einem Häftling
namens Horst Schneider, der ebenfalls Feldwebel gewesen
war, bevor er wegen Wehrkraftzersetzung vor ein Kriegsgericht kam. Hoffmeister stellte fest, daß Schneider ebenso
wie er aus Erfurt stammte und daß sie eine Menge gemein-
samer Freunde in der Hitlerjugend hatten. Hoffmeister tat
einen weiteren kräftigen Zug aus der Schnapsflasche und
wandte sich dann an Herold.

»Herr Hauptmann, wir sind doch allesamt Soldaten.
Warum können dann Schneider hier und Kuckelsberg-
Alexander nicht auch zu uns in die Kampfgruppe kom-
men?«

Herold war sofort einverstanden, und Hoffmeister
schrieb unverzüglich eine Bescheinigung für Schneider aus,
wobei er Herolds Rücken als Unterlage benutzte. Der Text
lautete:

> An den Standortkommandanten in Leer, Korvettenkapitän Dehar-
> de: Ich ersuche Sie, dem Überbringer nach Möglichkeit Marschbefehl
> zu erteilen, sich zum Kommando Herold in Aschendorfer Moor zu be-
> geben.

Dieser erste Kandidat scheint Herold eine Idee in den
Kopf gesetzt zu haben. Zweifelsohne hatte auch er davon

gehört, daß überall im Reich einige Gefangene zur Wehrmacht eingezogen wurden. Jedenfalls nahm Herold am nächsten Tag, dem 14. April, Kontakt mit dem Standortkommandanten in Leer auf und vereinbarte, eine Gruppe von 135 »begnadigten« Häftlingen zur Rekrutierung in Marsch zu setzen, der am 15. weitere 400 Mann folgen sollten. Sie marschierten unter Bewachung nach Leer, wo sie im »Sonderbataillon Emsland« formiert wurden, einer neuen Marineeinheit, die als Infanterie eingesetzt werden sollte und der SS unterstand, unter dem Kommando von SS-Hauptsturmführer Buscher, einem Verwandten des Kreisleiters in Aschendorf. Und am Morgen des 16. April meldete sich Schneider, jetzt mit einer alten Marineartillerieuniform angetan, ordnungsgemäß bei Herold im Aschendorfer Moor zurück mit einem schriftlichen Marschbefehl, der lautete:

Schütze Horst Schneider befindet sich auf Marschroute nach Aschendorf zum Kommando H.

Von da ab »begnadigte« Herold weitere Gefangene, um sie vor Ort einzusetzen. Sie trugen die Uniformen des Wachbataillons, alle in schwarzen Hosen, einige im braunen Sommerrock, aber die meisten noch im blauen Winterrock. Viele waren Blockälteste und andere »Vertrauensleute«, die sich durch ihre Bereitwilligkeit, ihre Mithäftlinge disziplinieren zu helfen, beim Lagerpersonal beliebt gemacht hatten. Je nach Bedarf bewaffnete Herold sie mit Gewehren.

Nach der Vorstellung verschlimmerten sich die Zustände im Aschendorfer Moor von Tag zu Tag. Unaufhaltsam strebte der Terror seinem Höhepunkt zu.

Immer noch wurden aufgegriffene Gefangene innerhalb wie außerhalb des Lagers erschossen. Drei verwundete Flüchtlinge in einem Leiterwagen wurden auf Herolds Befehl abgeknallt. Einen Häftling, den man durch das Lagertor zurückschleppte, forderte Herold auf, die Schuhe auszuziehen, und als er sich bückte, verpaßte ihm Wachmann Josef Euler, inzwischen treuer Gefolgsmann der Gruppe Herold, einen Genickschuß. Und so weiter.

Doch für Willi Herold oder seine Leute wurde dies alles

zu sehr Routine. Es fehlte an neuen Todeskandidaten, und das ganze Verfahren lief auch immer gleichförmig ab. Abwechslung war gefragt und ein neuer Zeitvertreib mühelos gefunden.

Mit Hilfe der Kollaborateure unter dem Lagerpersonal – mit an erster Stelle jener Karl Hagewald, der auf dem Marsch nach Collinghorst beim Verprügeln eines Häftlings sein Gewehr zerbrochen hatte – wurden täglich Namenslisten von jenen Gefangenen angefertigt, die Anstoß erregt hatten und es daher verdienten, »erledigt« zu werden. Der Gruppe Herold selbst wurde die Zeit lang, und sie begann, eine Baracke nach der anderen durchzukämmen und Polen, Tschechen und andere Ausländer zu selektieren. Ausgesondert wurden auch diejenigen, die wegen bestimmter Vergehen wie Wehrkraftzersetzung, Selbstverstümmelung oder Fahnenflucht verurteilt worden waren. Als die Ausbeute etwas mager erschien, verfielen sie auf die Idee, Gefangene aus Sachsen und Thüringen zu nehmen, die sie als Schandfleck für Herolds beziehungsweise Freytags Heimat erachteten.

Mit diesen Häftlingen verfuhren sie auf dreierlei Weise. Sie schlugen sie. Sie ließen sie »Sport« treiben – bestimmte besonders anstrengende Freiübungen, die bei den Wachen außerordentlich beliebt waren, weil sie nach den Vorschriften keine Bestrafung darstellten und deshalb auch nicht kontrolliert wurden. Und sie erschossen sie. Manchmal erfolgten alle drei Aktionen hintereinander. Auf diese Weise wurden etwa 15 weitere Opfer getötet. Ein polnischer Zeuge in Baracke 8 erlitt eine Handverletzung, als die Wachen ihn am Fenster entdeckten und sofort das Feuer eröffneten.

Das normale Ordnungsgefüge in Lager II zerfiel restlos. Herolds Leute streiften umher, wo sie wollten, und taten, was sie wollten – ohne jede Kontrolle und ohne sich rechtfertigen zu müssen. Sie ließen sich aus den Häftlingsrationen Extramahlzeiten zubereiten. In der Lagerschneiderei ließen sie sich ihre Uniformen flicken oder neue anfertigen, und von der Wäscherei machten sie ausgiebig Gebrauch. Sie benutzten das Lager und sämtliche Einrichtungen, wie sie es für richtig hielten. Herold betrank sich sinnlos mit zwei Flaschen Rotwein, die er mit Zucker versetzt hatte – seine neueste Entdeckung.

Es erhebt sich die Frage: Was taten eigentlich der Lagervorstand und die Zentralverwaltung währenddessen? Hansen befand sich in einer schwierigen Lage. Er hatte gerade erst ein überfülltes Lager übernommen, dessen Verwaltungspersonal durch Einberufung zum Volkssturm häufig mit anderen Aufgaben beschäftigt war und zur Hälfte gemeinsame Sache machte mit einer Gruppe bewaffneter Männer, die mit seinem Lager und seinen Gefangenen Schindluder trieben. Hansen hatte von Anfang an die Rechtmäßigkeit des Verfahrens bezweifelt und sich auch von der Zentralverwaltung nicht beschwichtigen lassen. Vergebens verlangte er Namenslisten der Exekutierten. Vergebens protestierte er gegen die unerlaubte Betätigung der Gruppe Herold im Stacheldrahtbereich, den zu betreten sie kein Recht hatte. Und nach der Abendveranstaltung, die er sich eine Zeitlang angesehen hatte, beschwerte er sich abermals bei Herold, er habe kein Recht, Gefangene aus ihrem Lager herauszuholen. Herold gab ihm darauf eine vage Antwort:

»Diese Männer sind keine Gefangenen. Ich habe sie begnadigt. Sie sind wiederum Soldaten.«

Als die Exzesse im Lager sich nach dem Unterhaltungsabend zunehmend steigerten, wurde Hansen die konkrete Situation noch klarer. Herolds Männer waren bewaffnet und entschlossen, während ihm die geeigneten Mittel fehlten, ihnen die Stirn zu bieten. Er fuhr nach Papenburg, um bei Dr. Thiel um Unterstützung nachzusuchen, doch alles, was er bekam, war eine Anweisung für Herold, seine Leute aus dem Stacheldrahtbereich zurückzuziehen. Als ihm dies übermittelt wurde, reagierte Herold mit dem zu erwartenden Hohn:

»Ich trage hier die Verantwortung und werde meine Pflicht tun, wie ich es für richtig halte. Und lassen Sie mich Ihnen eines sagen. Meine Befehle lauten, daß kein Gefangener dem Feind in die Hände fallen darf, und ehe das geschieht, lasse ich jeden in diesem Lager antreten und zerfetze euch alle mit meiner Flak.«

Hansen bekannte später reumütig: »Und ich glaubte, daß er das tun würde.«

Er fuhr abermals nach Papenburg – er schien ganz durchdrungen von dem enormen Ausmaß dieser Kraftanstrengung –, und am 15. April schickte Thiel seinen Stellvertreter, Dr. Ewald Ottinger, ins Lager II, um vernünftig mit Herold zu reden und ihm mitzuteilen, daß er nach Durchführung der Exekution keine weiteren dienstlichen Verpflichtungen mehr im Lager habe. Aber Ottinger hielt es offenbar für besser, nicht zu eindringlich mit Waffenbesitzern zu diskutieren. Er blieb nur 20 Minuten im Lager. Herold versprach, den Stacheldrahtbereich zu verlassen. Und natürlich ging alles so weiter wie bisher.

Richard Thiel, dieser farblose, jedoch peinlich genaue alte Justizbeamte, behauptete, von den Ereignissen isoliert gewesen zu sein – obwohl Papenburg keine 5 Kilometer vom Aschendorfer Moor entfernt liegt. Er erklärte, sein Telefon habe nicht funktioniert – obwohl Hansen ihn unentwegt anrief. Er leugnete jede Kenntnis von weiteren Erschießungen nach der Massenexekution – obwohl Hansen ihn in eben dieser Angelegenheit zweimal aufsuchte und er außerdem noch einen persönlichen Bericht von Dropmann erhielt, dem Arbeitseinsatzführer im Lager II; überdies hatte sein Stellvertreter Ottinger das Lager besucht und über seinen Befund berichtet. Doch zweifelsohne ist viel Wahres an Thiels nüchterner Bemerkung, daß er 71 Jahre alt war, »Papenburg unter Beschuß lag und ich kaum jemals vor 3 Uhr früh ins Bett gekommen bin. All das erschwerte es, in Ruhe über diese neue Schwierigkeit nachzudenken«.

Die Partei wurde über die Vorgänge durch Schütte auf dem laufenden gehalten, der Buscher regelmäßig in seiner Dienststelle aufsuchte. Am 17. April berichtete Schütte dem Kreisleiter, daß nach wie vor Gefangene von Herolds Leuten erschossen würden. Buschers Antwort lautete: »Na schön, laß ihn doch.«

Was wäre geschehen, wenn die Beteiligten wenigstens einmal nachgefragt oder gar herausgefunden hätten, daß »Hauptmann« Herold in Wirklichkeit Gefreiter war? Hätten sie sich in Worten und Taten dann anders verhalten?

7

Im Aschendorfer Moor fiel der Schlußvorhang am 19. April, was freilich nicht auch das Ende der Schauergeschichte bedeutete.

In der dritten Aprilwoche hatte die deutsche Wehrmacht auf ihrem Rückzug zu beiden Seiten von Lager II Artillerie postiert. Es versteht sich, daß Hansen gegen eine derart gefährdende Maßnahme Protest erhoben hatte, der, wie sich ebenfalls versteht, mißachtet wurde. Doch es waren vermutlich diese Geschützstellungen in nächster Nähe, die am 18. April den ersten Angriff auf das Lager durch alliierte Artillerie auslösten. Er forderte eine nicht genau bekannte Anzahl von Opfern.

Am 19. April folgte ein alliierter Luftangriff. Abermals gab es zahlreiche Verluste, und im Stacheldrahtbereich gerieten Baracken in Brand. Als die Küche getroffen wurde und zu brennen anfing, verursachten Gefangene, die sich bei der Gelegenheit an Lebensmitteln schadlos halten wollten, einen erheblichen Tumult. Ungefähr 30 wurden beim Plündern von Herolds Leuten erwischt, und einer seiner uniformierten »Neulinge« erschoß einige kurzerhand auf der Stelle.

Die bei dem Luftangriff Verletzten wurden von Dr. Sommer versorgt, einem ehemaligen Sanitätsoffizier der Wehrmacht, der als Häftling im Krankenrevier von Lager II Dienst getan hatte. Er gehörte zu den Gefangenen, die Herold in blaue Uniformen gesteckt hatte, und erhielt am 19. April von diesem den Befehl, die Schwerverwundeten zu töten. Sommer und sein Assistent, Rudolf Munkel, zogen Spritzen für Morphiuminjektionen auf, die Sommer dann den schlafenden Patienten verabreichte. Herold verbrachte einen Großteil jenes Tages damit, die Einsatzbereitschaft und den Gehorsam seiner neu uniformierten und bewaffneten Mithelfer zu erproben, wobei er mitunter auch Gefangene als Zielscheibe auswählte, an denen sie ihre Treffsicherheit beweisen mußten. Ein Exhäftling bemerkte zu seinem Kameraden:

»Hier geht's genauso zu wie im Wilden Westen, wir schießen dauernd aus der Hüfte!«

Die Anweisung der Zentralverwaltung lautete, sämtliche Gefangenen in Lager I nach Börgermoor zu verlegen. Eine Gruppe marschierte zu einer leeren Mädchenschule des Reichsarbeitsdienstes in Papenburg-Obenende. Eine andere, die sich zunächst in Richtung Börgermoor in Bewegung gesetzt hatte und dann nicht weiterkam, gesellte sich später dazu. Dort wurden sie vorwiegend von freigelassenen Häftlingen in blauen Uniformen bewacht, bis sie am 21. April ins offene Moorland weiterzogen, wo sie am 22. von den vorrückenden alliierten Truppen eingeholt wurden. Dieser Hauptteil der Gefangenen spielt damit im weiteren Verlauf dieser Geschichte keine Rolle mehr.

Willi Herold und seine Leute zogen vom Aschendorfer Moor ab, sobald sich die Tore von Lager II öffneten. Bevor sie aufbrachen, mußte ein Trupp von etwa 40 freigelassenen und uniformierten ehemaligen Häftlingen, manche mit Gewehr, manche ohne, antreten; er wurde dem Kommando des Exgefangenen Hans Dombrowski unterstellt, der sich viel auf seine abenteuerliche, flächendeckende Tätowierung zugute tat. Herold beorderte diesen Trupp nach Papenburg, wo weitere Befehle abgewartet werden sollten. Bei Anbruch der Dunkelheit marschierten sie los. Nach etwa anderthalb Stunden holte sie Herolds Wagen ein. Er ließ sie anhalten, wechselte ein paar Worte mit Dombrowski und brüllte dann:

»Leibwache heraustreten!«

Diese Leibwache bestand aus etwa 15 bis 20 Exhäftlingen, die bereits Anfang der Woche entlassen worden waren, einschließlich Dombrowski.

Das Kommando über den Rest wurde Heinrich Meyer übertragen, einem weiteren ehemaligen Gefangenen. Er hatte Order, nach Börgermoor zu marschieren und dort Herolds Ankunft am folgenden Tag abzuwarten, doch da er sich in der Gegend nicht auskannte, nahm er den falschen Weg und landete in Papenburg. Hier fand er das Gros aus Lager II bereits in der Mädchenschule vor und meldete sich bei Hansen, der seine Leute zur Wache einteilte. Am nächsten Tag wurden sie von regulären Wachen abgelöst und spielen im weiteren Verlauf ebenfalls keine Rolle mehr.

Herolds Leibwache hatte Befehl erhalten, die kurze Strecke bis Papenburg weiterzumarschieren, wo sie Herolds Unteroffiziere in die organisierten Nachtquartiere einwiesen, unweit von Herolds eigenem und denen der restlichen Gruppe. Zu diesem Zeitpunkt befand sich die Kernmannschaft größtenteils noch bei ihm, und die Leibwache bestand aus folgenden Exhäftlingen, von denen einige während der Nacht und am nächsten Tag desertierten:

Hans Dombrowski – aus Danzig. Häftling aus Lager VII, Esterwegen.

Ernst Eder – ein Wiener Elektroingenieur, war als ehemaliger Sozialdemokrat im Konzentrationslager Mauthausen inhaftiert. Nahm bei Eintritt in die Leibwache den Decknamen Swoboda (= Freiheit) an.

Ernst Einfeld – Gefangener aus Lager II.

Franz Hahnel – ein Wiener.

Gerd Heine.

Uli Krethlow – aus Greifswald/Pommern.

Friedrich Launer – ein Matrose, Häftling und Blockältester in Lager II.

Rudolf Munkel – aus Köln, Häftling in Lager I und II, wurde bereits namentlich erwähnt.

Richter – Häftling aus Lager III, Brual-Rhede.

Heinrich Ritzensteiger – aus Puhlsdorf an der Lahn.

Werner Schilling – zweiter Blockältester in Lager II und Vorarbeiter im Straßenbaukommando.

Schrammek – Häftlingsschreiber beim Kommandeur des Wachbataillons in Lager II.

Bruno Solberg – Häftling aus Lager III.

Dr. Sommer – Lagerarzt, bereits erwähnt.

Teddy Stauffer – bekannter Musiker aus Berlin.

Richard (oder Herbert) Stolz – Häftling aus Lager II.

Rudolf Ulzak – Oberschlesier, der Tschechisch sprach.

Am folgenden Tag, dem 20. April und Hitlers Geburtstag, befanden sie sich alle noch in der Gegend. In Gegenwart von Kreisleiter Buscher henkten sie in Aschendorf einen Bauern namens Spark, weil er eine weiße Fahne herausgehängt hatte, um die Vorhut der alliierten Truppen zu begrüßen.

Am 21. April setzte sich die ganze Gruppe vor der schnell näher kommenden Front in Richtung Leer ab. In Ihrhove wurden die Exhäftlinge der Leibwache zu einem Schulgebäude geführt, wo sie graue Uniformen der Marineartillerie sowie neue, von Herold unterschriebene Soldbücher erhielten. Als Dienstgrad gab er Hauptmann an und als Funktion Richter beim Standgericht. Einige verließen zu diesem Zeitpunkt die Leibwache (Schilling, Munkel, Stolz und vielleicht noch andere) und meldeten sich bei der Kriegsmarine in Leer. Da das neue Sonderbataillon Emsland zur gleichen Zeit durch Ihrhove kam, gab es noch einmal ein kurzes Wiedersehen mit einer Anzahl ehemaliger Lagerinsassen und Wachmannschaften.

Schrammek wurde nach Leer vorausgeschickt, um für die Gruppe Quartier zu machen. Für Herold fand er Unterkunft im Hotel Oranien, für die übrigen im Gasthof Schützengarten. In der Nacht vom 21. zum 22. April bezogen sie ihre neuen Quartiere.

Damit begann die Schlußphase des Terrors.

8

Willi Herold beglückwünschte sich. Er hatte es wieder einmal gut getroffen. Gegenüber der vorherigen primitiven Umgebung war die Unterbringung im Hotel Oranien geradezu luxuriös. Mit ihm zog eine Holländerin namens Betty ein und sorgte Tag und Nacht für sein leibliches Wohl. Sicher war es in den Wirren jener letzten Kriegstage bei dem herrschenden Männermangel keine schlechte Sache, sich mit einem agilen, jungen Hauptmann zusammenzutun; eingedenk Herolds bemerkenswerter Überzeugungskraft bleiben dennoch gewisse Zweifel, ob Betty ihren Entschluß ganz freiwillig gefaßt hat. Er überprüfte die Gegebenheiten in Leer auf der Suche nach einem neuen Betätigungsfeld. Aktivität war die Würze des Lebens, und er konnte seine Leute nur im Griff behalten, wenn er sie auf möglichst kurzweilige Weise fortlaufend beschäftigte.

Die Männer hatten es ebenfalls nicht schlecht getroffen und waren voll des Lobes für Schrammeks Organisationsgeschick. In normalen Zeiten wurde der Schützengarten von Karl Poppen geführt, doch seit seiner Einberufung vertraten ihn seine Frau Thalea und seine verheiratete Tochter, Anneliese Thiemann. Herold stellte sich vor, von Meyer und einem weiteren Unteroffizier begleitet, und teilte ihnen mit, er habe Vollmacht vom Bürgermeister und von der Kreisleitung, seine Leute bei ihnen einzuquartieren. Mittlerweile hatten sich mehrere Frauen der Gruppe zugesellt, darunter eine angebliche Wehrmachtshelferin, Erika Brahmann, die allerdings nie in Uniform zu sehen war; unter den übrigen befand sich auch eine Holländerin namens Anita oder Anni.

Die Gruppe leistete ein Minimum an militärischen Pflichtübungen ab. Herold erschien täglich im Schützengarten und ließ seine Leute antreten. Sie bezogen Wache, aber faktisch hatten sie natürlich keinerlei militärische Aufgabe zu erfüllen. Tagsüber schliefen sie, um dann ausgeruht die Nächte bis zum Morgengrauen zu durchzechen und Beutezüge in die Stadt zu unternehmen, von denen sie massenhaft Alkohol und andere Delikatessen für sich und ihre Gespielinnen mitbrachten. Doch dieses idyllische Dasein konnte die berauschende Erinnerung an vergangene Tage nicht auslöschen, und bald gierten sie wieder nach immer stärkeren Reizmitteln. Am zweiten Tag in Leer mußten Schrammek und Dr. Sommer vor der Gruppe Aufstellung nehmen, und Herold beschuldigte sie, einer Frau Morphium verabreicht zu haben, um sie dann zu vergewaltigen. Er verkündete die Einberufung eines Standgerichts unter seinem Vorsitz und bestimmte die jetzt am Flakgeschütz eingesetzten fünf Exhäftlinge zu Beisitzern. Er paukte ihnen ein, was sie zu sagen hätten, und sprach nach Abschluß des Verfahrens für beide Angeklagten das Todesurteil aus. Sie wurden zunächst hinter dem Schützengarten von Freytag und einem weiteren Unteroffizier gehörig mit Lederriemen und Teppichklopfern verprügelt. Dann bereitete die Gruppe alles für die Exekution vor. Frau Thiemann wurde aufgefordert, dem Schauspiel beizuwohnen, was sie zunächst ablehnte; doch als Freytag ihr Feigheit vorwarf, willigte sie ein, mitzukommen. Sie fuhren hinaus in Richtung Nüttermoor und hielten am Burfehnerweg in Veenkampsland. Sommer und Schrammek mußten ihr eigenes Grab schaufeln; auf die Frage, ob sie verheiratet oder alleinstehend seien, erklärten beide, keine Angehörigen zu haben. Danach wurden sie erschossen.

Am gleichen Tag erzählten Eder, Krethlow und einer der anderen Exhäftlinge Frau Thiemann und ihrer Mutter, sie seien bis vor kurzem im Lager VII in Esterwegen interniert gewesen, dort von Herold begnadigt und wieder zu regulär uniformierten Wehrmachtsangehörigen gemacht worden. Als Herold erfuhr, daß etwas über die Herkunft einiger seiner Leute durchgesickert war, geriet er außer sich und drohte, sie zu erschießen. Da sich jedoch mehrere aus der Kerngruppe für sie einsetzten, kamen sie mit einer Flut von Beschimpfungen davon, die als Verwarnung dienen sollte – und schätzten sich glücklich.

In diesen Tagen sprach Herold in Begleitung von einem oder mehreren seiner Leute regelmäßig im Polizeirevier von Leer vor und bekundete lebhaftes Interesse an den dort Inhaftierten. Der Ruf, auf schnelle und radikale Problemlösungen spezialisiert zu sein, war ihm und seiner Gruppe vorausgeeilt, und so ist es kein Wunder, daß die Polizei ihn zugegebenermaßen fürchtete. Das dürfte erklären, wieso Herold dahinterkam, daß ein nicht unbemittelter Bäcker namens Jansen wegen Wehrkraftzersetzung, damals eine schwerwiegende Beschuldigung, in Haft saß. Es gelang ihm, eine Freilassung »gegen Kaution« zu erwirken, tatsächlich jedoch fuhr Herold mit Jansen zu dessen Bank, wo 10 000 Reichsmark in bar abgehoben und ihm ausgehändigt wurden. Eine Abrechnung scheint nie erfolgt zu sein, was die Vermutung zuläßt, daß diese Summe zum Wohl der Gruppe Herold abgezweigt wurde.

Nach einem dieser Besuche auf dem Polizeirevier berichtete Feldwebel Hoffmeister, im dortigen Gefängnis säßen fünf holländische Spione ein. Am Nachmittag des 25. April übernahmen Herold und seine Leute sie gegen offizielle Quittung, zusammen mit den persönlichen Effekten, die sie bei der Verhaftung in Holland bei sich gehabt hatten. Diese Habseligkeiten, darunter Uhren, Brieftaschen und so weiter, wurden von Uli Krethlow peinlich genau registriert und dann zusammen mit der Liste in einer Aktentasche verstaut, die man Herold übergab. Zunächst fuhr er mit den Holländern stadtauswärts, kehrte dann zum Schützengarten zurück und setzte sie im Hinterhof ab.

Dann machte Herold auf seine Weise den fünf Holländern in Kurzform den Prozeß:

»Johannes Gerardus Kok, geboren am 19. Februar 1899 in Groningen; Carolus Hendricus Hubertus Magermans, geboren am 19. Mai 1896 in Groningen;
Johannes Adrianus Magermans, geboren am 15. März 1922 in Groningen;
Cornelius Pieter Fielstra, geboren am 10. Oktober 1916 in Baflo; Johannes Verbiest, geboren am 19. November 1916 in Nieuwolda.

Sie wurden der Spionage und des Hochverrats gegen das Reich angeklagt, und das Gericht hat Sie für schuldig befunden.«

An dieser Stelle übergab Herold seinen deutschen Text an Betty, die man als Dolmetscherin beigezogen hatte, und befahl ihr, ihn auf holländisch zu verlesen. Sie gehorchte unter Tränen. Es war das Todesurteil für ihre Landsleute. Die gesamte Prozedur hatte etwa zehn Minuten gedauert.

Zehn von Herolds Leuten, mit Karabinern und Pistolen bewaffnet, führten nun die Holländer ab und verfrachteten sie in ein Fahrzeug. Freytag und Kipinski forderten Erika Brahmann und ihre Freundin Ilona Pieper auf, mitzukommen und der Exekution beizuwohnen. Sie fuhren über den Burfehnerweg hinaus in Richtung Nüttermoor bis dicht zu der Stelle, wo Schrammek und Sommer erschossen worden waren. Da die Sirenen zu heulen anfingen, ließen sie die beiden Frauen dort in einem Bunker zurück, in dem bereits ein paar Einheimische Schutz gesucht hatten. Die Holländer mußten etwa 70 Meter vom Bunker entfernt ihr Grab ausheben und wurden dann durch Schüsse hineinbefördert.

Herolds Leute schütteten das Grab zu.

Das war der letzte Coup, den Willi Herold landete. Aber das Spiel war damit noch nicht ganz beendet, wenn auch das Ende nahte und sein Abstieg und Fall begonnen hatten.

Als sich am 28. April die Front nach Norden vorschob, brach Herold nach Aurich auf, eine kleine Marinegarnison, 25 Kilometer nördlich von Leer. Er hatte immer noch etwa

Esterwegen – Lager VII.

Lager II, Aschendorfer Moor – Ruinen nach dem Luftangriff im April 1945.

20 Männer bei sich, vorwiegend Wehrmachtskumpane der Anfangszeit, aber auch ein paar freigelassene Gefangene. Und an jenem Abend wurden sie schließlich alle verhaftet im Auftrag des Standortkommandanten von Aurich, Korvettenkapitän Otto Hübner, der sie durch die Gestapo verhören ließ und Herold auch persönlich vernahm.

Willi Herold erinnerte sich an das, was ihm sein Vater eingebleut hatte: »Wenn man ein Unrecht begangen hat, sollte man es wenigstens zugeben.«

Er gestand im wesentlichen alles ein – das unbefugte Tragen einer Offiziersuniform, das Massaker in Lager II, die Erschießung des Bauern, der eine weiße Flagge herausgehängt hatte, sowie seiner zwei Leute (»zum Tode verurteilt wegen Disziplinlosigkeit«), die Exekution von fünf Holländern »unter Spionageverdacht«, die Plünderungen und das mittels Drohungen erhaltene Geld. Um diesen Sündenkatalog auszugleichen, tischte er ein Märchen auf von seinen Heldentaten im Einsatz, von seinen Verwundungen, seinen Auszeichnungen, von seiner Entschlossenheit, alles in seinen Kräften Stehende zu tun, um dem in diesen letzten Tage des »Dritten Reiches« um sich greifenden Defätismus Einhalt zu gebieten. Erste Ermittlungen ergaben, daß die Verbrechen mehr auf Wahrheit beruhten als die angeblichen mildernden Umstände, und eine ärztliche Untersuchung erbrachte keinerlei Hinweis auf irgendwelche Verwundungen und auch sonst außer einer schlichten Krätze nichts Nennenswertes.

Am 30. April meldete Hübner dem für die Gerichtsbarkeit zuständigen Marineoffizier, Horst Franke, die Verhaftung. Franke war Marineoberrichter im Wehrkreiskommando Ostfriesland und saß im Hauptquartier als Rechtsberater des Flaggoffiziers, Konteradmiral Kurt Weyher.

Franke rief Hübner an: »Sie müssen diesen Mann unbedingt verhören lassen und mir dann Näheres berichten.«

»Aber er ist doch bereits ausgiebig verhört worden. Er hat das unrechtmäßige Tragen einer Offiziersuniform sowie zahlreiche Morde gestanden.«

»Nun, und wie stellen Sie sich das weitere Vorgehen vor?«

»Ich treffe bereits Vorkehrungen für ein Standgericht,

das sich unverzüglich hier in Aurich mit dem Fall befassen wird.«

»Bei einer derart ernsten und endgültigen Entscheidung darf man nichts überstürzen. Das Standgericht muß verschoben werden, bis ich Gelegenheit gehabt habe, den Fall zu prüfen, und zwar sofort. Habe ich mich verständlich ausgedrückt?«

Der Aufschub dauerte nur bis zum Abend des gleichen Tages, an dem Franke in Aurich eintraf, begleitet von Marineoberrichter Werner Herrmann, der in der Gerichtsbarkeit des Wehrkreiskommandos zum Führungsstab gehörte. Nach eingehendem Aktenstudium gab Franke Anweisung, den Fall vor dem Marinekriegsgericht in Norden, etwa 25 Kilometer westlich von Aurich, zu verhandeln. Franke beurteilte Herolds Taten nachweisbar weniger streng als Hübner – schließlich hatte er der Wehrmacht damit keinen nennenswerten Schaden zugefügt – und hielt die Verhängung der Todesstrafe für fragwürdig. Franke übernahm die persönliche Verantwortung für Herolds Überstellung von Aurich nach Norden. Ferner verfügte er die Freilassung sämtlicher Anhänger Herolds mit der Begründung, daß ihnen sein tatsächlicher Dienstgrad nicht bekannt gewesen sei und daß sie lediglich den Befehlen eines vermeintlichen höheren Offiziers gehorcht hätten.

Danach kehrte Franke ins Hauptquartier in Tidofeld bei Norden zurück und berichtete dem Konteradmiral.

Man muß sich hierbei vergegenwärtigen, daß sich das Ganze in den letzten Kriegstagen abspielte. Der Prozeß wurde am 3. Mai eröffnet, knapp eine Woche vor der Kapitulation. Unter diesen Umständen ist es vielleicht noch befremdlicher, daß überhaupt ein Prozeß stattfand, als daß er ein derart unzulängliches Ergebnis brachte.

Das Marinekriegsgericht trat am 3. Mai in Norden zusammen. Es bestand aus drei Mitgliedern. Den Vorsitz führte Dr. Ludwig Kremer, ein erfahrener Jurist, der vor dem Krieg als Staatsanwalt in Neustrelitz amtiert hatte und 1945 als Kriegsgerichtsrat der Marine Dienst tat. Ihm assistierten zwei Beisitzer, ein Oberst der Luftwaffe namens Hemmer und ein Vollmatrose. Werner Herrmann, der

63

Franke nach Aurich begleitet hatte, wurde als Anklagevertreter bestimmt. Herolds Verteidigung übernahm ein Unteroffizier, der im Zivilberuf Rechtsanwalt war.

Willi Herold berichtete, eingedenk des väterlichen Gebots, wahrheitsgemäß von den verschiedenen Bluttaten, die er begangen oder veranlaßt hatte, wenngleich wie üblich phantasievoll ausgeschmückt. Angesichts des vorhandenen Beweismaterials und des öffentlich abgelegten Geständnisses forderte Herrmann für den Angeklagten die Todesstrafe, und zwar solle das Urteil in diesem besonders abscheulichen Fall durch den Strang vollstreckt werden. Während seiner ganzen juristischen Praxis habe er noch nie eine solche Strafe gefordert, erklärte er, aber hier halte er sie in Anbetracht der erdrückenden Beweislast und der schändlichen Verhaltensweise für angebracht.

Das Gericht zog sich zur Beratung zurück. Dr. Kremer teilte Herrmanns Auffassung und stimmte für Tod durch den Strang. Oberst Hemmer dagegen argumentierte genauso wie Franke in Aurich, unter den gegebenen wirren Zeitläufen habe sich Herold gar nicht so abwegig verhalten und überdies ein forsches militärisches Auftreten an den Tag gelegt. Der Matrose fühlte sich außerstande, mit dem Oberst zu diskutieren, und schwieg. So befand man sich nach zweieinhalbstündiger Debatte in einer Sackgasse. Das Gericht kam zu der Kompromißlösung, sich bis zum Nachmittag des nächsten Tages zu vertagen, um weitere Zeugen darüber zu vernehmen, wie Herold die Exekutionen dirigiert hatte.

In den Morgenstunden jenes 4. Mai traf Josef Urbanek in Norden ein. Zuvor Angehöriger der Wachmannschaft im Emslandlager und dann Kradfahrer bei Kreisleiter Buscher in Aschendorf, war Urbanek inzwischen Untersturmführer in der Waffen-SS geworden, und zwar in eben jenem Sonderbataillon Emsland unter Hauptsturmführer Buscher, dem sich so viele freigelassene Lagerhäftlinge angeschlossen hatten. Das Hauptquartier der Einheit befand sich in Friedeburg, Ostfriesland, zwischen Aurich und Wilhelmshaven. Einer von Kreisleiter Buschers Kumpels im Hauptquartier erzählte Urbanek, dem Vernehmen nach stehe Herold in Norden vor Gericht wegen Erschießung von zwei Wehrmachtsangehörigen, und Urbanek erhielt Anweisung, hinzufahren und die Freilassung zu erwirken.

In Norden stellte Urbanek rasch fest, daß es sich bei dem Verhafteten tatsächlich um »unseren alten Freund«, eben jenen Herold handelte, den er im Aschendorfer Moor kennengelernt hatte. Während der Frühstückspause trat er an die Mitglieder des Gerichts heran. Bei Herrmann stieß er prompt auf heftigen Widerstand; dieser lehnte sein Ansuchen rundheraus ab und erklärte, er werde Herold unter gar keinen Umständen freilassen. Oberst Hemmer war zugänglicher und teilte durchaus Urbaneks Bewunderung für Herolds militärisches Auftreten: Der Oberst zeigte sich sehr beeindruckt davon, daß Herold über vier Stunden strammgestanden hatte, ohne mit der Wimper zu zucken. Urbanek war voll des Lobes für Herold, der sich stets wie ein Offizier benommen habe, und malte dessen im Aschendorfer Moor bewiesene Führungsqualitäten in den glühendsten Farben aus.

Und so wurde Urbanek im Laufe des Vormittags weitergeschickt zu Franke nach Tidofeld, in dem er wiederum einen Gleichgesinnten fand. Franke erörterte den Fall nochmals mit Konteradmiral Weyher, der auf seine Empfehlung anordnete, das Verfahren auszusetzen und Herold auf dem Verwaltungsweg zur Frontbewährung abzustellen. Ferner verfügte das Hauptquartier des Oberkommandos Ostfriesland, die Prozeßakten zu vernichten, da sie nicht mehr von Belang wären.

Herold wurde daraufhin Urbanek übergeben, der ihn zu seinem Bataillon in Friedeburg brachte.

Das Kriegsgericht indes wurde von Weyhers Anordnung, Herold bedingt freizulassen, nicht unterrichtet und war daher nicht in der Lage, diese zu erörtern oder rechtzeitig Einspruch zu erheben. Die Mitglieder waren, mit Ausnahme von Oberst Hemmer, wenig erbaut, als sie an jenem Nachmittag verabredungsgemäß wieder zusammentraten und feststellten, daß sie weder einen Gefangenen noch irgendwelche weiteren Anweisungen hatten. Als Herrmann schließlich von Franke erfuhr, was passiert war, geriet er außer sich und stürmte zu Kremer:

»Wissen Sie, was die jetzt gemacht haben?«

»Nein, keine Ahnung. Wo bleibt denn der Angeklagte? Wir müssen wieder zusammentreten.«

»Sie haben ihn laufenlassen!«

»Wie bitte? Wer hat das getan?«

»Franke und der Admiral sind übereingekommen, ihn irgendeiner SS-Einheit zur Frontbewährung zu überstellen.«

»Wieso denn? Das Kriegsgericht steht kurz vor der Urteilsverkündung. Genaugenommen hätten wir das schon gestern tun können.«

»Anscheinend halten sie Herold für einen gerissenen, zakkigen Burschen und möchten ein Todesurteil umgehen.«

»Aber er hat sich doch geradezu ungeheuerlich aufgeführt. Das ist einfach unbegreiflich, eine gröbliche Mißachtung des Gerichts. Und nicht eben förderlich für die Justiz, wenn man sich die bekannten Fakten ansieht.«

»Ich bin genauso wütend wie Sie«, bemerkte Herrmann abschließend, »aber ich gebe zu bedenken, daß der Admiral uns einberufen und nun entschieden hat, uns den Fall wegzunehmen. Ich finde es ja auch unverständlich, doch ich sehe einfach nicht, was wir jetzt tun könnten.«

In dem Augenblick meldete sich der zweite Beisitzer, der qualifizierte Matrose, zu Wort und erklärte, er sei für ein Todesurteil, habe sich aber am Vortag von Oberst Hemmer einschüchtern lassen und deshalb geschwiegen. Er versicherte, ebenso empört und enttäuscht zu sein wie sie über diesen abrupten Eingriff, durch den das kriegsgerichtliche Verfahren gegen Herold vorzeitig abgebrochen worden war.

Daß Willi Herold es erleichtert begrüßte, zumindest vorerst nicht am Strang zu enden, versteht sich. Er nahm sich sogar die Zeit, Franke aufzusuchen und ihm seinen Dank auszusprechen. Mit unveränderter Frechheit sondierte er auch im Gefängnis, ob er das unrechtmäßig erworbene Geld zurückbekommen könne, was jedoch mißlang.

Die neue Umwelt, die ihn in Friedeburg erwartete, entsprach keineswegs seinem Geschmack nach dem wilden, ungezügelten Leben und Treiben der vergangenen Wochen, in denen er schalten und walten konnte, wie es ihm beliebte. Die SS-Leute, die dieses Sturmbataillon führten, waren eingefleischte Parteigenossen und nahmen ihre Politik für einen Pragmatiker wie Willi Herold viel zu ernst. Ebenso diesen Krieg, für den er sich seit kurzem nicht mehr begeistern konnte und der jetzt sowieso verloren war. Die Vorstellung, am letzten Kriegstag den Heldentod zu sterben, erschien noch unsinniger als zu jeder anderen Zeit. Doch Herolds Ruf, ein Mann der Tat zu sein, war ihm vorausgeeilt. Sie begnügten sich nicht damit, ihn auf sofortige hochgefährliche, tollkühne Einsätze vorzubereiten, sondern schwärmten ihm auch noch vom »Werwolf« vor, einer Organisation, mit der sie nach der Besetzung Deutschlands durch die Alliierten den bewaffneten Kampf im Untergrund fortführen wollten. Sie sprachen davon, nach Berlin zu gehen und die bereits gefallene Reichshauptstadt wieder freizukämpfen. Keine LKWs? Kein Sprit? Na und? Es ging auch ohne – per Fußmarsch. Nein, das war nichts für Willi Herold, den geborenen Überlebenskünstler.

Er war gescheit genug, sich das alles anzuhören, sich ihren Sofortmaßnahmen zu fügen, beim »Werwolf« mitzumachen oder bei was auch immer, wenn er sich damit nur ein wenig Zeit erkaufte, doch bei der ersten sich bietenden Gelegenheit desertierte er.

Er schlug sich nach Wilhelmshaven durch, wo er sich Papiere auf seinen eigenen Namen fabrizierte und wieder seinen alten Beruf als Schornsteinfeger ausübte. Er war zwar nur Lehrling gewesen, aber das brauchte er ja nicht jedem auf die Nase zu binden.

Und am 23. Mai 1945 wurde er in Wilhelmshaven von der Royal Navy verhaftet, weil er einen Laib Brot gestohlen hatte.

Das Spiel war aus. Die Rechnung freilich mußte noch präsentiert und die Schuld beglichen werden.

TEIL II

Die Untersuchung

September 1945 bis Mai 1946

9

Der Interrogator (Ermittler in Strafsachen) verließ die Untergrundbahn am Trafalgar Square, wo er nur noch um die Ecke zu biegen brauchte, um nach Spring Gardens zu gelangen. Vor dem Eingang des Gebäudes, in dem der Judge-Advocate General (Chef des Militärjustizwesens) amtierte, hielt er kurz inne und betrachtete die Bäume in der Mall. Die Blätter begannen zu fallen, und in der Luft spürte man den ersten Herbsthauch.

Was man wohl diesmal für ihn auf Lager haben mochte? Seine Dienststelle im Directorate of Military Intelligence (Zentrale des militärischen Nachrichtendienstes) hatte ihn gelegentlich delegiert, um dem Judge-Advocate General Amtshilfe zu leisten, wenn es sich um einen Fall handelte, in den die deutsche Wehrmacht verwickelt war. Schließlich hatte sich der Interrogator im Krieg jahrelang dienstlich mit den Angehörigen der deutschen Wehrmacht befaßt.

Er ging die Treppe hinauf zum Büro des Military Deputy, wo ihn Brigadier Shapcott nach kurzem Warten hereinbat. Er fühlte sich willkommen, was man nicht unbedingt als selbstverständlich voraussetzen konnte.

»Ich habe wieder einmal um Ihre Unterstützung gebeten«, begann der Brigadier, »wir sind nämlich dabei, eine verworrene Geschichte in Deutschland aufzuklären, wobei Ihre Spezialkenntnisse nützlich sein könnten. Schon mal was vom Emsland gehört?«

Das konnte der Interrogator zum Glück gerade noch wahrheitsgemäß bejahen, aber das war es dann auch schon. Zu seinem Bereich hatten die Ausbildungseinrichtungen der Marine an der Nordseeküste gehört, nach Süden sogar bis hinunter nach Leer, nicht aber die daran anschließende gottverlassene Gegend.

»Seit geraumer Zeit gehen Aussagen ein«, fuhr Shapcott fort, »daß sich bei Kriegsende da oben eine üble Sache abgespielt hat. Offenbar wurden etliche Gefangene unter etwas fragwürdigen und vielleicht irregulären Umständen getötet. Soweit wir wissen, waren keine Briten darunter, vermutlich aber Angehörige verbündeter Nationen; da sich nun der Tatort in der jetzigen Britischen Besatzungszone befindet, obliegt es uns nach dem Royal Warrant, die erforderlichen Schritte zu unternehmen, um die Schuldigen vor Gericht zu bringen. Sofern sich hieb- und stichfestes Beweismaterial ergibt. Können Sie hinfahren und in der Sache ermitteln?«

»In welche Richtung gehen Ihre Vermutungen, Sir?« erkundigte sich der Interrogator.

»Scheint eine Menge sinnloses Blutvergießen unter den französischen und belgischen Gefangenen aus der Résistance in einem der Lager gegeben zu haben, das wir uns dringend ansehen sollten. Am eiligsten dürfte aber wohl die angebliche Erschießung von über hundert Gefangenen durch einen Verrückten namens Herold oder so ähnlich sein. Er ist offenbar spurlos verschwunden, so daß Sie ihn wohl ebenfalls ausfindig machen müssen. Und alle sonstigen Beteiligten. Können Sie das übernehmen?«

»Ich werde es natürlich versuchen, Sir. Was haben wir in der Hand für den Anfang?«

»Na ja, das bißchen, was wir bis jetzt wissen, ist zu Papier gebracht worden. Den Wisch werden Sie sich sicher anschauen wollen. Dann gibt's vielleicht unter den Kriegsgefangenen hierzulande oder in den belgischen oder deutschen Lagern ein bis zwei Zeugen – falls Sie sie auftreiben können. Und womöglich auch noch ein paar Angeklagte, sofern die Beweise stichhaltig sind.«

»Hm«, sagte der Interrogator. »Ich werde einige Hilfskräfte brauchen.«

»Ich habe schon mit Ihrem Colonel gesprochen«, versicherte Shapcott, »er kann Ihnen einen weiteren Offizier und zwei Unteroffiziere zur Verfügung stellen. Sie stammen aus Ihrer Einheit, kennen also den Rummel. Genügt das?«

»Sollte reichen, Sir. Wir benötigen mindestens zwei Fahrzeuge, wenn wir in Belgien und Deutschland herumkurven müssen. Und außerdem werden wir jede Menge Unterstützung von der Army und von der Militärregierung brauchen.«

»Keine Sorge, mein Junge, ich habe schon einiges eingeleitet. Der Oberbefehlshaber hat ausdrücklich erklärt, solange wir Gelegenheit dazu hätten, sei es jetzt eine unserer wichtigsten Aufgaben, nach solchen Subjekten zu fahnden. Mit seinem Einverständnis erhalten Sie die Berechtigung, von sämtlichen britischen Dienststellen in seinem Befehlsbereich die erforderliche Unterstützung in Anspruch zu nehmen – Verpflegung, Unterkunft, Treibstoff, administrative Hilfe. Reicht das für den Anfang?«

Bevor der Interrogator antworten konnte, fuhr er fort: »Und er hat vorgeschlagen, daß Sie persönlich in seinem Hauptquartier vorsprechen, ehe Sie auf dem Kontinent zu arbeiten beginnen, damit sein Stab weiß, was Sie vorhaben und was Sie benötigen. Seiner Meinung nach wäre Ihnen vermutlich mit Bescheinigungen der dort stationierten alliierten Verbindungsoffiziere gedient, wenn Sie in deren Heimatländern herumzuschnüffeln gedenken. Ich veranlasse dann alles weitere, sobald Sie mir Bescheid geben, was hoffentlich recht bald der Fall sein wird.«

Und damit war die Sonderabteilung ins Leben gerufen.

Doch es vergingen noch einige Wochen, ehe sie in Aktion treten konnte.

Es begann mit der Information über die Ausgangslage: Was war bereits bekannt? Dann kam die Entdeckung, daß es noch etwas mehr direkt Greifbares gab. Am entscheidendsten aber war die administrative Vorbereitung, wenn die Abteilung im Nachkriegseuropa fruchtbare Arbeit leisten sollte. Nach Wochen und Monaten konnte es schließlich im Dezember losgehen. Das Kriegsministerium stellte zunächst einen Major, einen Hauptmann, einen Offiziersdiensttuenden und einen Oberfeldwebel. Bald kam noch ein zweiter Oberfeldwebel dazu, und schließlich wurden beide zu Offiziersdiensttuende befördert. Sie stammten alle aus dem Intelligence Corps. Die britische Rheinarmee lieferte zwei Wagen mit Fahrer und kurz danach noch einen Jeep mit Fahrer. Alle drei stammten aus dem Royal Army Service Corps (Transport- und Versorgungskorps).

Das Team für die Operationen auf dem Kontinent umfaßte also insgesamt acht Mitglieder. In den mehr als sechs Monaten ihrer Tätigkeit befanden sich jedoch alle acht nur ein einziges Mal zur gleichen Zeit am gleichen Ort, und zwar in Brüssel am 17. Januar 1946.

Gegen Ende des Jahres 1945 lasteten die Kriegsnachwirkungen noch schwer auf Europa. Deutschland war gerade geteilt worden – zunächst, wie Caesars Gallien, in drei Teile, kurz darauf, als die Briten und Amerikaner einen Teil ihres Besatzungsgebiets an ihre französischen Alliierten abtraten, in vier. Sowjetische Besatzungszone war Ostdeutschland, die heutige Deutsche Demokratische Republik.

Das Emsland lag in der Britischen Zone, die Nordwestdeutschland umfaßte. Und da sich die bewußten Ereignisse zumeist gegen Ende des Krieges abgespielt hatten, waren viele der Beteiligten entweder von der British 21. Army Group (mit deren kanadischen und polnischen Angehörigen) gefangengenommen worden oder hielten sich noch irgendwo in der Gegend auf.

Für Suchverfahren gab es klare und weitgehend gleiche Richtlinien, ob es sich nun um die Fahndung nach einem schwerer Greueltaten Verdächtigen wie Willi Herold handelte oder nach einem hilfsbereiten Augenzeugen, der dazu beitragen wollte, einen Kriminellen zur Rechenschaft zu ziehen. Seit der Invasion im Juni 1944 wurden die von der 21. Army Group gemachten Gefangenen nach England gebracht. Gegen Ende des Krieges stiegen die Zahlen drastisch an, und als die Wehrmacht im Mai 1945 kapitulierte, gab es in Nordwestdeutschland erhebliche Mengen an Kriegsgefangenen. Je nach dem Zeitpunkt der Festnahme konnte sich ein Kriegsgefangener also im Vereinigten Königreich, in einem der vom 21. Army Corps in Belgien errichteten Lager oder in einem in Deutschland selbst gelegenen befinden.

71

Außer den Kriegsgefangenen gab es noch eine weitere Kategorie: Zivilinternierte. Mitglieder der NSDAP oder ihrer Frontorganisationen, mutmaßliche Kriegsverbrecher und jeder, der in den Augen der Britischen Militärregierung einer näheren Überprüfung bedurfte, um die Spreu vom Weizen zu sondern, wurden zumindest vorübergehend in einem Civilian Internment Centre (C.I.C.) festgehalten und unter die Lupe genommen. Einige waren in ehemaligen deutschen Konzentrationslagern wie Neuengamme bei Hamburg oder in anderen Lagern wie Esterwegen im Emsland untergebracht, wo in jener Zeit akuter Wohnungsnot angemessen gesicherte Unterkünfte sofort verfügbar waren.

Im Nachkriegsdeutschland herrschte Mangel an allem. Die alliierten Besatzungstruppen versorgten sich natürlich selbst, und was darüber hinaus verfügbar war, ging selbstverständlich vorrangig in die von den Deutschen besetzten und ausgeplünderten Länder. Die Sonderabteilung mußte also zusehen, daß sie Verpflegung, Quartier und Treibstoff bekam, sich frei bewegen konnte und Zugang erhielt zu den erforderlichen Gesprächspartnern in verschiedenen europäischen Ländern, wo überall Not herrschte und in einigen praktisch nur die Militärbehörden Abhilfe schaffen konnten.

Mit ihrer ersten Operation wandte sich die Sonderabteilung Anfang Dezember 1945 an die wichtigsten Stellen unter britischer Verwaltung, die Kontakt haben oder ihn leicht herstellen könnten zu jemandem mit Informationen über gegen Kriegsende im Emsland begangene Verbrechen. Es gab eine interalliierte Behörde, die Kriegsverbrecher und als Sicherheitsrisiko Verdächtige aufspürte, die namentlich Bekannten ordnungsgemäß registrierte und von Zeit zu Zeit lokalisierte. In jedem Civilian Internment Centre zirkulierten laufend ergänzte Listen von Deutschen, mit denen die Sonderabteilung zu sprechen wünschte und von denen viele in den ersten Besatzungsmonaten in Gefangenschaft geraten waren. Angeklagte oder Zeugen wurden gefunden in:

Nr. 2 CIC – Sandbostel
Nr. 3 CIC – Fallingbostel
Nr. 4 CIC – Recklinghausen
Nr. 7 CIC – Hemer bei Iserlohn

Die britische Sonderabteilung in Vilvorde (hintere Mitte der Interrogator).

Eine wohlverdiente Ruhepause – vier Mitglieder der Sonderabteilung im Brüsseler Vaux Hall Club.

Nr. 9 CIC – Westertimke
Nr. 101 CIC – Esterwegen

Die hauptsächlichen Kriegsgefangenenlager, in denen Zeugen entdeckt wurden, waren die von der britischen Army kontrollierten in Belgien:

2218 Lager – Vilvorde, gleich hinter Brüssel
2221 Lager – Heembeek
2228 Lager – Overijsche

Jeder Bezirk der Britischen Zone wurde von einer Abteilung der Militärregierung verwaltet, und deren Public Safety Branch verschaffte dann die Verbindung zu deutschen Polizeidienststellen, die ebenfalls bei der Suche behilflich waren. Doch der erste Durchbruch fand vorher statt, im Vereinigten Königreich.

Die Leutnants Hans Dahler-Kaufmann und Heinz Müller waren Augenzeugen der Massenerschießung vom 12. April 1945 durch Herold und seine Leute. Beide befanden sich im Kriegsgefangenenlager in England, waren sofort erreichbar und überaus hilfsbereit. Aus den vagen ersten Unterlagen begann sich ein Bild herauszukristallisieren.

Heinz (»Roger«) Kuckelsberg-Alexander hatte am 13. April 1945 den Unterhaltungsabend für Herold im Lager inszeniert. Er gab einen wichtigen Augenzeugenbericht über manche Begebenheiten in jenen Schreckenstagen. Nicht minder nützlich war jedoch zu diesem Zeitpunkt die Tatsache, daß er als Häftlingsschreiber bei der Zentralverwaltung in Papenburg gearbeitet hatte und daher erklären konnte, wie das System funktionierte und wer wofür verantwortlich war. Er war von britischen Truppen im Emsland zusammen mit Viktor Ulich, ebenfalls Insasse von Lager II, gefangengenommen worden.

Diese vier also, von denen drei für den Beginn der Untersuchung als Zeugen eine Schlüsselfunktion hatten, wurden bis Dezember 1945 in London befragt. Kuckelsberg-Alexander kannte sich außerdem mit dem Ablagesystem in Papenburg aus und behauptete sogar zu wissen, wo man wichtige Akten bei Kriegsende ausgelagert hatte. Das hörte sich interessant an und bot einen brauchbaren Ausgangspunkt.

74

Und so startete die Sonderabteilung im Dezember zum Kontinent. Der Hauptmann und der Offiziersdiensttuende richteten in Brüssel ein Büro ein und machten sich daran, die Kriegsgefangenenlager durchzukämmen. Ein Oberfeldwebel begab sich in Begleitung von Kuckelsberg-Alexander nach Papenburg, wo sie etliche Tonnen Papier sichteten. Der Interrogator fuhr zum Hauptquartier der Rheinarmee in Bad Oeynhausen, um die geeigneten Kontakte zu den Stabsoffizieren zu knüpfen und für die künftige Administration und Kommunikation Vereinbarungen zu treffen. Jedes einzelne Mitglied der Sonderabteilung besaß eine persönliche Vollmacht, die entweder vom Oberkommandierenden selbst oder von seinem Generalmajor (Verwaltung) unterzeichnet war und zur Unterstützung durch das gesamte militärische oder zivile Dienstpersonal im Befehlsbereich berechtigte.

Jetzt konnte es losgehen.

10
Aus dem Tagebuch des Interrogators

Bad Oeynhausen, Samstag, 22. Dezember 1945

Die großen Hauptquartiere der Army dürften sich wohl alle ziemlich gleich sein. Das um so mehr, wenn sie in einem drahtumzäunten Areal ein Getto-Dasein fristen. Die jetzige Abkürzung für Bad Oeynhausen, B. O., erscheint durchaus passend, denn sie steht im Englischen für Body Odour = Körpergeruch.

Die Beschilderung der Militärpolizei auf der Zufahrtsstraße:

Bad Curves
Bad Surface
Bad Oeynhausen

In der drangvollen Enge dieses Hauptquartiers erklärte ein Offizier freundlicherweise zum Abschied, der Kurzbesuch unserer kleinen Gruppe habe wie eine frische Brise einen stehenden Teich aufgewühlt: Er blieb zwar ebenso stinkend zurück wie zuvor, aber das Aufatmen zwischendurch tat wohl.

Kam erst gestern früh um 3 Uhr hier an. War das eine Fahrt von Oeynhausen! Dabei hätten wir es ganz bequem schaffen können, wenn nur – aber so ist es nun mal beim Reisen heutzutage.

Um 9 Uhr morgens fuhren wir in B. O. ab, gelangten geradewegs zur Autobahn und gondelten vergnügt weiter bis Kamen. Die Autobahnbrücken waren etwa zur Hälfte zerstört; an ein oder zwei Stellen hatte es bei der Brückensprengung auch die Autobahn mit erwischt, doch das wurde inzwischen ausgebessert, allerdings ist nur Einbahnverkehr möglich. Vielleicht wird Hitler wegen seiner Autobahnen in die Geschichte eingehen. Im übrigen sind die Straßen so gotterbärmlich wie alles andere hier in diesem Jahre des Heils 1945...

Bisher habe ich in Deutschland nur einen einzigen Hund gesehen...

Weiter durch das Ruhrgebiet, über Hagen nach Elberfeld-Barmen, das heutige Wuppertal. Mein Gott! Meilenweit sogenanntes bebautes Gelände, und das sieht alles aus wie das Zentrum von Plymouth oder wie dieser Kahlschlag hinter St. Paul's. Nur daß sie es nicht geschafft haben, die Gerippe der Häuser wegzuräumen, Fassaden, hinter denen das Nichts gähnt, manchmal vier kahle Wände mit blinden Fenstern über einer endlosen Trümmerwüste. Diese Städte müssen zu einem Viertel bis zu einem Drittel zerstört worden sein, ein gigantisches Pompeji von Menschenhand.

Die Wuppertaler sind gut dran. Sie brauchen kein Holz zu sammeln, und Transportschwierigkeiten können sie nicht schrecken; sie können sich ihre Kohlen holen. Ich habe bei K's (Kuckelsberg-Alexanders) Familie hereingeschaut. Sein Vater war gerade aus dem russisch besetzten Schwerin zurückgekommen in der Hoffnung, daß seine Frau in Kürze folgen würde. Bei dem Versuch, über die Zonengrenze zu gehen, war er verhaftet worden, hatte es aber schließlich doch geschafft. Für einen Landwirt in Mecklenburg ist alles in Ordnung, wenn er Ackerbau, nicht aber, wenn er Viehzucht betreibt, erzählte er uns; einen Acker können sie nicht wegnehmen, auf einen Lastwagen verladen und nach Osten verfrachten. Er hatte gerade drei Zentner

Kohle geholt. Der Gasdruck war nicht sehr gut, als er uns von unserem Kaffee eine Tasse aufbrühen wollte. Normalerweise lasse er nichts zu wünschen übrig, sagte er. Während er in Mecklenburg war, hatten ausgebombte Wuppertaler sein gesamtes Geschirr gestohlen.

Ich frage mich, wie all die Ruhrgebietsbewohner durchgehalten haben. Der größte Bombenangriff, den wir durchgemacht haben, war der auf Coventry mit knapp 450 Flugzeugen mit einer bescheidenden Bombenlast, gemessen an den Standards der RAF von 1944. Natürlich hatten sie hier ständig Himmler und seine Gestapo im Nacken. . .

Am Sonntagnachmittag wird inmitten der Ruinen wieder Fußball gespielt.

Weiter nach Düsseldorf, gerade rechtzeitig für die angehende, spärliche Straßenbeleuchtung. Bei jedem Stopp umringt von Männern, die Zigaretten, und Kindern, die Brot haben wollen. Ein wahres Bild des Jammers. Sie scharten sich um die Kantine der Army – IMCA –, preßten die Nasen an die kalten Scheiben und beobachteten die Soldaten bei der Mahlzeit, um sie beim Herauskommen um irgendwelche Speisereste anzubetteln. Ich kann mir nicht vorstellen, wo all diese Menschen leben. Sie hasten umher, arbeiten offenbar – aber wo? In ausgebombten Büros? Abends drängen sie sich in die überfüllten Straßenbahnen, um heimzufahren – aber wohin? In ihre ausgebombten Vororte?

Die Brücke in Düsseldorf war außer Betrieb – das heißt die Militärbrücke. Die reguläre war natürlich von der Wehrmacht beim Rückzug gesprengt worden. Gab es eine Fähre? Direkt um die Ecke. Aber sonntags ging die letzte Fähre um 17 Uhr, und jetzt war es 17.30 Uhr. Würden die städtischen Angestellten liebenswürdigerweise Überstunden machen und uns übersetzen? Sie bedauerten zutiefst, aber die Fähre lag drüben am anderen Ufer. Ein Stückchen flußabwärts gab es einen kleinen Ponton. Aber der war für Fahrzeuge nicht sicher. Zum Donnerwetter! Die nächste Brücke war in Köln. Schließlich überquerten wir dort die Militärbrücke, neben den ineinander verknäulten Stahlträgern der einstigen Hohenzollernbrücke.

Unser kürzester Weg ging nun über Aachen. Ich war etwas skeptisch, eine so heftig umkämpfte Strecke zu nehmen. Aber die Militärpolizei (die nicht gewußt hatte, daß die Brücke in Düsseldorf außer Betrieb war) versicherte, das sei schon in Ordnung. Unser Oberfeldwebel kauerte sich höchst vernünftigerweise auf dem Rücksitz zusammen und nickte sanft ein, »nur für zwei Stunden, Sir, bis wir in Brüssel sind«. Ich weckte ihn schließlich, als wir nach sieben Stunden glücklich ankamen.

Wie wir uns je bei dieser Unmenge von Umleitungen abseits der beschilderten Hauptstraße zurechtfanden, wird mir mein Schutzengel vielleicht eines Tages verraten. Fest steht, daß wir einen weiten Umweg machten. Wir tankten in Aachen. Dabei fiel der Fahrer durch ein Spiegelglasfenster, blieb aber zum Glück unversehrt. Dann begaben wir uns fröhlich auf die als TOWN CIRCUIT gekennzeichnete Straße. Nachdem wir eine Stunde lang den Schildern gefolgt waren, landeten wir wieder bei dem zertrümmerten Spiegelglasfenster und begannen aufs neue.

Nach wenigen Minuten kamen wir an dem überheblichen Freiwilligen vorbei, der die Grenze schützte, und fuhren nach Holland hinein, wo sich die wachen Wageninsassen ein bis zwei Liter Maastrichter Bier und Wurstbrot schmecken ließen. Die holländisch-belgische Grenze hinter Maastricht bestand aus einem einladend hochgezogenen Schlagbaum. Wir vermuteten, daß sich die drei struppigen Grenzposten damit Mühe ersparen wollten – zwei von ihnen trugen Zivilkleidung mit einer kleinen Armbinde. Der dritte, das größte Rauhbein, in Uniform mit umgehängtem Gewehr, schlich zum Wagen hinüber, spähte durchs Fenster und sagte mit breitem, unhygienischem Lächeln: »Okké.« Wir fuhren weiter.

Durch Louvain dirigierte uns ein bereitwilliger Zivilist, der auf dem Trittbrett stand und uns weitere Verzögerungen ersparte.

Und um drei Uhr früh am Heiligen Abend nun im Palace Hotel, Brüssel.

Brüssel, Donnerstag, 27. Dezember

Wegen der Aufenthaltsgenehmigung im »Militärtransit« muß man sich alle drei Tage beim Stadtkommandanten melden. Da einige von uns eine ganze Weile hierbleiben werden, manche länger als andere, überlege ich, ob wir uns nicht ein für beide Seiten weniger zeitraubendes System ausdenken können.

Als eingetragenes Mitglied der hier im Palace Hotel versammelten privilegierten Gemeinschaft bezieht man für die genehmigte Aufenthaltsdauer Essensmarken. 10 Francs pro Tag. Die (requirierten) Zimmer sind kostenlos. So haben wir für einen Vierteldollar netto eine Hochzeitssuite, die in normalen Zeiten mit 300 Francs (Einzel) oder 375 Francs (Doppel) veranschlagt ist, plus vier erstklassige Mahlzeiten am Tag, wie man sie im guten alten London wohl noch eine ganze Weile nicht zu sehen bekommen wird, fürchte ich.

Für ein Pfund gibt es 176 belgische Francs. Sämtliche Ladenpreise sind extrem hoch, aber man kann praktisch alles kaufen. Die Geschäfte sind voll von Qualitätswaren, für ein Paar reinseidene Strümpfe muß man allerdings 750 Francs zahlen, und gute Schuhe gibt es nicht. Essen und Trinken für die Zivilbevölkerung sind teuer. In einem annehmbaren Café kostet ein Bier 10 Francs. Für ein Paar Nylons werden 1 450 Francs verlangt.

Der Schwarzmarkt findet keineswegs im dunkeln statt, sondern funktioniert ganz einfach: Wenn ein Belgier ein Kleidungsstück für 850 Francs auf Marken kaufen möchte, kann er das tun oder aber denselben Artikel im selben Laden ganz offen ohne Marken für 2 000 Francs erwerben. Schokolade, Schinkenbrote und Eier werden in aller Öffentlichkeit auf den Straßen zum freien Marktpreis feilgeboten.

Doch trotz der offensichtlichen Schwierigkeiten für den belgischen Familienhaushalt und obwohl jeder um die akute Krise weiß, zeigen die Leute hier keinerlei Anzeichen von Depression, von Apathie, von Nervosität oder schlechter Laune. Alles ist hell erleuchtet, allabendlich verlustieren sich Scharen von Menschen in der Rue Neuve – eine Oase der Lebensfreude in diesen düsteren Tagen.

Brüssel, Samstag, 29. Dezember

Ein Sturm bläst, die Windstärke beträgt angeblich gut 135 Stundenkilometer. Damit dürfte wohl der Sommer zu

Ende sein. Nun, Weihnachten ohne Strickjacke, Pullover oder Mantel gefeiert zu haben, ist immerhin etwas.

In den hiesigen Kinos darf man nicht rauchen. In der Straßenbahn auch nicht, nur auf der Plattform. Dafür gibt es einen sehr sympathischen kleinen Hinweis, auf französisch und natürlich auch auf flämisch:

> Bieten Sie Ihren Platz schwangeren Frauen oder Müttern mit kleinen Kindern an, Alten und Kranken, und tun Sie es bereitwillig, nicht weil es vorgeschrieben ist, sondern um zu zeigen, daß Sie gut erzogen sind.

Schade, daß es hier so wenig Kaffee gibt. Ein Glas vom besten in einem Café kostet rund 16 Cent.

Brüssel, Dienstag, 1. Januar. Neujahrstag (1946)

Ich bin jetzt eine Woche hier und damit zum kostenlosen Bezug von fünfzig Zigaretten und einer Tafel Schokolade berechtigt. Ich brauche etwas Seife.

Brüssel, Montag, 7. Januar

Endlich konnte ich dem Bürgermeister von Brüssel meine Aufwartung machen. Er ist der personifizierte Charme, hochgezogene Schultern, funkelnde Augen, Körperlänge, wohlwollend gerechnet, 1,50 Meter. Er verwandte den größten Teil einer Stunde darauf, uns mit Geschichten über seine Aktivitäten während der deutschen Besatzungszeit zu traktieren.

»Ich war den Deutschen gegenüber nie hinterhältig und habe aus meinem Widerstand nie einen Hehl gemacht. Ich sagte zu ihnen: ›Wir werden das Auge in Auge ausfechten, meine Herren. Ich werde Ihnen nie in den Rücken fallen, wie es Ihr Hagen mit Siegfried getan hat.‹ «

War nachmittags in der amerikanischen Basis, um einen Flug nach Bremen zu organisieren. Die RAF fliegt diese Strecke nicht. Ich fragte nach dem Lufttransportoffizier. Erster Stock. Nein, bedaure, wir sind für Kraftfahrzeugtransport zuständig. Erdgeschoß. Nein, die sind umgezogen, Sir. Versuchen Sie's eine Tür weiter. Aha! Eine Belgierin. Nein, sie muß eine Genehmigung haben. Nein, die war ja nicht vom Transportoffizier der hiesigen Basis unterzeichnet. Dritter Stock (oder war es der fünfte?). Ja, er stelle

Passierscheine aus, aber ich habe ja keine Order von meiner Einheit. Ich sei meine eigene Einheit? Also, das war aber schon sehr irregulär, ich solle bitte den britischen Verbindungsoffizier zwei Treppen höher aufsuchen. Wenn der zustimme, könne ich ihm die Sache wieder vorlegen. Mit Hilfe der Kleinen aus dem Motor Transport Corps, die sich als stellvertretender britischer Verbindungsoffizier erwies, klappte es. Aber bei wem meldete ich mich nach der Ankunft in Bremen? Bei mir selber? Ausgeschlossen. Zu welcher Einheit kehrte ich dann in Brüssel zurück? Kann man zu sich selbst zurückkehren? Er kratzte sich den Schädel, kopierte die einschlägigen Absätze, ließ alles stempeln (natürlich im Kellergeschoß), und ich zog ab. Die Sache hatte mich zwar zwei Stunden gekostet, mir aber dafür 25 Kopien meiner Reisegenehmigung eingebracht. Vielleicht ist man in Bremen knapp an Papier, wer weiß.

Brüssel, Donnerstag, 10. Januar

Immer noch hier. Wo sind die Flugzeuge nach Bremen, die um 11.25 Uhr in Brüssel-Évère starten sollen? Die Frage kann ich nicht beantworten und sie können es ebensowenig. Sie wissen es wirklich nicht. Sie haben keine Ahnung, ob sich ihre eigenen Maschinen am Boden oder in der Luft befinden. Der erste Hinweis, den das Büro in Brüssel erhält, ist ein Anruf vom Flugplatz; er besagt, daß ein Flugzeug gelandet sei. Keine Ankunftszeit. Keine Benachrichtigung vom Startort.

Zum hundertsten Mal erklärte mir der kleine, humorlose zuständige Offizier tiefernst den theoretischen Ablauf des Ganzen. Zum hundertsten Mal setzte ich ihm dagegen auseinander, wie ungemein hilfreich es für mich sei zu wissen, daß ich theoretisch gestern um 13.15 Uhr und heute um die gleiche Zeit in Bremen eingetroffen sein müßte. Könne er nicht in Paris anrufen und feststellen, ob das Flugzeug starten würde? Nein, woher denn, das täte er ungern, denn Ferngespräche schätze »man« nicht sonderlich, und er hätte erst gestern mit Paris telefoniert, da könne er doch nicht heute schon wieder anrufen, oder?

In den Stunden, die ich wartend in diesem verdammten amerikanischen Büro verbrachte, geschah etwas Bemerkenswertes. Nach einer Weile ließ sich noch ein britischer Offizier auf der gegenüberliegenden Seite des Raumes nieder und wartete ebenfalls. Wir lasen beide unsere Zeitung und kamen nach einer schicklichen Pause – von etwa einem halben Tag – ins Gespräch. Dabei entdeckten wir:

Er suchte ebenfalls nach einigen Deutschen, die einige Gefangene umgebracht hatten.

Er hatte ebenfalls während des Krieges Deutsche befragt.

Vor dem Krieg war er in meinem Wohnort Polizeiinspektor.

Nun ja. Die Welt ist klein, wie man so sagt. . .

Oldenburg, Montag, 14. Januar

Gelangte endlich doch nach Bremen. Und dann weiter im Jeep in diese hübsche kleine Provinzhauptstadt, wo man nicht Kaffee, sondern Tee trinkt. Sie ist verhältnismäßig wenig zerstört und daher überfüllt mit Flüchtlingen aus den weniger begünstigten Gegenden des ehemaligen Reiches, so daß sich die Einwohnerzahl verdoppelt hat.

Papenburg. Später am 14. Januar

Was ist das für eine trostlose Gegend! Was für eine gottverlassene, unerträglich triste Einöde. Das ist also das Emsland. Dem Herrgott muß am Freitag gegen Mitternacht eingefallen sein, daß er bei Erschaffung der Welt diesen kleinen Winkel vergessen hatte; aber da war es an der Zeit, aufzuhören und den siebenten Tag zu heiligen, und so blieb das Emsland ein unvollendeter Teil der Schöpfung. Das ganze überschüssige Wasser von Westeuropa zieht es anscheinend ins Emsland, wo es dann alles durchnäßt. Die Deutschen haben dafür ein treffendes Wort: beschissen.

Ein ungeheiztes Zimmer im zweiten Stock. Doch Frau Bergemann bekommt keine Kohlen, es ist also nicht ihre Schuld.

Der Ortskommandant von Papenburg ist ein Kanonier vom Artilleriekorps. Sein imposantes Gebaren beeindruckte unseren Oberfeldwebel, der ihn eine halbe Stunde lang mit »Sir« titulierte, bis er die Wahrheit entdeckte. Sein Assi-

stent, ebenfalls ein einfacher Soldat, tritt weniger wirkungs-
voll auf und macht den Tee.

Brüssel, Montag, 21. Januar

Abfahrt morgen 14.30 Uhr, so Gott und das Wetter es
wollen. Brüssel gegen eine weitere Prise Emsland – dieser
Tausch behagt mir nicht besonders, aber wir müssen weiter-
kommen. Nach dem Tauwetter hat Frost eingesetzt. Hoffentlich sind die Straßen passierbar.

Arnheim, Dienstag, 22. Januar

Die vereisten Straßen sind glatter Mord.

Papenburg, Mittwoch, 23. Januar

So gern ich Holland habe, so sehr mißfällt mir dieses
gräßliche Emsland unmittelbar hinter der Grenze.

Mittagessen in Hengelo: ausgezeichneter Entenbraten.
Abends hier in diesem trostlosen Nest abermals Ente und
ein paar Flaschen Niersteiner. Der Oberfeldwebel ist der geborene Quartiermeister. In Anbetracht der trostlosen Umgebung geht es uns gut. Ich schlafe unter einem Kruzifix,
und wir sind wohlversorgt, was Heizung, Küche und Keller
angeht. Die Hausbewohner, bei denen wir einquartiert sind,
begrüßen es dankbar, daß sie es durch uns jetzt warm haben
und ein paar Lebensmittel extra bekommen.

Oldenburg, Freitag, 25. Januar

Eine wahre Erleichterung, wenn auch nur für eine Nacht,
in dieser Kleinstadt zu sein. Diese Atmosphäre von kleiner
Residenz und Duodezfürsten gefällt mir. Die Frauen sehen
gut aus und haben Schick.

In der kanadischen Transitmesse wird den ganzen Tag
Swingmusik gedudelt. Ein bißchen gedämpfte Tafelmusik
ist abends und sogar mittags durchaus angenehm; aber zum
Frühstück bitte nicht dieses ohrenbetäubende Geplärre!

Das Zimmermädchen hat gerade eine Postkarte von ihrem Freund bekommen, der als Kriegsgefangener in England ist. Die Post brauchte gewöhnlich sechs Monate, sagt
sie. Jetzt nur noch zwei Wochen.

Meppen, Samstag, 26. Januar

Ein einmalig schöner Tag. Dick bereifte Bäume und Sträucher unter einem strahlend blauen Himmel. Die Straße nach Meppen ist ein weißes Kreuzrippengewölbe, zu beiden Seiten gesäumt von silbernem Netzwerk. Kiefernwald und Weißbirken. Schade, daß wir im Emsland und nicht irgendwo anders sind. Um den Pessimisten Horaz abzuwandeln: *Nihil est ab omni parte damnatum.* Es gibt kein vollkommenes Unglück. . .

Esterwegen, Montag, 28. Januar

Insgesamt gesehen ist die Bevölkerung gar nicht so schlecht dran hier auf dem Land, wo sie zum Feuern Torf stechen und Holz schlagen kann und die Kühe für Milch und Butter sorgen. Ich nehme an, es geht ihnen besser als den Menschen in vielen anderen Gegenden Deutschlands.

Vor Jahrhunderten soll irgendein König jeden abgeurteilten Schwerverbrecher vor die Wahl gestellt haben, sich im Emsland niederzulassen und dort seine Strafe zu verbüßen. Fraglos sind üble Elemente hier etwas dicht gesät. Aber was kann man schon anderes erwarten in einer Gegend, die erst die Wachmannschaften und dann die Insassen der Straflager bevölkerten?

Was für ein Land. Sand, Torf, Heide, Moor, Wasser, Deiche, Marschen, Sumpf. Es heißt, ein König der Niederlande soll das Land weggegeben haben. Vernünftige Leute, diese Holländer.

Papenburg, Donnerstag, 31. Januar

Ich muß jemanden finden, der ordentliches Toilettenpapier organisiert. Eisenbahnfahrpläne und anderer Leute Bankauszüge sind kein geglückter Ersatz.

I I

Der Interrogator, der in dem kleinen, zellenähnlichen Raum auf und ab ging, hielt inne und sah aus dem Fenster.

Sein Blick wanderte über die freudlose, trostlose, offenbar endlose Weite des Emslandes. Auf dem Moor lag

*Die Sonderabteilung befragt unermüdlich Augenzeugen und Tatverdächtige.
Allmählich beginnt sich ein Bild der Vorgänge herauszukristallisieren.*

Ein Offizier der Sonderabteilung bei der Arbeit.

Schnee, der Januar zeigte sich in seiner ganzen Tristesse. In Gedanken ließ er das übrige Emsland Revue passieren und all die Orte, in die es ihn und die anderen Abteilungsangehörigen in den vergangenen Wochen verschlagen hatte, und überprüfte die erzielten Fortschritte. Tausende waren verhört, interviewt, befragt worden: Kriegsgefangene, Zivilinternierte, Normalbürger, jeder, der zur Aufklärung des Verbrechens – oder vielmehr der Verbrechensserie im Zeitraffertempo – beitragen konnte, der etwas wußte über das Geschehen, das erst ein Dreivierteljahr zurücklag und sich unweit von hier vor seinen Augen abgespielt hatte.

Das Augenmerk des Interrogators richtete sich auf die unmittelbare Gegenwart. Zwischen dem kahlen Moor und seinem Fenster befand sich die Umgrenzung des Lagers: Mauer, Stacheldraht, elektrisch geladener Zaun, Bereich der Wachmannschaft, all jene Zwangsmaßnahmen, mit denen man Lager VII in Esterwegen gesichert hatte, als es als Straflager und zeitweise als Konzentrationslager diente. Jetzt beherbergten die Baracken eine Anzahl der einstigen Herren unter Aufsicht der Sieger. 101 Civilian Internment Centre, Esterwegen, gehörte zu den Sammelstellen, in denen die Britische Militärregierung unter den ehemaligen Sachwaltern des Reiches die Spreu vom Weizen zu trennen versuchte. Esterwegen war als der geeignete Ort erschienen, um dort Willi Herold und seine Mitangeklagten oder potentielle Angeklagte zu verhören: Der Schauplatz des Verbrechens lag in der Nähe, und es sprach vieles dafür, sie dicht – aber nicht zu dicht – beieinander zu haben, während ihre Aussagen überprüft wurden.

Der Interrogator begann wieder auf und ab zu gehen, als er sich auf die unmittelbar anstehende Angelegenheit konzentrierte. Er stellte sich auf die Begegnung ein, mit der er gleich konfrontiert würde. Er rekapitulierte das Ganze in Gedanken. Auf den ersten Blick war alles klar. Weit über hundert Gefangene waren von einem jugendlichen Ungeheuer willkürlich ermordet worden. In Kürze würde dieses Ungeheuer durch die Tür dort hineingeführt und mit seinen Untaten konfrontiert werden. Ein ernster und zugleich spannungsgeladener Augenblick. Der Interrogator stand nicht mit leeren Händen da: Das Dossier mit hieb- und stichfestem Beweismaterial war während der wochenlangen Untersuchung ständig angewachsen; seine Erfahrung vermittelte ihm einen tiefen Einblick in die Umstände, die im vergangenen April zu diesem hemmungslosen Gemetzel im Aschendorfer Moor geführt und es begleitet hatten. Er war bereit.

Schritte ertönten draußen auf dem Korridor. Der Interrogator riß sich zusammen, als die Tür von einem Begleitposten geöffnet wurde.

Ein wacher Zwanzigjähriger trat forsch ein und schlug die Hacken respektvoll zusammen, als er dem Interrogator direkt ins Auge sah.

»Gestatten Herr Major, daß ich etwas sage?« begann er ohne Vorrede. »Ich habe nachgedacht. Die Leichen müssen ausgegraben werden. Darf ich mich dazu freiwillig melden?«

Der Interrogator hoffte, daß sein Gesicht nicht verriet, wie ihn dieser Eröffnungszug erstaunte. Das entsprach in keiner Weise seinen Vorstellungen. Schnell gefaßt, antwortete er:

»Darüber sprechen wir später. Wir beginnen wohl besser mit dem Anfang. Wie heißen Sie?«

»Willi Herold, Herr Major.«

»Willi oder Wilhelm?«

»Willi, Herr Major.«

»Willi mit ›i‹ oder mit ›y‹?«

»Willi mit ›i‹, Herr Major.«

»Wann und wo geboren?«

»Am 11. September 1925 in Lunzenau bei Chemnitz.«

»Was für eine Ausbildung haben Sie?«

»Nach Abschluß der Volksschule kam ich zu einem Schornsteinfeger in die Lehre. Am 6. Juni 1943 wurde ich zum Reichsarbeitsdienst einberufen und am 11. September des gleichen Jahres wieder entlassen. Am 30. September erhielt ich den Gestellungsbefehl und wurde zur Ausbildung nach Tangermünde zur 18. Fallschirmtruppe geschickt. Ich wurde bei den Fallschirmjägern in den Bodenkämpfen in

Italien eingesetzt, in Nettuno und bei Monte Cassino. Damals wurde ich zum Gefreiten befördert.«

»Gehörten Sie irgendeiner Parteiorganisation an?«

»Ich trat 1935 ins Jungvolk ein. Aber die schmissen mich sehr bald wieder raus, weil ich unentschuldigt fehlte und eine eigene Indianerbande organisierte, was gegen die Satzungen verstieß. Eine Zeitlang war ich ein begeisterter Nazi wegen der langen Wanderungen und der verschiedenen Vorteile, die wir hatten. Einmal bin ich der Gestapo in die Hände gefallen, als ich aus der Lehre abgehauen bin, weil ich keine Lust zu arbeiten hatte und nach Amerika auswandern wollte. Bei der Gestapo haben sie mich mächtig verdroschen, und als mich mein Vater nach einer Woche abholte, bekam ich von ihm noch mal eine Tracht Prügel. Ich kann eigentlich nicht sagen, daß ich je ein überzeugter Nazi war.«

»Erzählen Sie mir von Ihrer späteren militärischen Laufbahn. Was passierte, als Sie Italien verließen?«

»Ich wurde an die Westfront versetzt. Beim Rückzug aus Holland verlor ich die Verbindung zu meiner Einheit, der Kampfgruppe Gramse. Auf dem Weg von Gronau nach Bentheim sah ich am Straßenrand ein Autowrack voll mit Kisten und so was. Ich fand darunter eine Fliegerhauptmannsuniform, die ich anzog. Aber ich hab mein eigenes Soldbuch behalten.«

Und so entrollte sich das inzwischen bekannte Drama noch einmal, diesmal jedoch aus dem Mund des Hauptdarstellers. Er berichtete ausführlich und in allen Einzelheiten, wobei er jede Frage bereitwillig beantwortete. Manches klang stolz, besonders wenn er von »meinen Leuten« sprach, und vieles maßlos übertrieben. Rückblickend stand dabei die sehnsüchtige Erinnerung an die Triumphe seiner großen Zeit im Vordergrund und verdrängte jeden Gedanken an das Grauen, das er angerichtet hatte. Er informierte den Interrogator genau über sämtliche Stationen seines Weges durch das Emsland; über seine Gruppe, die sich um ihren Führer geschart hatte; über seine Ankunft im Lager II; über seine ersten Begegnungen mit Budde, Schütte, Hansen und Buscher und über seinen Besuch bei Dr. Thiel in Papenburg. Er fuhr fort:

»Ich kam zurück ins Lager Aschendorfer Moor, wo sie bereits Gräber aushoben. Vorsteher Hansen und sein Kommandant der Wachmannschaft hatten inzwischen aus einer Liste mit 400 Namen ein paar Männer ausgewählt. Die ersten 96 auf dieser Liste wurden aufgerufen und in die Arrestbaracke gebracht. Als die Grube fertig war, holte man sie und befahl ihnen, sich davor aufzustellen. Diese 96 Männer wurden schubweise erschossen, zuerst mit meiner Flak, die einen kurzen Feuerstoß, etwa bis 20 Schuß, gab; dann war Ladehemmung. Ich befahl, die 2-cm-Flak wieder wegzuschaffen. Alsdann wurde mit Gewehr geschossen. Das Lager besaß reichlich Gewehre und Munition, die von den Wachmannschaften an mich und meine Leute verteilt wurden. Ich habe selber nicht mitgeschossen, gab aber von der ersten Gruppe an den Schießbefehl, mit Ausnahme der letzten. Ich mußte dann weggehen, aber man hat mir berichtet, daß später Handgranaten in die Grube geworfen wurden. . . Meine Leute erklärten mir, sie würden lieber bei mir bleiben, als an die Front zu gehen. Als die 96 alle erschossen worden waren, erschien Hansen mit einer Namensliste und bat mich zu unterschreiben, daß diese Leute erschossen worden waren. . .«

Nachdem der Interrogator Herold zu den Massenexekutionen befragt hatte, wollte er Auskunft über den Unterhaltungsabend.

»Ich hatte mir einen Burschen zugelegt«, antwortete Herold, »der Rudi mit Vornamen hieß. Seinen Nachnamen habe ich nie erfahren. Er erzählte mir, daß es unter den Insassen ein paar Schauspieler gab, deshalb ordnete ich für den Abend eine Vorstellung an. Wir haben uns blendend amüsiert; es waren viele Lagerbeamte mit ihren Frauen da, ungefähr die Hälfte der Wachmannschaft und sonstiges Personal. . . Wir haben alle ganz schön gebechert, aber ich war nicht betrunken. – Betrunken war ich im Lager nur einmal, als ich zwei Flaschen Rotwein, in die ich Zucker geschüttet hatte, gekippt habe. In meinem Suff hab ich die ganze Einrichtung im Friseurladen zertrümmert. – Während der Vorstellung bat mich Feldwebel Hoffmeister zu genehmigen, daß der Häftling Schneider meiner Kampfgruppe beitrat. Der Ursprung dieser Kampfgruppe geht auf meinen Besuch bei Kreisleiter Buscher zurück, dem ich mich als ›Kommandant des Sonderkommandos Standgericht, Hauptmann Herold‹ vorstellte. Irgendwelche schriftlichen Unterlagen für diesen Titel haben nie existiert, er war ein reines Phantasieprodukt.«

Die Geschichte der Kampfgruppe wurde nun weiter ausgelotet, von Aschendorf nach Papenburg, von Papenburg nach Leer, von Leer nach Aurich, bis Herolds Stern zu sinken begann.

»Am 28. April«, fuhr er fort, »kam ich nach Aurich. Abends wurde ich verhaftet. Man hat mich zwar durchsucht, aber mein Soldbuch nicht gefunden, das ich im Stiefel versteckt hatte. In der Zelle habe ich es dann in kleine Stükke gerissen und sie runtergeschluckt.«

»Wonach hat das geschmeckt?« erkundigte sich der Interrogator lächelnd.

»Ein Soldbuch schmeckt wie trockenes Weißbrot ohne Butter«, lautete die ernste Antwort. »Jedenfalls habe ich vier Tage nichts zu essen gekriegt – bis auf das besagte Soldbuch.«

Herold dachte kurz nach.

»Freytag war dabei, als ich verhaftet wurde«, erinnerte er sich. »Als er hörte, daß ich kein richtiger Hauptmann war, weinte er wie ein Kind.« Er straffte die Schultern. »Freytag ist ein Schlappschwanz«, verkündete er.

Und nun folgte die letzte Szene – Herolds Freilassung auf Betreiben von Urbanek und seine Ankunft beim Bataillon Buscher bei Wilhelmshaven.

»Man hat mich begeistert begrüßt und aufgefordert, beim Werwolf mitzumachen. Da hab ich mir gedacht, ich hab einmal Mist gebaut, und das reicht. Ein zweites Mal ist bei mir nicht drin, da können sie sich alle zum Teufel scheren. Ich redete ihnen ein, daß ich zum Werwolf gehen würde, aber nachts bin ich dann nach Wilhelmshaven getürmt. Dort hab ich mir ein Soldbuch und Entlassungspapiere gebastelt, alles auf meinen richtigen Namen und mit korrekten Personalangaben. Mein Vater sagte immer, wenn man ein Unrecht begangen hat, soll man wenigstens dafür geradestehen. Danach habe ich mich stets gerichtet. Ich möchte nicht, daß andere meinetwegen Scherereien kriegen. Ich weiß zum Beispiel, daß meine Leute zwei Maschinengewehre im französischen Kriegsgefangenenlager in Leer verbuddelt haben, direkt unter dem Pavillon, wo die Kapelle immer spielte. . .«

»Ich kann wirklich nicht sagen, warum ich all die Leute erschossen habe«, schloß er. »Mein einziger Grund war wohl, daß weder ich noch meine Männer besonders scharf auf den Krieg waren und daß die Erschießungen es uns ermöglichten, nicht an die Front zu müssen.«

Damit endete Willi Herolds erste Aussage, die er Ende Januar 1946 in Esterwegen machte. In den folgenden Tagen ergänzte er sie durch zwei kurze Zusatzerklärungen. Die Tatsache selbst sowie der knappe Inhalt dürften, für sich genommen, bereits ein Schlaglicht auf die Person, wenn nicht auf deren Geschichte werfen.

Die erste, zwei Tage später abgegebene Erklärung lautet: »Im folgenden nenne ich die Gründe, weshalb nicht alle 400 Männer auf Hansens Liste auch tatsächlich erschossen wurden. Ich hatte nicht die Absicht, sie alle zu erschießen. Nach der ersten Erschießung von 96 Männern gab ich Befehl, den Rest sehr langsam zu erschießen, jeweils nur in ganz kleinen Gruppen. Am 19. April brach der Feind durch, und wir wurden daran gehindert, weitere Erschießungen durchzuführen, da wir abziehen mußten.

Übrigens suchte mich Freytag am 17. oder 18. April auf und sagte, er könne die Arbeit nicht weitermachen, da er sich am Rande eines Nervenzusammenbruchs befinde. Ich antwortete, es stehe ihm natürlich frei, an die Front zu gehen, aber das mochte er auch nicht. Hoffmeister und die übrigen schienen wiederum durch die Erschießungen überhaupt nicht berührt zu sein.

Die Hauptmannsuniform, die ich trug, hatte das Kretaband, das mir nicht zustand. Ich wurde mit folgenden Orden ausgezeichnet, die ich rechtmäßig erhalten hatte und daher auch trug: Eisernes Kreuz, Erster und Zweiter Klasse; Silberne Nahkampfspange; und das Infanterieangriffsabzeichen. Die anderen Orden, die ich trug, als die Briten mich verhafteten, hatte ich in einem Laden in Wilhelmshaven gekauft. Während meiner Aktivitäten im Aschendorfer Moor habe ich sie nicht getragen. Die einzigen Auszeichnungen, die ich unrechtmäßig an meiner Hauptmannsuniform trug, waren das Kretaband und der Narvikschild. Der Uniformrock wurde mir bei der Verhaftung in Aurich abgenommen.«

Die zweite Zusatzerklärung mit Datum 7. Februar lautet schlicht:

»Ich weiß, daß Freytag am Tag unserer Ankunft im Lager II außerhalb der Arrestbaracke zwei Häftlinge erschossen hat. Das geschah ohne meine Kenntnis, da ich mich zu der Zeit in der Schneiderwerkstatt neben der Arrestbaracke aufhielt. . .«

So leistete Willi Herold seinen vorläufigen Beitrag zum ordnungsgemäßen Ablauf des Gerichtsverfahrens. Seine Aussage bestätigte im großen und ganzen die bekannten Vorkommnisse. Er half zu beweisen, wer was getan hatte, und das, ohne sich selbst zu schonen. Was in jenen dunklen Tagen auf sein Schuldkonto ging, gestand er offen, wenn auch nicht immer frei von phantasievollen Übertreibungen und Entstellungen. Aber er machte nicht viel Federlesens mit seiner Schuld.

Doch vielleicht brachte sein Verhör in menschlicher Beziehung noch mehr Aufschlüsse als in rein juristischer. Denn es endete für den erstaunten Interrogator mit einer ebenso großen Überraschung, wie es begonnen hatte.

Die Formalitäten waren abgeschlossen. Das Geständnis lag vor. Der Interrogator ließ den Wachposten kommen, der Herold in die Zelle zurückbringen sollte. Bevor er den Raum verließ, drehte sich Herold noch einmal um.

»Herr Major«, sagte er.

»Nun?« antwortete der Interrogator.

»Was geschieht jetzt?«

»Wie meinen Sie das?«

»Na ja, mir ist nicht ganz klar. . . Sie werden mich töten, stimmt's?«

»Ja, ich fürchte, das werden sie vermutlich. Immerhin haben Sie mir gerade lang und breit auseinandergesetzt, womit Sie das verdient haben, und ich sehe auch nicht, was ihnen sonst übrigbleibt. Sie etwa?«

»Nein, Herr Major. Darüber bin ich mir innerlich seit vielen Monaten im klaren. Aber was geschieht jetzt? Und... wann?«

»Nun, zuerst wird Ihnen der Prozeß gemacht.«

»Wann wird das sein?«

»Hm. Was haben wir jetzt – Ende Januar. Es kann gut sechs Monate oder mehr dauern, bis alles soweit ist. Nicht vor Juni oder Juli, meine ich.«

»Und darf ich fragen, was der Prozeß alles mit sich bringt, Herr Major?«

»Sie werden vor ein Gericht gestellt – wahrscheinlich ein britisches Militärgericht – und des Mordes angeklagt an all den Menschen, über die wir eben gesprochen haben. Vermutlich werden noch etliche andere desselben Verbrechens angeklagt. Dann werden Zeugen aufgerufen, die aussagen, was sie wissen oder gesehen haben. Das Ganze wird überaus gründlich durch Stöße von Beweismaterial belegt, das habe ich mit meinen Mitarbeitern monatelang zusammengetragen – und werde es wohl noch ein Weilchen tun, denke ich. Dann erhalten Sie Gelegenheit, Ihren Fall vorzutragen. Ihr Anwalt wiederum erhält Gelegenheit, sämtliche Zeugen der Anklage zu verhören, und der Anklagevertreter wird zweifellos Sie zu Ihren Aussagen vor Gericht ins Verhör nehmen. Dann hält Ihr Anwalt sein Plädoyer. Ich glaube nicht, daß er viel zu Ihrer Entlastung vorbringen kann, und man wird Sie wahrscheinlich für schuldig erklären. Aber vielleicht wird er versuchen, das Gericht von einem Todesurteil abzubringen.«

»Meinen Sie, daß man es verhängen wird, Herr Major?«

Nach kurzem Schweigen blickte der Interrogator Herold in die Augen.

»Ja, Herold«, sagte er. »Offen gestanden sehe ich nicht, was das Gericht veranlassen sollte, von diesem einzig angemessenen Urteil abzugehen.«

Herold verstummte. Dann stieß er erregt hervor:

»Aber ich kenne doch gar keinen Anwalt.«

»Deswegen brauchen Sie sich keine Sorgen zu machen. Wenn Sie selber keinen Rechtsvertreter haben, wird das Gericht einen bestellen, und zwar so rechtzeitig, daß er sich mit Ihnen beraten und Ihre Interessen wahrnehmen kann.«

»Das Gericht? Ich kenne das Gericht nicht. Ich möchte nicht, daß ein Gericht mir den Anwalt aussucht. Wie soll ich wissen, was die sich ausdenken?«

»Aber Sie müssen einen Anwalt haben, der Sie verteidigt«, redete ihm der Interrogator zu.

Herold machte einen kleinen Schritt auf ihn zu.

»Sie suchen einen für mich aus«, erklärte er bestimmt. »Ihnen vertraue ich.«

Darauf schlug er die Hacken zusammen und stand einen Augenblick stramm, bevor er mit dem Wachposten das Zimmer verließ.

Der Interrogator ging zum Fenster zurück und kratzte sich den Kopf.

12

Willi Herold hatte gesagt, man werde die Leichen exhumieren müssen, und natürlich hatte Willi Herold recht.

Inzwischen war genügend Beweismaterial über die genaue Lage der Massengräber zusammengekommen, und es galt nun, das schaurige Unternehmen vorzubereiten. Es herrschte immer noch Frost, und der Boden war steinhart, doch es mußte alles soweit sein, um bei Einsetzen des Tauwetters unverzüglich beginnen zu können.

Willi Herold hatte sich auch für die Grabungsarbeiten gemeldet. Der Interrogator empfand eine gewisse Genugtuung bei dem Gedanken, daß die für das Morden Verantwortlichen sich dieser nicht eben beneidenswerten Aufgabe unterziehen und damit wenigstens eine kleine Sühneleistung erbringen würden. Die in Esterwegen einsitzenden Männer reichten dafür aus. Man mußte ihnen eine starke bewaffnete Begleitmannschaft mitgeben, die sie auch bei der Arbeit bewachte und dann wieder ins Lager zurückbrachte; denn etliche wußten sehr wohl, daß sie nichts zu verlieren hatten, und könnten sich deshalb zu Kurzschlußhandlungen hinreißen lassen.

Der Interrogator suchte Rat bei Ortskundigen, wie er dieses Problem lösen könnte. Er fand ihn in Gestalt von Major Lock, dem Public Safety Officer der für den Kreis Aschendorf-Hümmling zuständigen Dienststelle der Britischen Militärregierung – dort, wo bis vor kurzem Gerhard Buscher namens der Partei so überaus gewissenhaft geschaltet und gewaltet hatte.

Major Lock, von Beruf Polizeioffizier auf der Insel Wight und derzeit im Militärdienst, war somit zweifach qualifiziert. Er hatte seinen Kreis inzwischen gut kennengelernt, beherrschte sein Metier und wirkte auf jedermann, den Interrogator nicht ausgenommen, ungemein respekteinflößend. (Jahre später meinte sich der Interrogator zu erinnern, Lock habe für die Polizei geboxt, aber ganz sicher war er sich dabei nicht.) Major Lock hielt es für unproblematisch, von den hiesigen Garnisonen Truppen zur Bewachung bereitgestellt zu bekommen.

»In der Gegend sind vorwiegend kanadische Einheiten stationiert, wie Sie sicher wissen«, sagte er. Dann, nach einer Pause, kam ganz schüchtern, fast wie ein unsittlicher Antrag: »Und dann liegt in Meppen noch der polnische Verband. Die würden bestimmt ein wachsames Auge auf Ihre Meute haben.«

Der Interrogator spitzte die Ohren. »Das paßt mir gut«, meinte er. »Sämtlichen Berichten nach dürften sich unter den Leichen, die wir exhumieren, eine Anzahl Polen befinden. Da ist es nicht mehr als recht und billig, wenn ihre Landsleute dabei sind.«

»Soll ich mit dem polnischen Kommandeur reden?« fragte Lock.

»Ich begleite Sie, wenn ich darf. Durchaus möglich, daß die Polen uns bei unserer Untersuchung weiterhelfen können. Das alles wäre in jedem Fall sehr nützlich.«

»Und die administrative Seite, wie steht's damit?« wollte Lock wissen. »Die müssen doch vermutlich alle verpflegt werden. Außerdem sind Transportmittel bereitzustellen.

Die Kanadier können da sicher einspringen, wenn ich es ihnen erkläre.«

Der Interrogator wandte sich Lock zu. »Hören Sie, das ist Ihre Domäne, ich bin nur als Gast da für Notfälle. Freilich muß ich im einzelnen festlegen, was wo zu tun ist, da sind wir doch hoffentlich einer Meinung. Aber ich möchte Ihnen keinesfalls auf die Zehen treten und wäre überglücklich, wenn Sie weiterhin die Vorbereitungen übernehmen würden.«

Damit war alles im Lot, und Lock holte eine Flasche Brandy hervor. Nach einer Weile kehrten ihre Gedanken wieder zum Thema zurück.

»Wäre schön, wenn wir alle mit einem ordentlichen christlichen Begräbnis wieder unter die Erde bringen würden«, sinnierte der Interrogator. »Die armen Kerle haben ja zuletzt einiges ausgestanden, oder? Wir sind es ihnen irgendwie schuldig, finden Sie nicht?«

Lock beschäftigte sich bereits mit der praktischen Durchführung.

»Katholisch oder evangelisch?« fragte er. »Die Gegend hier ist katholisch, das wissen Sie vermutlich.«

»Ein Einheimischer kommt für uns wohl sowieso nicht in Frage, das wäre irgendwie nicht in ihrem Sinne. Zwei Militärgeistliche beider Konfessionen? Was halten Sie davon?«

»Dürfte reichen.«

»Und einen Hornisten? Für den Zapfenstreich, das wäre doch angemessen.«

»Bei wem wollen Sie eigentlich Eindruck schinden?«

Der Interrogator lachte. »Ob Sie's nun glauben oder nicht – ich habe tatsächlich an die Toten gedacht. Aber wenn Sie schon die Rede darauf bringen, wir sollten dem Ganzen etwas Publizität geben, finden Sie nicht auch?«

Locks rundes, rötliches Gesicht erhellte sich wieder.

»Die Presse. Ja, natürlich. Und dabei könnten Sie mir hier in meinem Bereich einen Gefallen tun. In diesem Kreis gab es einen festen Stamm hartgesottener Parteimitglieder. Wie wär's, wenn wir die als Zuschauer hinbeordern?«

Jetzt strahlte der Interrogator.

»Hervorragende Idee«, meinte er wohlgefällig. »Sämtliche Männer, Frauen und Jugendliche über 18, die in der Partei oder irgendwann in einer der größeren Gliederungen waren. Können Sie das bewerkstelligen?«

»Darauf können Sie Gift nehmen. Sagen Sie mir nur, wann. Ich muß es ein paar Tage vorher wissen.« Er geriet in Fahrt. »Ich lasse an jedem zweiten Telegraphenmast im Kreis gedruckte Anschläge anbringen. Ich mache die Bürgermeister verantwortlich für das vollzählige Erscheinen. Wer sich drückt und auch kein Attest vorlegen kann, erhält eine Geldstrafe, und ich lasse jedes ärztliche Attest genau überprüfen. Ha, sie werden zu Hunderten kommen und dieses Erlebnis nie wieder vergessen. Vielleicht verhilft es manchen zur Einsicht, daß sie einen Irrweg gegangen sind, wer weiß. Bisher sind sie hier in der Gegend noch weit davon entfernt, Kritik an ihrer ehemaligen Regierung zu üben«, fügte er finster hinzu. »Ich bin Ihnen wirklich überaus dankbar.«

»Wir haben da noch ein kleines Problem«, warf der Interrogator ein. »Vielleicht haben Sie auch gehört, daß in einigen Konzentrationslagern verbreitet wurde, die Alliierten hätten Leichen eingeschmuggelt, um das Dritte Reich zu diskreditieren. So etwas wollen wir hier erst gar nicht aufkommen lassen. Das Massengrab ist im Augenblick knapp einen Meter hoch mit Blutweiderich und Gras bewachsen, und ich möchte, daß jeder Zuschauer sieht, wie da der erste Spatenstich hineingeht. Es darf ihnen keine Möglichkeit bleiben, sich hinterher um diese Tatsache herumzumogeln.«

»Gut«, nickte Lock. »Damit ist der Fall klar. Wir lassen sie alle frühmorgens am Schauplatz antreten.«

»Bei Nachtfrost können wir nicht zu früh zu graben beginnen.«

»Richtig. Sagen wir also um 9.30 Uhr. Und das legen wir mit dem Eintreffen der Grabungsmannschaft aus Esterwegen zusammen.«

»Ich sorge dafür, daß die mit den Richtigen bestückt wird.«

97

»Hört sich wie der Auftakt zu einer gelungenen Operation an.« Lock rieb sich die Hände. »Und wann?« fragte er.

»Der Wetterbericht klingt vielversprechend. Sollen wir den kommenden Freitag anpeilen?«

»Den ersten Februar. In Ordnung.«

Lock füllte die Gläser nach.

Lock war ein Mann von Wort.

Innerhalb von drei Tagen gab es auf Veranlassung der zuständigen deutschen Stelle an allen markanten Plätzen einen Anschlag – schwarzer Fettdruck auf rosarotem Grund als Blickfang:

Bekanntmachung

Auf Anordnung der Militärregierung haben sich

alle Parteimitglieder der NSDAP,

Mitglieder der SS, Mitglieder der SA

von Papenburg und Aschendorf

am Freitag, dem 1. Februar 1946,
morgens um 9.30 Uhr beim Lager II,
Aschendorfermoor, einzufinden.

Alle Personen, welche in einem Arbeitsverhältnis stehen, sind für diesen Zweck von der Arbeit befreit.

Aschendorf, den 30. Januar 1946.

Der Landrat

Freitag, der 1. Februar, war naßkalt. Die Temperatur lag knapp über dem Gefrierpunkt. Über das Emsland fegte ein scharfer Wind und trieb Nieselregenschauer vor sich her.

Der Menge, die sich durchnäßt und frierend vor den Toren des zerstörten Lagers II versammelte, verging die Freude über den arbeitsfreien Tag, wenn sie dafür in diesem Wetter herumstehen mußte.

Den Grabungsarbeiten kam es jedoch sehr entgegen, daß kein Frost herrschte und der Boden feucht war.

Es gab drei Stellen, von denen inzwischen feststand, daß man die im Lager Ermordeten dort verscharrt hatte. Die aus Esterwegen angerückte Grabungsmannschaft marschierte unter Bewachung dorthin, mit Willi Herold in der vordersten Reihe. Bevor sie Hacke oder Spaten ansetzten,

98

Bekanntmachung.

Auf Anordnung der Militärregierung haben sich

alle Parteimitglieder der NSDAP.,
Mitglieder der SS, Mitglieder der SA
von Papenburg und Aschendorf

am Freitag, dem 1. Februar 1946,

morgens um 9,30 Uhr beim Lager II,

Aschendorfermoor, einzufinden.

Alle Personen, welche in einem Arbeitsverhältnis stehen, sind für diesen Zweck von
der Arbeit befreit.

Aschendorf, den 30. Januar 1946.

Der Landrat.

*Major Lock sorgte dafür, daß der Anschlag an allen markanten Stellen
angebracht wurde – schwarzer Fettdruck auf rosarotem Grund.*

nahmen die ehemaligen männlichen und weiblichen Parteimitglieder im Umkreis Aufstellung und zogen dann immer
wieder um das Areal herum, bis die Exhumierung beendet
war. Auf diese Weise sah jeder mit eigenen Augen den in-
takten Bewuchs des vergangenen Jahres, sah, wie er entfernt
wurde, konnte jedes Stadium der Grabungsarbeiten verfol-
gen, bis die letzte Leiche exhumiert und ordentlich aufge-
reiht auf ein nahegelegenes Feld gebettet worden war. Die
Anzahl der Zeugen ging in die Hunderte, so daß es schwer-
fallen dürfte, das Ganze abzutun mit der Behauptung, es
handele sich um gefälschtes Beweismaterial.

Es dauerte einige Zeit, ehe die ersten Leichen zum Vor-
schein kamen. Das lag an dem schweren Torfboden sowie
an der weit fortgeschrittenen, jedoch keineswegs restlosen
Verwesung. Das heißt, es handelte sich nicht um kahle Gerippe, sondern um jeweils erkennbare einzelne Leichen, in
Kleidern und zumeist vollständig, wobei allerdings manchmal auch Gliedmaßen getrennt exhumiert wurden. Indivi-
duelle Gesichtszüge ließen sich nicht mehr unterscheiden.
Die Untersuchung der Kleider nach irgendwelchen Identifi-
kationsmerkmalen erbrachte nur ganz selten nützliche Hinweise; so konnte man zum Beispiel anhand eines Papierfet-
zens gelegentlich einen Leichnam als den eines polnischen
oder deutschen Häftlings identifizieren. Der Gestank war
grauenvoll, anfangs nahezu unerträglich, aber nach einer
Weile entwickelte sich ein Abwehrmechanismus und schaltete den Geruchssinn irgendwie aus.

Die Reaktionen auf seiten der Zuschauer waren unterschiedlich. Meistenteils absolvierten Männer wie Frauen
verdrossen im Regen ihre Runden. Im Lauf des Tages begann eine Achtzehnjährige zu weinen – das einzige Anzeichen von Mitleid und Reue, das sich während der ganzen
Zeit auf einem dieser Gesichter entdecken ließ. Ihre Mutter,
die neben ihr ging, brachte sie unverzüglich zum Schweigen,
als sie ihr mit dem Handrücken einen Schlag ins Gesicht
versetzte.

Der eigentliche Arbeitsvorgang wurde lediglich durch einen dramatischen Zwischenfall unterbrochen. Als bei einer
Leiche polnische Dokumente entdeckt wurden, überstieg
dies die Fassungskraft eines polnischen Soldaten in der

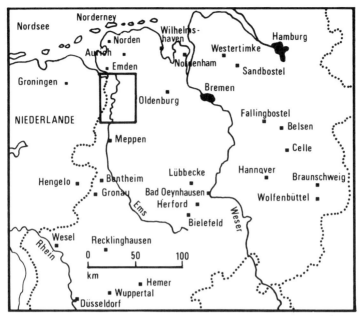

Die Britische Besatzungszone (das umrandete Viereck oben bezeichnet die Emslandlager).

Aschendorfer Moor: Die für die Exhumierung bestimmte Arbeitsgruppe rückt an.

Wachabteilung. Er sprang schluchzend in das Grab und bedrohte die Arbeitenden tätlich, konnte jedoch bald in Schach gehalten und beruhigt werden.

Mittags erbat Willi Herold die Erlaubnis, wegtreten und mit dem Interrogator sprechen zu dürfen, der in der Nähe die Oberaufsicht führte.

»Herr Major«, begann er, »ich habe nachgedacht. Meine Leute werden besser arbeiten, wenn sie etwas im Magen haben. Können wir ein Mittagessen bekommen?«

Irgendwie gelang es dem Interrogator, ernst zu bleiben.

»Nein, Herold«, entgegnete er. »Sie und Ihre Leute haben eine Aufgabe zu erledigen. Das wissen Sie genausogut wie ich, sogar noch besser. Sie bekommen etwas zu essen, wenn Sie diese Aufgabe erfüllt haben, nicht eher.«

Herold klappte die Hacken zusammen. »Jawohl, Herr Major«, sagte er und kehrte im Laufschritt zur Grube zurück, um »seine Leute« zu größerer Anstrengung anzuspornen, damit sie um so rascher zu ihrer Mahlzeit kämen. Und sie arbeiteten härter. . .

Ref MD/JAG/FS/22/303

Der Fall Herold

Bericht über die Exhumierungsmaßnahmen im Straflager II, Aschendorfer Moor. am 1. Februar 46

1. Am 1. Februar 46 fand innerhalb und außerhalb der Grenzen des ehemaligen Straflagers II auf meine Anweisung eine Exhumierung statt; die Vorkehrungen wurden von Major A. E. Lock, P.S.O. 225 Mil. Gov. Det., und dem Kommandant von Nr. 101 C.I.C. Esterwegen getroffen.

2. Ich war während der gesamten Exhumierung anwesend.

3. Die Exhumierungsmannschaft bestand aus 50 Insassen von Nr. 101 C.I.C., darunter der Gefreite Willi Herold und der Vorsteher Gerhard Setzer. Da sich diese beiden während der Erschießungen im Lager aufgehalten hatten, waren sie in der Lage, die Stellen, wo die Opfer des Massakers begraben worden waren, zu bezeichnen.

4. Es wurden insgesamt 195 Leichen aufgefunden. Sie befanden sich durchweg in einem fortgeschrittenen Zustand der Verwesung; trotz genauer Untersuchung jedes einzelnen Leichnams, die von einer Anzahl von Freiwilligen durchgeführt wurde, erwies sich eine Identifizierung als unmöglich. Diese 195 wurden wie folgt gefunden:

a) 13 Leichen in einem Massengrab neben dem Lagereingang, ungefähr an der auf dem beiliegenden Plan mit ›A‹ markierten Stelle.

b) 46 Leichen in einem Massengrab im Lager außerhalb der ehemaligen Arrestbaracke, etwa an der auf dem beiliegenden Plan mit ›B‹ markierten Stelle.

c) 136 Leichen in drei großen Gruben an der südwestlichen Ecke des Lagers, außerhalb des Stacheldrahtes, ungefähr an der auf dem beiliegenden Plan mit ›C‹ markierten Stelle.

5. Ich habe die Leichen persönlich gezählt und die oben angegebene Anzahl an den bezeichneten Stellen gefunden.

6. Nachdem sämtliche Leichen geborgen worden waren, wurden sie neben das ursprüngliche Massengrab an der südöstlichen Ecke gelegt, und es fand ein Begräbnisgottesdienst statt, den ein römisch-katholischer und ein evangelischer Geistlicher abhielten, in Gegenwart von drei anderen Offizieren und mir.

7. Die diesem Bericht beigefügten Photographien wurden während der Exhumierung aufgenommen, während des Gottesdienstes und der Wiederbeisetzung; sie zeigen die oben erwähnten Vorgänge in verschiedenen Stadien.

8. In Begleitung von Warrant Officer First Class W. Bonwitt, Intelligence Corps, ging ich zu dem ehemaligen Standort der Baracken 7 und 6 und beobachtete dort von der dem Schauplatz der Erschießungen jeweils nächstgelegenen Stelle eine Reihe von Personen, die auf jenem Exekutionsgelände umherwanderten. Es war durchaus möglich, die einzelnen Gesichtszüge zu unterscheiden, selbst an einem Tag, an dem Regen und Graupelschauer die Sicht einschränkten, und das um 11 Uhr vormittag im Februar.

9. W.O.I. Bonwitt und ich begaben uns auch zum Standort der ehemaligen Baracke 8 und versuchten von deren einstigem Eingang aus, Personen zu identifizieren, die am Schauplatz der Exekutionen umhergingen. Wir stellten fest, daß sich zwar Gesichtszüge aus dieser Entfernung nicht ausmachen ließen, daß man jedoch Personen an bestimmten figürlichen Merkmalen oder am Gang sehr wohl erkennen konnte.

London, 15. März 1946   Major, Intelligence Corps

Analyse über die Anzahl der Getöteten und der exhumierten Leichen (Mai 1946)

Bei dem alliierten Luftangriff vom 19. April 1945 geriet der Innenbereich von Lager II in Brand, wobei schließlich das gesamte Lager zerstört wurde. Über die Anzahl der Opfer existiert weder eine Aufzeichnung noch waren verläßliche Schätzungen zu erhalten. Einige der von polnischen Truppen befreiten Häftlinge bekamen jedoch Anweisung, ins La-

Aschendorfer Moor: Der Interrogator erteilt Willi Herold Anweisungen für die Exhumierung.

Aschendorfer Moor: Parteimitglieder beobachten die Exhumierung. Die Reaktionen waren unterschiedlich.

Aschendorfer Moor: Mit unbewegten Gesichtern stehen die Zuschauer am Rand des Massengrabs – kein Anzeichen von Mitleid und Reue.

Ein Ort des Grauens – die exhumierten Opfer der Massenerschießung, im Hintergrund die Ruinen von Lager II.

ger zurückzukehren und Gräber für die noch im Gelände verstreuten Leichen auszuheben.

Am 1. Februar 1946 wurden 195 Leichen exhumiert. Bei den 46 neben der Arrestbaracke Begrabenen dürfte der Fundort dafür sprechen, daß sie Herold und nicht dem Luftangriff zum Opfer fielen. Die 13 am Lagereingang Beerdigten dürften sehr wohl den »ungefähr 15« entsprechen, die am Tag nach der Massenexekution gesondert verscharrt wurden. Von den 136 außerhalb des Lagers gegenüber von Baracke sieben Begrabenen befanden sich 23 in den kleineren, an das Massengrab angrenzenden Gruben. Es erscheint wenig sinnvoll, zum Zeitpunkt der Massenexekution mehr als eine Grube auszuheben, außerdem existiert nichts, was auf diesen Tatbestand hinweisen könnte. Daraus folgt, daß es sich bei den 23 um diejenigen handelt, die durch alliierte Luft- und Artillerieangriffe umkamen und einige Tage nach der Massenexekution beerdigt wurden.

Damit verbleiben 113, was durchaus den Zahlen entspricht, die von den Zeugen der Massenexekution am 12. April (98) und der früheren Erschießungen (15) genannt wurden.

Mathematische Exaktheit wirkt rein äußerlich sehr zufriedenstellend, aber wir müssen uns darüber im klaren sein, daß die Analyse von 1946 nicht mehr sein konnte als ein auf Informationen beruhender Versuch, aus unvollständigen Tatsachen die Wahrheit zu mutmaßen. Es gab und gibt keine Möglichkeit, genau zu erfahren, wie viele Häftlinge auf welche Weise umkamen oder ob anderswo weitere Leichen begraben und bisher nicht ans Licht gekommen sind.

In persönlicherem Ton gehalten ist der folgende Auszug aus dem Tagebuch des Interrogators, den er nach der Rückkehr von der Exhumierung in Oldenburg niederschrieb:

Oldenburg, Freitagnacht, 1. Februar

Wir haben sie heute ausgegraben. Einhundertundfünfundneunzig insgesamt, ein stummes, aber nicht geruchloses neuneinhalb Monate altes Zeugnis für Massenmord. Von

Körpergeruch will ich in Zukunft jedenfalls kein Wort mehr hören!

Die mit den Grabungsarbeiten und den Leichen befaßte Mannschaft bestand aus Inhaftierten, die zumeist auf die eine oder andere Art mit den Dingen zu tun hatten, zu denen auch dies gehörte; angeführt wurden sie von dem Jungen, der diese spezielle Drecksarbeit organisierte. Das heißt: Ich dirigierte, er spielte die erste Geige. Er hatte auch einige hervorragende Solostellen...

Ein paar der jüngeren, kräftigeren Zuschauer, die sich amüsiert zeigten, bekamen Schaufeln in die Hand und konnten sich nun direkt an dem Unternehmen beteiligen, das ihnen ein Lächeln entlockt hatte.

Wir legten sie hübsch ordentlich hin, auch wenn sie etwas wässerig und glitschig waren. Lock hatte ein paar Presseheinis aufgeboten und ich ein Kamerateam für die offizielle Aufzeichnung. Wir ließen die Halunken ein großartiges Grab ausheben, in das sie die Leichen ordentlich betten mußten. Die beiden Geistlichen, die wir hergebeten hatten, walteten eindrucksvoll ihres Amtes vor der versammelten Menge. Wir alle erwiesen den Toten die Ehrenbezeigung. Ich wünschte, wir hätten einen Hornisten auftreiben können.

Wo immer ihr auch dort oben im Himmel seid, ihr Deutschen und Polen, die ihr in jenen Apriltagen des vergangenen Jahres durch Kugeln oder Handgranaten getötet oder noch lebendig begraben wurdet, es dürfte euch wohl nicht viel ausmachen, in was für einem Grab eure sterblichen Überreste vermodern. Doch ich hoffe, es verschafft euch Genugtuung zu wissen, daß wir hier unten eurer gedenken und euren Tod vor Gott anerkannt haben. Uns bleibt noch der andere Teil unserer Aufgabe: die Anerkennung eures Todes vor der Menschheit, des Todes, den ihr und Millionen euresgleichen erlitten habt.

13

Es blieb noch ein Faden, der in das Gewebe der Untersuchung verwoben werden mußte: die fünf Holländer, die in Leer erschossen worden waren.

Aschendorfer Moor: Exhumierte Opfer der Massenerschießung werden geborgen.

Die geborgenen Leichen werden neben das Massengrab gelegt, wo danach ein Begräbnisgottesdienst stattfand.

Während die übrige Abteilung ihren anderen Aufgaben nachging, wurde der Oberfeldwebel nach Leer geschickt, um dort die erforderlichen Nachforschungen anzustellen. Dank seiner fleißigen Recherchen und zweifellos unterstützt durch die schriftliche Vollmacht, die ihm der Generalmajor des Oberbefehlshabers (Verwaltung) ausgestellt hatte, trat ein vollständiges Bild zutage. Von sämtlichen Untaten Willi Herolds war das Schicksal der fünf Holländer eindeutig am besten dokumentiert. Da es sich dabei um den zeitlich und örtlich nächstgelegenen Fall handelte, hatten die deutschen Behörden vom Zeitpunkt seiner Festnahme in Aurich an daran zu arbeiten begonnen. Deshalb gab es deutsche Berichte, die aus den letzten Kriegstagen sowie aus der unmittelbaren Nachkriegszeit stammten. Leer liegt nahe der holländischen Grenze, und so machten sich die Angehörigen und Kameraden der ermordeten Niederländer kurz nach Beendigung der Feindseligkeiten auf die Suche nach den Leichen, was ebenfalls schriftlich niedergelegt wurde. Die aufgefundenen Dokumente, die er seinem Bericht in Kopie beifügte, ermöglichten es dem Oberfeldwebel, den ganzen Vorgang Stück um Stück zu rekonstruieren.

Als erster konkreter Beweis fungierte die schriftliche Aufzeichnung über die Festnahme und Inhaftierung der Holländer. Das Register des polizeilichen Untersuchungsgefängnisses in Leer enthielt die auf Seite 111 wiedergegebenen Eintragungen. Diese ersten spärlichen Beweise wurden durch einen schriftlichen Bericht angereichert, den der Leiter des Untersuchungsgefängnisses, Polizeioffizier Max Berndt, verfaßt hatte. Er war etliche Wochen nach dem Vorfall auf Ersuchen desselben Polizeileutnants Schmidt in Leer, von dem die Bleistiftnotiz im Polizeiregister stammte, zu Papier gebracht worden.

Leer, Ostfriesland
11. Juni 1945

An die Örtliche Polizeibehörde
Zu Händen von Polizeileutnant Schmidt
Leer

Bericht über die Einlieferung von 5 Holländern in das Untersuchungsgefängnis, Leer, auf Anweisung der Kriminalpolizei – *Gestapo*, Niederlande, um 21.00 Uhr am 21. April 1945.

Laufende Nr.	Beruf, Name	Geburtsdatum und -ort	Haftgrund	Ein	Aus
324 F	Hausmeister Johannes Gerhardus Kok	13. Februar 1919 Groningen	Auf Befehl der Kriminalpolizei, Niederlande (und darunter ein Bleistiftzusatz von Polizeileutnant Schmidt: »Abgeholt am 25. April 45 durch Wehrmacht. Herold.«)	21. April 1945. 21.00 Uhr	25. April 1945. 17.00 Uhr. Abgeholt durch SS und Wehrmacht-Unteroffiziere.
325 F	Tischler Cornelius Pieter Fielstra	10. Okt. 1916 Baflo			
326 F	Verkäufer Johannes Adrianus Magermans	18. März 1919 Heesby Rymiejen			
327 F	Lagerbuchhalter Carolus Hinderikus Magermans	19. Mai 1896 Groningen			
328 F	Maschinist Johannes Verbiest	19. Nov. 1908 Wievolde			

Um 21.00 Uhr wurden an dem betreffenden Tag folgende holländischen Staatsangehörigen auf Veranlassung der Kriminalpolizei – *Gestapo* in den Niederlanden in das Untersuchungsgefängnis in Leer verbracht: siehe laufende Nummern 324–328 und Anmerkungen:

Hier folgte die Namensliste aus dem Register, mit einer Reihe von orthographischen Fehlern und Ungenauigkeiten, da Berndt – mit den Worten des Oberfeldwebels – »mit der holländischen Sprache nicht vertraut« war. Zum Beispiel gab er den Namen des jüngeren Magermans mit »Winkelbediende« an, also der Berufsbezeichnung, nämlich Verkäufer. – Berndts Bericht ging dann weiter:

»Die Angaben zur Person der Häftlinge wurden zweifelsfrei bestätigt durch holländische Beweise und durch ein Schreiben der Kriminalpolizei – Gestapo in den Niederlanden sowie durch mündliche Aussagen der Häftlinge selber. Die Männer besaßen nur holländisches Geld, das im Polizeirevier aufbewahrt wurde bis zur Abholung am 24.4.45. In der Zeit zwischen 22. und 24.4.45 (genaues Datum nicht bekannt) wurden die Häftlinge von einem Beamten aus Oldenburg verhört und ihre Aussagen schriftlich festgehalten. Seitens der örtlichen Ordnungs- oder der Kriminalpolizei in Leer fand weder eine Vernehmung der Häftlinge noch irgendwelche schriftliche Niederlegung von Aussagen statt.

Am 25.4.45 erschien um 17.00 Uhr ein deutscher Unterscharführer der SS mit zwei oder drei Soldaten auf dem Polizeirevier und holte die 5 holländischen Häftlinge, ihre Ausweispapiere und ihr Geld ab.

Als man mir ihre Photographien zeigte, erkannte ich 4 der Häftlinge sofort zweifelsfrei wieder. Der fünfte hatte eine Glatze und ist ebenfalls identisch mit dem auf der Photographie.«

Unter den Papieren, die der Oberfeldwebel zusammengebracht hatte, befand sich die Aussage von Anneliese Poppe, der Leiterin des *Schützengarten,* wo Herolds Leute einquartiert waren. Erika Brahmann und Ilona Pieper, die beiden anderen Frauen aus Herolds Umgebung, wurden ebenfalls ausfindig gemacht und ihre Zeugenaussagen protokolliert. Unsere Kenntnis von der »Gerichtsverhandlung« und der Exekution verdanken wir diesen Zeugnissen.

Die nächste Station auf dem letzten Weg der Holländer wird durch ihre Totenscheine im Standesamt von Leer dokumentiert. Sie sind in der gleichen Reihenfolge wie im Gefängnisregister eingetragen, unter den laufenden Nummern 315/45 bis 319/45, mit dem Zusatzvermerk, daß der jüngere Magermans und Verbiest ledig und die drei anderen verheiratet waren. Auf allen fünf Urkunden findet sich außerdem folgende Eintragung:

»Verstorben am 25. April 1945 zwischen 17.00 und 18.00 Uhr in Leer. Todesursache: erschossen von einem Exekutionskommando der Deutschen Wehrmacht.«

Der Oberfeldwebel schaffte es, Herolds Weg noch ein weiteres Stück bis zum Ende zurückzuverfolgen. Er stellte fest, daß eines der Polizeireviere in Leer einen Vorsteher namens Gerhard Hoffmann hatte und daß Herold von eben diesem Hoffmann in Aurich verhaftet worden war.

Hoffmann bekundete:

»Als Leiter einer deutschen Militärpolizeistreife in Aurich war ich gegen Ende April 1945 beauftragt, Herold und seine Gruppe festzunehmen. Dieser Befehl wurde vom zuständigen Marineoffizier, Kapitän Jähnke, erteilt, dem die von ihnen vorgelegten Papiere nicht genügten. Nach seiner Verhaftung wurde Herold vom Standortkommandanten, Korvettenkapitän Hübner, verhört und später in den Arrestblock der Marineakademie für Fernmeldetechnik in Aurich eingeliefert.«

Den ersten Versuch, nach dem Krieg die Fäden wiederaufzunehmen, machte Leutnant Schmidt. Dieser unermüdliche Polizeibeamte bestätigte Berndts Bericht und erinnerte sich:

»Eine Einheit unter dem Kommando eines Luftwaffenhauptmanns namens Herold holte am 25. April gegen 17 Uhr fünf Holländer aus dem Gefängnis und führte sie ab. Soweit ich mich erinnere, waren diese Gefangenen auf Veranlassung der Kriminalpolizei – *Gestapo* in Holland inhaftiert worden. Ich erinnere mich weiterhin, daß es hieß, sie seien Spione. Bei der Einnahme von Leer durch die alliierten Truppen wurde ich gefangengenommen, jedoch ins Rathaus zurückgeschickt und dort wieder freigelassen. Später erfuhr ich durch die Bevölkerung, daß die Einheit sich als Standgericht betätigt und mehrere Menschen am Hammrich hinter Nüttermoor erschossen hatte. Man fand dort zwei nicht ordnungsgemäß bestattete Deutsche: diese wurden auf den Friedhof verbracht. Es wurde festgestellt, daß dort oben auch Zivilisten tiefer in der Erde begraben waren, doch sie zu exhumieren und ihre Leichen zu überführen, bereitete zu jenem Zeitpunkt infolge des hohen Grundwasserspiegels Schwierigkeiten.«

Anfang Juni 1945 traf dann der Holländer Jacobus Spa ein, der als Offiziersdiensttuender mit der Untersuchung betraut war. Er war Widerstandskämpfer und Hauptfeldwebel in der 10. Kompanie der Landstreitkräfte in Groningen. Er war zudem mit einigen der Ermordeten verwandt. Somit hatte er ein zweifaches Interesse daran, genau festzustellen, was ihnen nach dem 21. April zugestoßen war – dem Tag, an dem sie eine deutsche Streife im grenznahen Nieuwe Schans verhaftet hatte. Er bestritt nachdrücklich, daß einer von ihnen etwas mit Spionage zu tun gehabt hatte, doch was in den Augen der Deutschen rund zwei Wochen vor der endgültigen Niederlage den Tatbestand der Spionage erfüllte, dürfte wohl einigermaßen unklar sein.

Spa betrieb seine Nachforschungen in Zusammenarbeit mit dem 620 Military Government Detachment in Leer und wurde mit Dr. W. E. Bangert in Kontakt gebracht, der die in Deutschland stationierte Sektion des Holländischen Roten Kreuzes leitete. Sie legten den in Frage kommenden Einheimischen Fotografien der Toten vor und konnten auf diese Weise feststellen, daß die fünf Männer von einem deutschen Standgericht erschossen und in einem Massengrab verscharrt worden waren, das sie selbst in der Gegend von Hammrich ausgehoben hatten, unweit vom Nüttermoorer Weg, etwa 300 Meter in den Feldern jenseits des Ortes.

Spa und Bangert setzten sich danach mit Leutnant Schmidt in Verbindung, der mit seinem Bericht fortfährt:

»Am 11. Juni 1945 suchte mich der Holländer Jacobus Spa auf, geboren am 21. 3. 1895 in Beerta, Personalausweis C. 49 Nr. 075187, wohnhaft in Groningen, der auf Anweisung des Stadtkommandanten von Groningen, Albert Smid, und des Bürgermeisters von Groningen, Cord van der Linden, kam. Er erkundigte sich nach den fünf Holländern, die am 21. 4. 1945 in Holland verhaftet worden waren. Das Gefängnisregister wies aus, daß diese fünf Männer am 21. 4. 45 um 21.00 Uhr durch die Wehrmachtseinheit Herold in

Leer in Polizeigewahrsam eingeliefert worden waren. Im Polizeirevier stellte sich dann heraus, daß fünf Zivilisten noch im Hammrich begraben lagen. Meiner Meinung nach konnte es sich dabei nur um die fünf vermißten Personen handeln. Nach Rücksprache mit Herrn Spa entsandte ich unverzüglich einige Leute zum Tatort, um herauszufinden, ob die fraglichen Personen tatsächlich dort begraben worden waren. In Gegenwart von Herrn Spa und Dr. Wilhelm Eduard Langert (sic!), geboren am 20. 9. 1919 in Indramajous, wurde festgestellt, daß die Leichen mit den gesuchten Personen identisch waren. Die Polizeiverwaltung orderte fünf Särge, in die dann am Mittwoch, dem 13. 6. 45, die Leichen gebettet wurden. Durch Dr. Bangert wurde in meiner Gegenwart festgestellt, daß diese Personen durch Schüsse ins Genick und in den Kopf getötet worden waren.«

Dr. Bangerts Bericht über die Exhumierung ist erhalten geblieben:

Leer, 13. Juni 1945

Bericht

Exhumierung von fünf durch die niederländische Armee gesuchten Holländern aus dem Massengrab am Nüttermoorer Weg (Hammrich), Leer, am Montag, 11. Juni 1945.

Unter Mitwirkung von Herrn Jacobus Spa, Hauptfeldwebel 10·Coy, N.B.S., dem Untersuchungsbeauftragten zur Auffindung der Holländer, wurde ein von Herrn Spa lokalisiertes Massengrab geöffnet, wobei ich die Aufsicht führte. Das Grab lag in einem Feld, etwa 300 bis 400 Meter von der Straße entfernt.

Danach verzeichnete Dr. Bangert Namen und Personaldaten der fünf Männer. Zusätzlich wurden lediglich ihre Adressen in Groningen und die jeweilige Funktion in der N.B.S. angegeben.

C. H. Magermans	– Bezirkskommandant
J. G. Kok	– Gruppenführer
J. A. Magermans	– Verwaltungsoffizier
C. P. Fielstra	– Fahrer
J. Verbiest	– Heizer

Bangerts Bericht fährt überaus anschaulich fort:

1. Die erste Leiche wurde einen Meter unter der Erdoberfläche aufgefunden, auf der rechten Seite liegend, Knie angezogen. Durch Vergleich mit der Photographie wurde die Leiche als die des Johannes

Verbiest identifiziert. Er war bekleidet mit einem dunkelblauen Overall, grauer Jacke, dunkelblauer Hose, blau gepunktetem Hemd und Kragen mit blauer Krawatte. Das Hemd war verschnürt, nicht zugeknöpft, er trug wollene Unterwäsche, Wollsokken, schwarze Schuhe. Es handelte sich um die Leiche eines etwa fünfunddreißigjährigen Mannes, die sich in einem leichten Verwesungszustand befand. Etwa 12½ cm oberhalb des rechten Ohres und etwa 2½ cm von der vorderen Mittellinie ist ein kleines Loch von etwa 9 mm Durchmesser. Die umliegenden Haare sind nicht versengt. Eine weitere Verletzung ist nicht festzustellen. Die Kugel muß noch im Schädel stecken. Das rechte Auge ist durch ein Hämatom in Mitleidenschaft gezogen. Die Zunge hängt aus dem Mund; ein typisches Symptom bei Todesursache durch Kopfschuß.

Verbiest muß sofort tot gewesen sein.

II. Die zweite Leiche kniete im Grab. Herr Spa erkannte sogleich, daß es sich bei dem Toten um einen Familienangehörigen handelte, Carolus Hendricus Hubertus Magermans. Er war bekleidet mit grauen Breeches, dunkelbrauner Jacke, dunkelbraunem Pullover mit Reißverschluß, weißem Hemd, zwei wollenen Unterhemden, langen wollenen Unterhosen, schwarzen Wollsocken und schwarzen Schuhen. Es handelte sich um die Leiche eines etwa fünfzigjährigen Mannes, die sich in einem leichten Verwesungszustand befand.

Im Nacken in Höhe des dritten Halswirbels ist ein Loch von etwa 6 mm Durchmesser. Die umliegende Haut ist angesengt. Es ist keine weitere Verletzung festzustellen. Narbe von einer Blinddarmoperation. Brille. Weitere Einzelheiten oder Anzeichen von Mißhandlung waren nicht festzustellen.

Todesursache: Genickschuß. Magermans muß sofort tot gewesen sein.

III. Die dritte Leiche kniete ebenfalls, auf der linken Seite liegend, mit einer vierten zwischen den Knien. Es handelte sich um die Leiche von Cornelius Peter Fielstra, bekleidet mit grünen Breeches, blauer Weste, blauer Jacke, grauem Hemd, dunkelbrauner, rotgestreifter Krawatte, zwei wollenen Unterhemden, langen wollenen Unterhosen, schwarzen Wollsocken, Stiefeln. Es handelte sich um die Leiche eines etwa fünfundzwanzigjährigen Mannes, die sich in einem leichten Verwesungszustand befand.

Im Nacken in Höhe des vierten Halswirbels ist ein Loch von etwa 6 mm Durchmesser. Die umliegende Haut ist angesengt. Keine weiteren Verletzungen. Weitere Einzelheiten oder Anzeichen von Mißhandlung waren nicht festzustellen.

Todesursache: Genickschuß. Fielstra muß sofort tot gewesen sein.

IV. Die vierte Leiche zwischen den Knien der dritten kniete, den Kopf auf den Händen. Herr Spa erkannte in dem Toten sofort einen zweiten Familienangehörigen, Johannes Adrianns Magermans, bekleidet mit blauem Overall, dunkelblauem Pullover mit Reißverschluß, grauer Jacke, grauem Hemd unter dem Overall, dunkelblauen Hosen, wollener Unterwäsche, Wollsocken, braunen Schuhen. Es handelte sich um die Leiche eines etwa fünfundzwanzigjährigen Mannes, die sich in einem leichten Verwesungszustand befand.

Im Nacken in Höhe des vierten Halswirbels ist ein Loch (6 mm Durchmesser). Die umliegende Haut ist angesengt. Keine weiteren Verletzungen. Weitere Einzelheiten oder Anzeichen von Mißhandlung waren nicht festzustellen.

Todesursache: Genickschuß. Magermans muß sofort tot gewesen sein.

V. Die letzte Leiche, identifiziert als die des Johannes Gerardus Kok, kniete und lag auf der rechten Seite, Arme ausgestreckt. Er war bekleidet mit einer dunkelbauen Jacke, dunkelblauer Weste, dunkelblauer Hose, grüngestreiftem Hemd, Kragen, grüner Krawatte, zwei wollenen Unterhemden, langen wollenen Unterhosen, schwarzen Wollsocken, schwarzen Schuhen. Es handelte sich um die Leiche eines etwa fünfzigjährigen Mannes, die sich in einem leichten Verwesungszustand befand.

In Höhe des dritten Halswirbels, 3,5 cm rechts von der Mittellinie ist ein Loch (6 mm Durchmesser). Die umliegenden Hautpartien sind angesengt. Ein weiteres Loch mit ausgefransten Rändern und etwa 12 mm Durchmesser befindet sich 3,5 cm oberhalb des rechten Schlüsselbeins, genau auf der Mitte des Kopfwenders *(musculus sternocleidomastoideus)*. Die Stoffteile über diesem Loch sind zerfetzt. Das Gesicht ist dunkel verfärbt, und die Zunge hängt weit aus dem Mund. Die Hände sind klauenartig verkrampft. Weitere Einzelheiten oder Anzeichen von Mißhandlungen waren nicht festzustellen.

Todesursache: Asphyxie. Es ist ausgeschlossen, daß Kok durch den Schuß getötet wurde. Er muß lebendig begraben worden und erstickt sein, wie auch an Zunge, Händen und Gesichtsverfärbung ersichtlich. Eine Sektion der Lunge konnte an Ort und Stelle nicht vorgenommen werden.

Auffällig war, daß jeder Tote in einer seiner Taschen ein Päckchen Brot bei sich trug. Wertgegenstände wurden nicht gefunden.

Nach der Untersuchung und Identifizierung wurden die Leichen ins Grab zurückgelegt, bis sie dann am Mittwoch, dem 13. Juni, eingesargt und nach Holland übergeführt werden.

Der Bericht war von Dr. Bangert unterschrieben und von Leutnant Schmidt als Zeuge gegengezeichnet.

14

Die Ermittlung im Fall Herold neigte sich nun dem Ende zu. Das Gros der Abteilung war nach London zurückgekehrt, während die Nachforschungen in Leer liefen. Auf ein oder auch zwei verbliebenen Strängen wurde die Untersuchung energisch weiterbetrieben. Es gelang nicht, Hoffmeister oder Kipinski durch gezielte Suchaktionen ausfindig zu machen. Der tatkräftigen Mitarbeit der deutschen Polizei war es zu verdanken, daß der Verbleib von Freytag geklärt werden konnte: Er war in seinen Heimatort Probstzella zurückgekehrt, doch Probstzella liegt in Thüringen, in der Sowjetischen Besatzungszone, und entgegen allen üblichen Verfahrensweisen lehnten die Behörden es ab, ihn zwecks Inhaftierung in die Britische Zone zu überstellen; zweifellos konnten die Russen einen Mann, dem eine Mordanklage drohte, gut gebrauchen. Kriminalrat Struve von der Gestapo Emden hatte sich höchst bedauerlicherweise durch Selbstmord aus der Affäre gezogen. Ein Mitglied der Abteilung fuhr dann nach Polen und spürte weitere Zeugen auf, die 1945 zurückgekehrt waren und nun mit ihren bereits in Meppen und Oberlangen im Emsland aufgefundenen Landsleuten zusammen vor Gericht hätten auftreten sollen. Ein anderer Mitarbeiter fuhr in ähnlicher Mission nach Prag, was freilich ergebnislos blieb, und später nach Österreich, diesmal mit mehr Erfolg. Doch im allgemeinen hatte das Reisen jetzt ein Ende, und die ernste Arbeit begann.

Einige Schlüsselfiguren unter den Zeugen und Angeklagten, einschließlich Willi Herold, wurden nach London gebracht und dort neuerlich in Ruhe verhört; die Ergebnisse der Untersuchung wurden dann tabellarisiert für die Erörterung mit der zuständigen Abteilung beim Chef des Militärjustizwesens, die sämtliche zu ergreifenden rechtlichen Schritte zu vertreten hatte.

Die Abteilung hatte ihre Untersuchungen nicht auf den Fall Herold beschränkt, sondern sie auf die weiteren in den Emslandlagern begangenen Untaten ausgedehnt, und nun galt es, die aktuellen Befunde zu überprüfen und sich dann über die nächste Etappe schlüssig zu werden. Der Judge-Advocate General entschied, den schon weitgehend vorbereiteten Fall Herold als getrennten Komplex zu nehmen und zuerst vor Gericht zu bringen. Danach sollte die zweite Anklage erhoben werden gegen diejenigen, die im Südbereich von Esterwegen, wo eine Anzahl Deportierter aus der belgischen und französischen Widerstandsbewegung inhaftiert war, Angehörige verbündeter Nationen getötet und mißhandelt hatten. Und das restliche Ermittlungsmaterial würde zu gegebener Zeit zur Auswertung an die deutschen Behörden weitergeleitet werden, da es sich bei den Opfern fast ausschließlich um Deutsche gehandelt hatte.

Dies war also das Ende der Ermittlungen im Fall Herold. Bis auf eine Episode, die vielleicht in diesem Zusammenhang erwähnt werden sollte.

Unter den damaligen Verhältnissen war es unvermeidlich, daß da und dort Leichenfunde auftauchten, für die keinerlei Hinweise existierten. Die Abteilung interessierte sich natürlich für alles, was in ihrem Operationsgebiet möglicherweise mit den Ermittlungen in Zusammenhang stehen könnte. Desgleichen war die Kriegsgräberkommission ständig auf der Suche nach Angehörigen der Streitkräfte, die auf einen Soldatenfriedhof umzubetten wären. Daher fand zwischen beiden laufend ein Informationsaustausch statt. Auf diesem Wege erfuhr die Abteilung von fünf Leichen, die auf einem Feld im Emsland begraben waren. Es stellte sich jedoch heraus, daß sie dieser Fall gar nichts anging, denn es handelte sich hier um fünf Soldaten, die im Kriegsgeschehen ihr Leben lassen mußten. Sie wurden an einem Winternachmittag exhumiert, doch ehe man sie bis zur endgültigen Überführung ins Grab zurücklegen konnte, fror der Boden und die Dunkelheit brach herein. Also wickelte man sie einzeln in eine jener alten, schadhaften Militärdecken, die vorerst als Leichentücher herhalten mußten, und bettete sie hinter einer Hecke. Am nächsten Morgen allgemeine Bestürzung – es waren nur noch vier! Offenbar hatte ein Passant, vielleicht von einem der einsamen Gehöfte, beim Anblick einer richtigen Wolldecke nicht widerstehen können und sie mitgehen lassen. Von dem Schock, der ihn befiel, als er seinen kostbaren Fund zu Hause bei Licht betrachtete, wurde damals freilich nichts bekannt.

TEIL III

Der Prozeß

Juni bis August 1946

15

Durch den Nordteil Westfalens ziehen sich westlich der Weser zwei Hügelketten, die bei Osnabrück zusammenlaufen. Keine nennenswerten Erhebungen, aber eine Wohltat fürs Auge nach der gleichförmigen Norddeutschen Tiefebene. Dieser freundliche, wellige Landschaftscharakter verlockt Menschen aus der näheren und auch weiteren Umgebung, dort Entspannung und Erholung zu suchen. In manchen der kleinen Orte entdeckte man Naturheilquellen, und sie durften sich fortan »Bad« nennen. Die anderen begnügten sich mit der Bezeichnung »Luftkurort«. Hierbei handelte es sich zwar weitgehend um eine Prestigefrage, doch die Berechtigung, Kurtaxe zu verlangen, dürfte ebenfalls eine Rolle gespielt haben.

Die Britische Besatzungsarmee sah sich 1945 gewissen Schwierigkeiten gegenüber, einen geeigneten Ort für das Hauptquartier der Control Commission for Germany (British Element) zu finden. Die Großstädte waren durch britische und amerikanische Luftangriffe schwer zerstört. In Hamburg, der größten, waren ganze Stadtviertel dem Erdboden gleichgemacht. Hannover, Köln, Düsseldorf und die Industriestädte an Rhein und Ruhr hatten ein ähnliches Schicksal erlitten. Daher kamen sie aus Mangel an entsprechendem Büro- und Wohnraum nicht in Frage. Bei der Suche nach alternativen Lösungen bot sich das nördliche Westfalen an, wo die kleinen und selbst die mittleren Städte wenig Schaden genommen hatten. Zwar mußte in dem Fall eine Aufteilung des Gesamtkomplexes auf verschiedene Orte erfolgen, die aber zumindest den Vorteil hatten, relativ nah voneinander, relativ zentral in der Britischen Besatzungszone und unmittelbar am Weg vom Hauptquartier der Rheinarmee in Bad Oeynhausen zu liegen. Und so befanden sich die verschiedenen Dienststellen über ein Gebiet von rund fünfunddreißig bis fünfundvierzig Kilometer gruppiert.

Das Hauptquartier der Rechtsabteilung war anfangs in dem kleinen Luftkurort Lübbecke, inmitten der nördlichen Hügelkette. Die Büros befanden sich in einer alten deutschen Kaserne, und die Mitarbeiter waren in der Stadt privat einquartiert und wurden in Kasinos verpflegt. Die Versorgung mit Bedarfsgütern wurde durch die NAAFI, eine Institution der Streitkräfte, sichergestellt, denn die deutsche Wirtschaft lag ja bis zur Währungsreform 1948 völlig darnieder. Es gab Clubs für Offiziere und Mannschaften, desgleichen ein Kasino für Gäste, die sogenannte Transit-Messe. Im Juni 1946 verbrachte der Interrogator dort ein Wochenende, an dem er vorbereitende Gespräche mit der Rechtsabteilung führte. Der Chef des Militärjustizwesens hatte sie mit der Vorbereitung des Herold-Prozesses beauftragt.

Auszug aus dem Tagebuch des Interrogators

Lübbecke (ohne Datum)

Wochenendbesprechung bei der Control Commission über den bevorstehenden Prozeß.

Das Transit-Hotel ist eine ehemalige deutsche Jugendherberge, oben auf einem bewaldeten Hügel. Sehr hübsch. Wir übernachten in Schlafsälen, die durch Sperrholzverschläge für Einzelpersonen und Paare unterteilt sind. Zu sehr an die Schulzeit erinnernder Massenbetrieb. Weniger hübsch.

Zu den sowieso etwas primitiven Waschgelegenheiten kam noch erschwerend hinzu, daß die Wasserpumpe versagte. Eimerweise kaltes Wasser in den frühen Morgenstunden raufgeschleppt.

Ein junger Offizier von den Husaren oder Dragonern – oder etwas in der Preislage – kommt frühmorgens in den Waschraum angelatscht, klatscht in die Hände und brüllt: »Boy!« Ehemals General Headquarters Delhi, vermute ich.

Leiter der für die Gerichtsbarkeit zuständigen Abteilung innerhalb der Militärregierung war Brigadier Inglis. Er wurde später zum Generalmajor und Chef der ganzen Rechtsabteilung befördert. Inglis war Neuseeländer, zäh, offenherzig und zuverlässig. Der erste Eindruck wurde ihm nicht gerecht, denn er behielt beim Sprechen gern die Pfeife im Mund, was ihn nahezu unverständlich machte.

Man erklärte dem Interrogator, im Fall des Herold-Prozesses seien verschiedene administrative Haken aufgetaucht; die zwar geringfügigste, im Augenblick aber vordringliche Komplikation liege darin, daß die Rechtsabteilung sich gerade im Umzug von der Kaserne in Lübbecke in eine andere im 20 Kilometer entfernten Herford befinde. Daher sei der jetzige Zeitpunkt nicht unbedingt passend (oder etwas in der Richtung). Sie würden jedoch alle ihr Bestes tun. . .

Darüber hinaus handelte es sich bei der ersten Frage um die Zuständigkeit. Der nach dem Krieg für Militärgerichte maßgebliche Royal Warrant hatte insbesondere drei Kategorien im Auge, die vor britischen Gerichten zur Verhandlung kommen sollten: von britischen Staatsangehörigen begangene Delikte, die nicht der üblichen Rechtsprechung im Lande oder dem Kriegsrecht unterlagen; das galt etwa für die wachsende Anzahl von Zivilisten, die in Deutschland die Militärs in der Control Commission ablösten; von Deutschen (oder anderen) gegen britische oder alliierte Personen verübte Straftaten, die ihres Charakters wegen nach den derzeit geltenden deutschen Gesetzen nicht hinreichend geahndet werden konnten; und Kriegsverbrechen, wenn kein anderer gangbarer Weg existierte, Massenmörder und Folterer in den Konzentrationslagern zur Rechenschaft zu ziehen und ihre Taten demnach nicht gesühnt werden könnten. Herolds Opfer waren zumeist Deutsche gewesen, allerdings hatte es auch eine Anzahl von Polen, vielleicht einige Tschechen und natürlich die fünf Holländer unter ihnen gegeben. Aus den letztgenannten Gründen war beschlossen worden, Herold und seine Mittäter nicht vor ein normales deutsches Gericht, sondern vor eines der Militärregierung zu stellen.

Es bestand Einigkeit über den allgemeinen Grundsatz, daß ein Fall nach Möglichkeit dort verhandelt werden sollte, wo das Verbrechen begangen worden war. Im vorliegenden Fall wäre dies nicht nur im Sinne der Justiz, sondern auch politisch zweckdienlich in einer Gegend, wo seit dem Ende des »Dritten Reiches« vor erst einem Jahr in dieser Beziehung ein erheblicher Nachholbedarf bestand. In praktischer Hinsicht benötigte man ein großes öffentliches Gebäude für den erhofften starken Publikumsandrang. Als nächstgelegene Lösung schien sich Oldenburg anzubieten.

Ferner gab es einige Schwierigkeiten bezüglich der Anklage. In vielen Fällen erschien eine direkte Anklage wegen Mordes nach Paragraph 211 (2) des deutschen Strafgesetzbuches am angemessensten. Dies traf jedoch nicht auf jeden zu. Für die Anklageerhebung wegen Tötung der Holländer mußte das entsprechende Kontrollratsgesetz angewendet werden.

Schließlich bestanden einige Zweifel, wer genau unter Anklage zu stellen wäre. Fraglos Willi Herold und einige seiner unmittelbaren Gefolgsleute; dazu Einzelpersonen, bei denen durch glaubwürdige und verfügbare Zeugen hinreichende Beweise erbracht werden konnten, daß sie unter schuldhaften Begleitumständen abgedrückt hatten. Um jedoch die mit schwererer Schuld Belasteten verurteilen zu können, brauchte man unbedingt die Aussagen der weniger Belasteten. Daraus folgte, sehr zum Unbehagen des Interrogators, daß eine Reihe der offiziellen Funktionsträger nicht als Angeklagte, sondern als Zeugen auftreten sollten. Für den senilen, schwachen Leisetreter Thiel, dem die Situation über den Kopf gewachsen war, mochte das allenfalls noch hingehen; das gleiche ließe sich vielleicht auch noch für seinen servilen Assistenten Ottinger geltend machen, der nur das getan hatte, was von ihm verlangt wurde, ein Befehlsempfänger mit den dazugehörigen Scheuklappen; Gerhard Buscher jedoch hatte allem Anschein nach eine entscheidende Verantwortung für das Geschehen getragen und wurde dennoch nicht auf die Anklagebank gesetzt. Der Interrogator schüttelte betrübt den Kopf, als er über die unergründliche Logik von Juristen nachdachte.

Im Verlauf der Diskussion über die künftigen Schritte lernte der Interrogator den Offizier kennen, den man zum Anklagevertreter bestimmt hatte. Major J. M. Evelyn war von Beruf Barrister (Rechtsanwalt vor höheren Gerichten) und hatte seinen Kriegsdienst bei der leichten Infanterie abgeleistet. Er hatte eine glänzende Karriere vor sich, im Amt des Kronanwalts in London – und als Autor von Kriminalromanen.

Zunächst wollte Michael Evelyn vom Interrogator Näheres über dessen persönliche Eindrücke, den Fall und die Angeklagten betreffend, erfahren; außerdem befragte er ihn zu etlichen Punkten, um die schriftlichen Ermittlungsberichte an Lübbecke durch persönliche Beobachtungen und Aspekte zu ergänzen.

Die beiden Männer verstanden sich gut und konnten beim Abendessen und einer Flasche Wein den tagsüber abgesteckten Themenkreis ausführlicher behandeln und vertiefen. Danach setzten sie ihr Gespräch auf einem Spaziergang durch die Dämmerung eines schönen Junitages fort. Den Ausgangspunkt bildete unvermeidlich die vertrackte Frage, wer nun eigentlich auf die Anklagebank gesetzt werden sollte und wer im Zeugenstand benötigt wurde.

Der Interrogator, dem einige Beratungsergebnisse dieses Tages durchaus mißfielen, machte seinem Herzen Luft.

»Es ist mir unverständlich, daß man uns beauftragt hat, monatelang nach den Verantwortlichen zu fahnden, wobei es nicht eben wenig Schweiß gekostet hat, die Täter ausfindig zu machen – oder jedenfalls einige von den Schuften –, wenn Sie jetzt beabsichtigen, die Hälfte ungestraft davonkommen zu lassen!«

Evelyn beschwichtigte ihn.

»Sich aufzuregen, das bringt nichts. Wir müssen ganz kühl und ruhig entscheiden, wie wir am besten von einigen Beweise beibringen können, um die anderen nach den Normen der britischen Rechtsprechung zu verurteilen.«

»Aber Buscher!«

»Ich denke, wir könnten uns Buscher noch einmal näher ansehen, doch davon verspreche ich mir nicht viel. Die Verfahrensregeln und die Gesetzesvorschriften müssen peinlich genau eingehalten werden. Dies wird immerhin eine Art Musterprozeß, soweit es die Deutschen betrifft, und da muß einwandfrei feststehen, daß wir uns keine Rechtsbeugung zuschulden kommen lassen, nur weil wir über die Verlierer dieses Krieges zu Gericht sitzen.«

»Zum Teufel mit den Gesetzesvorschriften! Wenn Sie sich ansehen, was diese Leute getan haben, dann können Sie sie doch nicht aus irgendwelchen formaljuristischen Erwägungen heraus ungestraft davonkommen lassen!«

»Und Sie, mein Freund, wenn ich so sagen darf, Sie dürften gefährlich nahe daran sein, daß Sie den lieben Gott spielen wollen durch die willkürliche Entscheidung, wer hier hängen sollte und wer nicht. Das ist schließlich Aufgabe des Gerichts. Sie haben nur Beweismaterial und Angeklagte zu beschaffen. Und die haben Anspruch auf Gerechtigkeit, nach dem Buchstaben unseres Gesetzes, wenn wir unsere moralische Position wahren wollen.«

»Gerechtigkeit!« schnaubte der Interrogator verächtlich. »Und was ist mit der Gerechtigkeit, die wir den armen Kerlen in Herolds Massengrab im Aschendorfer Moor schulden? Und im weiteren Sinne – wie ist es um die Gerechtigkeit bestellt für die Insassen der Konzentrations- und Vernichtungslager, wenn jeder Aufseher und sein Vorgesetzter sich durch irgendeine Gesetzeslücke davonschleichen kann. Wie sieht's da mit der moralischen Position aus? Sie werden mich noch dahin bringen, daß ich mir wünsche, sie wären sofort erschossen worden.«

»Vielleicht wäre das eine Lösung gewesen, als die Konzentrationslager befreit wurden. Ich glaube in der Tat, daß etwas derartiges passiert sein könnte, als die Amerikaner nach Buchenwald kamen. Das hätte mit Sicherheit spätere juristische Komplikationen erspart, nicht wahr?«

»Sie überraschen mich, Michael«, entgegnete der Interrogator lächelnd. »Jetzt erhebe ich den Einwand, daß dies zwar unter den obwaltenden Umständen mehr als verständlich gewesen sein mag, daß es aber trotzdem ein Unrecht bleibt, Menschen einfach auf der Stelle umzulegen. Man hätte sie vor Gericht stellen müssen, einmal, weil dies der ordnungsgemäße Weg ist und den Deutschen das vor Augen geführt werden sollte, und zum anderen, weil damit ihren Taten die gebührende Öffentlichkeit zuteil geworden wäre. Vorausgesetzt natürlich, Sie sind bereit, sie vor Gericht zu stellen«, fügte er düster hinzu.

»Ich habe durchaus Verständnis für das Gefühl, daß unbedingt etwas geschehen muß, um ein großes Unrecht wiedergutzumachen, glauben Sie mir das. Ich halte es nur für falsch, wenn wir dafür eine Rechtsbeugung begehen. Ganz besonders jene Deutschen, die wir so vieler Untaten bezichtigen, dürfen es niemals erleben, daß wir in ihrem Fall das Recht gebeugt haben. Und es gibt noch etwas, das mir zu schaffen macht: rückwirkende Gesetzgebung, um Kriegsverbrecher vor Gericht zu stellen.«

Der Interrogator explodierte abermals. »Was würden Sie denn tun? Sie etwa laufen lassen?«

»Nein. Aber die neuen Kontrollratsgesetze führen einen mit dem Recht unvereinbaren Grundsatz ein. Es ist wirklich nicht richtig, einen Menschen wegen etwas vor Gericht zu stellen, das zur Tatzeit keine Gesetzesübertretung darstellte, sondern erst später als strafbare Handlung benannt wurde.«

»Aber die Nazi-Führung – und etliche in den niederen Rängen – hat doch ungeheuerliche Verbrechen begangen. Sie können doch Bergen-Belsen und Auschwitz nicht ungesühnt lassen, das würde die übrige Welt nie und nimmer hinnehmen.«

»Wie dem auch sei. Sie mögen ja bereit sein, den lieben Gott zu spielen und vor Gericht alles bestens zu bereinigen, ich aber bin strikt dagegen, mit dem Gesetz ein falsches Spiel zu treiben.«

»Was wäre denn in Ihren Augen das größere Unrecht?« wollte der Interrogator wissen.

»Ich bin nicht sicher, ob es immer der beste Weg ist, wenn man versucht, der Gerechtigkeit auf diese abstrakte Weise Genüge zu tun. Ich weiß, daß einige Rechtsordnungen auf dem Kontinent für sich in Anspruch nehmen, eben dies zu tun. Aber ich denke oft, daß wir mit unserem System letztlich der Gerechtigkeit vielleicht näher kommen: Der eine fördert alles Gute, der andere alles Schlechte zutage, beide stehen sich vor Gericht gegenüber, und wenn man dann alles gegeneinander abwägt, kommt man vielleicht so nahe wie nur möglich an den Kern der Sache heran. Aber die reine, abstrakte Gerechtigkeit – was ist schon gerecht?«

»Sie hören sich ein bißchen nach Pontius Pilatus an. Trotzdem komme ich auf meine Frage zurück. Welches ist das größere Unrecht, das in diesem Fall vermieden werden muß?«

»Für mich ist das nicht der springende Punkt. Wenn überhaupt, dann sollte Unrecht nicht im Namen des Gesetzes geschehen oder den Anschein erwecken, vom Gesetz getragen zu werden. Jedenfalls«, fügte er grinsend hinzu, »ist der Oberbefehlshaber offensichtlich einer Meinung mit Ihnen und nicht mit mir, sonst hätten sie die neuen rückwirkenden Gesetze nicht erlassen. Vermutlich dachten sie, es ermöglichen zu müssen, daß Kriegsverbrecher vor Gericht kommen, die nach den deutschen Gesetzen von Ende der dreißiger und Anfang der vierziger Jahre, als die Verbrechen begangen wurden, nicht zur Verantwortung gezogen werden konnten.«

Sie waren sich einig, daß sie verschiedener Meinung waren, und gingen auf einen Schlummertrunk zurück ins Offizierskasino.

16

Der Prozeß sollte am Dienstag, dem 6. August 1946, beginnen, aber schließlich fand die Eröffnung des Verfahrens am Dienstag, dem 13. August, in Oldenburg statt.

Die Eigenstaatlichkeit der Oldenburger war im Kaiserreich erhalten geblieben, der Großherzog hatte seinen Thron erst 1918, mit Gründung der Republik, verloren. Doch auch danach hatten Reste einer spezifischen Indentität und Tradition die Uniformität des Dritten Reiches überdauert. Zu Ehren eben jenes letzten Großherzogs, Friedrich August, der erst 1931 starb, wurde ein öffentliches Gebäude errichtet und erhielt den Namen Augusteum.

Den Saal des Augusteums hatte man als improvisierten Verhandlungsraum für den Prozeß gegen Herold und seine Kumpane hergerichtet. Am einen Ende befand sich ein Podium mit dem Richtertisch, an der Wand dahinter die Fahnen der vier Alliierten. Links von den Richtern stand quer zur Wand eine Reihe von Tischen für den Anklagevertreter und seine Assistenten. Gegenüber, an der Wand rechts vom Richtertisch, waren Bänke für die Militärpolizisten, denen die Bewachung der auf den Bankreihen davor untergebrachten Angeklagten oblag. Vor diesen wiederum waren die Verteidiger plaziert, die somit mühelos Kontakt mit ihren Klienten halten konnten. In der Mitte des so entstandenen Gerichtssaals befanden sich Tische für die Stenographen und Dolmetscher, und im Zentrum, vor den Richtern, war der Zeugenstand.

Dies alles beanspruchte etwa die Hälfte des Saales und wurde durch eine Schranke von der anderen Hälfte getrennt, die mit Bänken und Stühlen für einige hundert zu erwartende Besucher bestückt war, mit vorne reservierten Plätzen für die Presse.

Die fünf Richter waren alle britische Offiziere: ein Oberstleutnant, ein Major und ein Hauptmann von der Army sowie ein Oberleutnant von der Royal Navy unter dem Vorsitz eines Gerichtspräsidenten, Oberst Herbert Brown O.B.E., zuvor zweiter Kronanwalt im Mandatsgebiet Tanganjika und jetzt zur Militärregierung in Deutschland abgestellt. Er stand in dem Ruf, als Richter etwas großspurig zu sein, doch in dem Fall handelte es sich um eine wohlberechnete Attitüde, die sich gegen jede versuchte Störung des Verfahrens richtete, gegen jede Unterbrechung oder Beeinträchtigung, ob durch Presse, Publikum, Angeklagte, Anwälte, Zeugen oder Gerichtsbeamte. An sich war er ein fairer, geradliniger Präsident.

Auf der Anklagebank saßen 14 Personen. Ursprünglich sollte gegen 18 Anklage erhoben werden, doch formaljuristische Erwägungen hatten die Zahl bei Prozeßeröffnung auf 14 reduziert. Der erste Anklagepunkt betraf Willi Herold wegen Mordes an den fünf Gefangenen im Lager II vor der Massenexekution. Der zweite Anklagepunkt beschuldigte dreizehn Männer, das Massaker gemeinsam begangen zu haben; in diesem Fall waren vier Namen gestrichen worden. Die Anklageschrift lautete nun wie folgt:

Gericht der Militärregierung

Anklageschrift

Name der Angeklagten: Willi Herold
Alfred Kobruck
Friedrich Herrmann
Paul Melzer
Gerhard Setzer
Karl Hagewald
Fritz Holland
Karl Schütte
Hermann Köslin
Josef Euler
Hermann Brandt
Hermann Könker
Otto Peller

werden hiermit folgender Straftaten angeklagt:

Zweiter Anklagepunkt:

Mord, nach Paragraph 211 (2) Deutsches Strafgesetzbuch.

Einzelheiten:

Weil sie in Lager II Aschendorfer Moor am oder um den 11. April 1945 gemeinschaftlich und einzeln an der Tötung von 98 unbekannten Personen beteiligt waren.

Die Verhandlung findet am 6. August um 10.00 Uhr vor dem Allgemeinen Militärgericht in Oldenburg statt.

Im Auftrag von E. Band
Legal Division, Military Courts Branch

Lübbecke, 3. Juli 1946

Der dritte Anklagepunkt beschuldigte Bernhard Meyer des Mordes an den 8 Gefangenen in Burlage, der vierte Willi Herold und Euler, am Tag nach dem Massaker einen weiteren Häftling getötet zu haben. Der fünfte Anklagepunkt betraf Könker wegen Tötung eines Gefangenen im Lager II am 19. April. Der sechste beschuldigte Fritz Launer, am gleichen Tag außerhalb des Lagers einen Häftling getötet zu haben. Der siebente, achte und neunte betrafen Heinrich Meyer wegen drei Morden, begangen im Moor bei Papenburg. Der zehnte beschuldigte Herold des Mordes an Sommer und Schrammek in Leer, der zwölfte Euler des Mordes an einem Gefangenen am 11. April in Flachsmeer.

Der elfte Punkt beinhaltete keine direkte Mordanklage nach Paragraph 211 (2), sondern beschuldigte Willi Herold,

»ein Verbrechen gegen die Menschlichkeit nach Kontrollratsgesetz Nr. 10, Artikel 11, Paragraph 1 (c) begangen zu haben, da er am oder um den 25. April 1945 Anteil hatte an dem Mord an Johannes Kok, Pieter Fielstra, Johannes Magermans, Carolus Magermans und Johannes Verbiest – alle holländische Staatsbürger«.

Eric Band hatte die Klage im Namen der Rechtsabteilung vorgebracht und die Anklageschrift unterzeichnet. Von Beruf Rechtsanwalt, war er beim britischen Angriff auf Madagaskar, das von Vichy-Anhängern gehalten wurde, schwer verwundet worden; ein Granatsplitter hatte ihm den Brustkorb und einen Lungenflügel zerfetzt. Man brachte ihn nach Südafrika, wo er durch Spezialisten soweit wiederhergestellt wurde, daß er jetzt als Anwalt in der Rechtsabteilung Dienst tun und als Michael Evelyns Assistent in der Anklagevertretung mitarbeiten konnte.

Bei Eröffnung des Prozesses hatten einige der ursprünglichen Anklagepunkte Abänderungen erfahren. Bernhard Meyer war einer der vier, deren Namen unter Anklagepunkt 2 fallengelassen wurden, während Anklagepunkt 3 gegen ihn bestehenblieb. Bei Könker entfiel Anklagepunkt 5, während 2 aufrechterhalten wurde. Anklagepunkt 6 gegen Launer und 7, 8 und 9 gegen Meyer wurden zurückgezogen. Somit verblieben nunmehr sieben Anklagepunkte: die ursprünglichen ersten vier, mit einigen numerischen Abstrichen; und die ursprünglichen Punkte 10, 11 und 12, die jetzt als 5, 6 und 7 rangierten.

Von den verbliebenen vierzehn Angeklagten erhielt jeder ein deutlich sichtbares Nummernschild, so daß sie von den Zeugen während des Verfahrens mühelos identifiziert werden konnten.

Die Reihenfolge war:

1. Willi Herold
2. Alfred Kobruck
3. Friedrich Herrmann
4. Hermann Könker
5. Paul Melzer
6. Gerhard Setzer
7. Karl Hagewald
8. Bernhard Meyer
9. Fritz Holland

10. Karl Schütte
11. Hermann Köslin
12. Josef Euler
13. Hermann Brandt
14. Otto Peller

Die Angeklagten wurden von sechs zu ihrer Verteidigung bestellten Anwälten vertreten. Es war keinem dieser Pflichtverteidiger leichtgefallen, diese undankbare Aufgabe zu übernehmen, die ihrem Ruf nicht gerade förderlich sein konnte, dennoch hatten sie sich gefügt. Herold wurde von Dr. Allihn aus Nordenham verteidigt, der als Strafverteidiger in der dortigen Gegend einen guten Ruf hatte. Herold hatte seinen eigenen Verteidiger, da er ja als Schlüsselfigur in dem gesamten Komplex die gravierendste und komplizierteste Rolle spielte. Das gleiche galt für Schütte, der von Dr. J. E. F. Schauenburg verteidigt wurde, einem ruhigen, jedoch erfahrenen und tüchtigen Anwalt. Kobruck, Herrmann und Holland wurden von dem temperamentvollen Rechtsanwalt Erich Schiff verteidigt; Peller, Könker und Melzer von Dr. Ernst Aulenbacher; Setzer, Köslin und Euler von Rechtsanwalt Karl Koch III; Meyer, Hagewald und Brandt schließlich von Rechtsanwalt Rudolf Hein.

Die Gerichtsbeamten und alliierten Zeugen wurden für die Dauer des Prozesses in beschlagnahmten Quartieren untergebracht und verpflegt. Und so kam es, daß der Interrogator in jener ersten Woche endlich Dr. Bangert in der Bar ihres derzeitigen Logis kennenlernte.

Auszug aus dem Tagebuch des Interrogators

Oldenburg, 18. August

Wir alle diskutierten in der Bar über Vergewaltigung. Ich vertrat den Standpunkt, daß es sich bei zwei Beteiligten sehr häufig gar nicht um Vergewaltigung handelt – es sei denn natürlich, daß sie nicht zuerst bewußtlos geschlagen wurde. In dem Moment warf Dr. B. ruhig ein: »Vielleicht kann ich zu dem Gespräch etwas beitragen, meine Herren. Ich bin nämlich vergewaltigt worden.«

Dr. B. spielt hervorragend Tischtennis. Ein sehr interessanter Typ. Hat was mit der medizinischen Fakultät der Universität Leiden zu tun. Ein Niederländer mit einer englischen (oder schottischen?) Mutter, die ihm ein perfektes, akzentfreies, korrektes Englisch beibrachte, obwohl er nie in Großbritannien war. In seiner Freizeit soll er den Lebensstil eines französischen Adligen pflegen. Jedenfalls eine schillernde, lebensvolle Persönlichkeit.

Während des Krieges betätigte er sich aktiv auf unserer Seite, wofür ihn unsere gemeinsamen Freunde in Holland einlochten. Aus dieser recht unschönen Umgebung wurde er später »freigelassen« und in ein Konzentrationslager nach Polen geschickt, das wegen einer Typhusepidemie Ärzte benötigte. Natürlich machte sich niemand die Mühe, ihm vor der Abreise ein Serum zu injizieren, und so grübelt er immer noch darüber nach, wieso er selber eigentlich keinen Typhus bekam. (Das gleiche Lied wie in allen Lagern: keine Medikamente.) Als die Rote Armee nach Westen vorstieß, wurde Dr. B. während des allgemeinen Rückzugs aus den polnischen Lagern »befreit«. Seine Dienste als Arzt waren überaus gefragt, und man teilte ihn zusammen mit einigen weiteren ausländischen Medizinern den vorderen sowjetischen Verbänden zu. So geschah es eines Tages, daß die erschöpfte Marschkolonne am Wegrand Rast machte und sich eine Anzahl von bis an die Zähne bewaffneten russischen Amazonen auf Dr. B. und die übrigen Männer aus dem Lager stürzten, um sie mit vorgehaltener Maschinenpistole zu vergewaltigen. »Manche, wie ich zum Beispiel, gingen anständigerweise hinter die Büsche«, fügte er taktvoll hinzu, »andere taten es hier und jetzt.« Dann verbreitete er sich über die physiologischen funktionellen Schwierigkeiten eines Mannes, der sich angstgelähmt einer Gewehrmündung gegenübersieht. »Aber glauben Sie mir, meine Herren«, schloß er, »es verschafft einem große Befriedigung, wenn man weiß, daß man nicht erschossen wurde, weil man die Prüfung mit Erfolg bestanden hat.«

17

Das eigentliche Verfahren wurde mit der Rede des Anklägers eröffnet.

»Lassen Sie mich gleich zu Beginn sagen, daß dies der erste derartige Prozeß ist, der in der Britischen Zone Deutschlands stattfindet. Es hat schon viele Kriegsverbrecherprozesse gegeben – und gibt sie weiterhin jede Woche –, in denen Deutsche wegen Kriegsverbrechen, begangen an Angehörigen der alliierten Nationen, abgeurteilt wurden. Dieses Verfahren aber ließe sich wohl besser als Greuelprozeß apostrophieren; zum erstenmal stehen Deutsche vor Gericht unter der Anklage des Massenmordes, begangen an ihren eigenen Landsleuten während des Krieges. . .

Ich möchte mich vorab nicht so ausführlich darüber verbreiten, wie man es in einem solch unbestreitbar komplexen, schwerwiegenden Fall erwarten und voraussetzen mag, da ich der Meinung bin, daß die Einzelheiten weit besser durch die Zeugenaussagen erhellt werden. . .«

Er skizzierte dann kurz die Hintergründe des Falles: die Emslandlager, ihre Wachposten und Insassen, den militärischen Druck der letzten Kriegswochen, die Evakuierung einiger anderer Lager in das überfüllte Lager II, die auf dem Marsch entflohenen Häftlinge und ihre Ergreifung. An diesem kritischen Zeitpunkt betrat Willi Herold die Szene:

»Ohne weitere Umstände«, fuhr der Ankläger fort, »zog dieser junge Gefreite, im Zivilleben Schornsteinfegerlehrling, nicht nur eine Hauptmannsuniform an, sondern gab sich von dem Augenblick an als Hauptmann Herold aus, lebte und handelte als dieser; die schrankenlose, kaltblütige Selbstsicherheit, die er dabei an den Tag legte, ist einer der hervorstechenden Grundzüge dieses Falles. So kam es, daß Herold in Begleitung einer Anzahl ebenso dreister, skrupelloser Kameraden im Lager II eintraf. Die folgenden Ereignisse lassen sich nur auf jenes seltsame zufällige Zusammentreffen von Umständen zurückführen, das diesen haltlosen, kriminellen jugendlichen Draufgänger zu einem Zeitpunkt, in dem alles in Chaos und Auflösung begriffen war, in das Lager brachte.

Bei der Ankunft wurde Herold durch das Lager geführt und bekundete sofort großes Interesse an diesen entflohenen Gefangenen. Ohne Zögern teilte er mit, er sei vom ›Führer‹ ermächtigt, Standgerichte abzuhalten und Exekutionen durchzuführen; als wolle er den Wahrheitsbeweis antreten, befahl er einem seiner Kumpane, vier oder fünf Männer zu erschießen, die sich unglücklicherweise gerade in der Nähe befanden. Dies wurde unverzüglich ausgeführt. Tatsächlich machte er seine Autorität so erfolgreich geltend, daß keiner von den älteren hohen mit der Administration der Lager befaßten Beamten, die er später aufsuchte, auch nur daran dachte, sich seine Ausweispapiere zeigen zu lassen. Und genau wie die Magistratsbeamten von Köpenick in jenem bekannten Fall den falschen Hauptmann auf seine echte Uniform hin akzeptierten und sich von ihm um die Stadtkasse erleichtern ließen, akzeptierten auch die Lagerbeamten Herold auf den bloßen Schein hin. In Wahrheit waren diese verängstigten, verstörten Männer vermutlich ungemein erleichtert über die plötzliche, unverhoffte Ankunft eines derart selbstsicheren, entschlußfreudigen Menschen.«

Nachdem er kurz auf die Massenexekution, den Gegenstand von Anklagepunkt 2, eingegangen war, fuhr der Ankläger fort:

»Was nun Herold selber betrifft, so besaß er eindeutig keineswegs die Vollmacht, die man ihm angeblich übertragen hatte. Aber was ist mit denen, die bei diesem unglaublichen Akt des Massenmordes das Exekutionskommando bildeten? Oder mit denen, die Herold vielleicht wirklich für einen echten Hauptmann gehalten haben? Nun, wenn Sie aus dem Munde der Zeugen der Anklage einige Einzelheiten über die Vorgänge gehört haben, über die Willkür, mit der die zum Tode Verurteilten selektiert wurden, über die makabre Rummelplatzatmosphäre, in der die Erschießungen erfolgten, dann, so erklärt die Anklage mit voller Überzeugung, kann nicht ein einziger der an diesen Mordtaten beteiligten Männer auch nur einen Augenblick geglaubt haben, es sei etwas anderes als eine Orgie entfesselter Mordlust gewesen, an der er mitgewirkt hatte; denn das, was da stattfand, besaß auch nicht den geringsten Anschein von irgendwelchen rechtlichen oder sittlichen Normen.«

Major Evelyn kam nun auf die anschließende Schrekkensherrschaft im Lager, auf die späteren Erschießungen, auf den Mord an Sommer und Schrammek und auf die fünf Holländer.

Willi Herold, Hauptangeklagter, zur Tatzeit 19jähriger Gefreiter in Haupt-
mannsuniform, der sich alles widerspruchslos unterordnete.

»Es gibt jedoch noch eine aufschlußreiche Begebenheit am Rande, die ich Ihnen nicht vorenthalten möchte«, fuhr er fort. »Am 3. Mai 1945 erschien Herold vor einem Marinekriegsgericht in Norden. Er wurde des Mordes und der Amtsanmaßung angeklagt, und der Ankläger forderte die Todesstrafe. Am Ende des ersten Verhandlungstages vertagte sich das Gericht, und am nächsten tauchte Urbanek dort auf und verlangte Herolds sofortige Freilassung. Dies lehnte der Ankläger begreiflicherweise rundweg ab, erhielt dann jedoch von seinem Vorgesetzten Franke die dienstliche Anweisung, Herold unverzüglich freizulassen, was auch geschah. Die Akten dieses einigermaßen ungewöhnlichen Prozesses wurden später auf Anordung eines Admirals vernichtet. Herolds Freiheit war freilich nur von kurzer Dauer; am 23. Mai wurde er in Wilhelmshaven von der Royal Navy verhaftet, wo er wieder seinen harmlosen, nützlichen Beruf als Schornsteinfeger ausübte und mit gefälschten Papieren lebte.

Dies vervollständigt das Bild, und ich möchte nun kurz auf die Angeklagten zurückkommen... Über Herold selbst erübrigt sich jedes weitere Wort. Die übrigen zerfallen in zwei Gruppen: zuerst diejenigen, die vor Herolds Ankunft der Lagerverwaltung angehörten, wie etwa Wacheinheit und Justizbeamte, und zweitens diejenigen, die selber Gefangene waren, aber in Herolds Augen die erforderliche blutrünstige Gewissenlosigkeit besaßen, um willige Helfershelfer abzugeben. Der einzige, den ich in diesem Stadium besonders erwähnen möchte, ist der Angeklagte Schütte. Er war bereits geraume Zeit vor Herolds Ankunft Führer der Wacheinheit in Lager II. Aus den Zeugenaussagen, die Sie hören werden, geht hinreichend klar hervor, daß er Herold nach besten Kräften half und Vorschub leistete und daß keiner mehr als dieser Angeklagte darauf erpicht war, alle jene Gefangenen zu liquidieren, die nicht den Alliierten in die Hände fallen sollten. Es war Schütte, der Herold in den ersten Stunden nach dessen Ankunft begleitete, und es war wiederum Schütte, der sich vorsätzlich und systematisch an den Tötungsaktionen beteiligte...

Abschließend gestatte ich mir noch eine Bemerkung. Im Verlauf dieses Prozesses werden Sie sich vielleicht fragen,

In lieu Legal Form No. 3

MILITARY GOVERNMENT COURT
MILITAERGERICHT

Charge Sheet
Anklageschrift

Name of accused   WILLI HEROLD
Name der Angeklagten   ALFRED KOBRUCK
                         FRIEDRICH HERRMANN
                         PAUL MELZER
                         GERHARD SETZER
                         KARL HAGEWALD
                         ~~HEINRICH OCHSNERS~~
                         ~~BERNHARD MEIER~~
                         FRITZ HOLLAND
                         KARL SCHUETTE
                         HERMANN KOESLIN
                         ~~HOLEN SCHNEIDER~~
                         JOSEF EULER
                         HERMANN BRANDT
                         HERMANN KOENKER
                         ~~JOSEF ULLANIK~~
                         OTTO PAELLER.

are hereby charged with the following offences
werden hiermit wegen der folgenden Anklage angeklagt:

English   Deutsch

Second Charge   Zweite Anklage
Murder, contrary to Section 211   Mord Gemaess Par. 211(2)St.G.B.
(ii) G.C.C.

Particulars   Einzelheiten
In that they at Camp 2 Aschen-   Begangen dadurch, dass sie im Lager 2
dorfer Moor on or about 11th   Aschendorfer Moor am 11.April 1945 oder
April 1945 were jointly and   um diese Zeit in Gemeinschaft an der
severally concerned in the   versaetzlichen Toetung von 98 unbe-
killing of 98 persons unknown.   kannten Personen beteiligt waren.

The trial will take place before the General Military Court to be held at
Die Verhandlung wird vor dem Oberen Militaergerichte

OLDENBURG   6 AUGUST 1946
. . . . on . . . .
(Address of Court)   den   (month)
Anschrift des Gerichtes   Monat

at   1000   By Order of
um . . . .   Im Auftrage von
     (Hour)
     (Uhr)
                                    . . . .
                                    (Signature of person preferring charges.)
                                    (Unterschrift des Vertreters der Anklagebehoerde)

Date 3 July 1946   Place   LUEBBECKE
Datum . . . .   Ort . . . .

Oldenburg: Blatt der Anklageschrift.

weshalb nicht auch andere auf der Anklagebank sitzen und weshalb nicht weitere Anklagen vorgebracht wurden... Es ist zugegebenermaßen bedauerlich, daß so viele von Herolds engsten Gefolgsleuten verschwunden sind und unauffindbar bleiben. Dies ist jedoch nur der erste von etlichen weiteren Prozessen, die sich mit der Verwaltung der Emsland-Straflager zu befassen haben.«

Der Ankläger setzte sich.

Als erster Zeuge der Anklage gab der Interrogator eine kurze Darstellung über den technischen Ablauf der Exhumierung. Es ist immer einfacher, einen Mord nachzuweisen, wenn eine Leiche vorhanden ist, und diese Leichen lieferten hinreichend Beweise.

Es folgte eine Reihe von Augenzeugen, die das schaurige Geschehen mit angesehen hatten und die die verschiedenen Szenen schildern konnten; außenstehende Zeugen, Wach- und Justizpersonal, Häftlinge, die überlebt hatten, alle trugen dazu bei, den Ablauf der Ereignisse nachzuzeichnen. Der Ankläger behielt recht: Keine Schilderung kann so anschaulich sein wie die mündliche Darstellung eines Augenzeugen. Auch das Protokoll liefert einige Streiflichter, die das Bild abrunden, die Einblick in einige der handelnden Personen gewähren und die etwas von der Atmosphäre des Prozesses vermitteln.

Vorsteher Hansen betrat den Zeugenstand und machte Angaben zur Person.

Ankläger: »Wieviel Insassen gab es Anfang April 1945 ungefähr im Lager II?«

Hansen: »Etwa 1800.«

A: »Welcher Nationalität waren sie in der Hauptsache?«

H: »Soweit ich weiß, waren es lauter Deutsche.«

A: »Erinnern Sie sich, daß etwa in der zweiten Aprilwoche ein Mann namens Schütte Sie aufsuchte, als Sie zu Bett lagen?«

H: »Ja.«

A: »Sehen Sie diesen Schütte heute unter den hier Anwesenden?«

H: »Ja. Der Angeklagte Nr. 10.«

A: »War er zu der Zeit Führer der Wacheinheit im Lager?«

H: »Meiner Erinnerung nach war er zu der Zeit Kompanieführer im Volkssturm.«

A: »Was hat Schütte Ihnen mitgeteilt, als er Sie aufsuchte und Sie zu Bett lagen?«

H: »Schütte berichtete mir, ein Hauptmann der deutschen Wehrmacht sei eingetroffen und wünsche die Gefangenen zu sehen, die auf dem Marsch nach Leer entflohen waren und Plünderungen begangen hatten. . .«

A: »Sind Sie dann aufgestanden, um sich anzuziehen und nach draußen zu gehen?«

H: »Ja.«

A: »Sind Sie zu der sogenannten Arrestbaracke gegangen?«

H: »Ich hatte angenommen, Schütte würde in seiner Eigenschaft als Führer der Wachmannschaft bei dem Hauptmann bleiben, aber als ich meine Baracke verließ, waren sie weg, und ich ging zur Arrestbaracke.«

A: »Sehen Sie sich bitte den Plan an, der vor Ihnen auf dem Tisch liegt. Erkennen Sie dies als einen Plan von Lager II?« (Hält den Plan hoch) »Wenn Sie ihn so halten, daß die Löcher oben sind, sehen Sie, daß dies der innere, der Stacheldrahtbereich ist, mit den jeweils numerierten Baracken; und dann gibt es die Baracken auf der rechten Seite, die außerhalb des Stacheldrahtbereichs liegen. Und dann haben Sie ebenfalls rechts die Straße nach Papenburg und Aschendorf. Meinen Sie, daß Sie diesen Plan verstehen?«

H: »Ja.«

A: »Können Sie uns sagen, ob sich die von Ihnen erwähnte Arrestbaracke auf dem Plan befindet?«

H: »Ja. Auf dem Plan hat sie die Nummer 16.«

A: »Liegt die Baracke Nr. 16 innerhalb des Stacheldrahtbereichs?«

H: »Ja. Innerhalb des Stacheldrahts.«

A: »Wen fanden Sie vor, als Sie zu Baracke Nr. 16 kamen?«

H: »Schütte war da. Ihn traf ich als ersten dort.«

A: »Hat er Sie mit jemand bekanntgemacht?«

H: »Nicht zu dem Zeitpunkt.«

A: »Etwas später?«

H: »Etwas später machte er mich mit Hauptmann Herold bekannt.«

A: »Sehen Sie Herold heute unter den hier Anwesenden?«

H: »Ja. Er ist Nr. 1.«

A: »Was hatte er an jenem Nachmittag an?«

H: »Er trug eine Hauptmannsuniform, eines Hauptmanns der Luftwaffe.«

A: »Berichten Sie uns von dem Gespräch, das zwischen Ihnen, Schütte und Herold stattfand, als sie in jener Baracke zusammentrafen.«

H: »Schütte teilte mir mit, daß der Hauptmann die erforderliche Vollmacht besaß.«

A: »Vollmacht wofür?«

H: »Schütte sagte mir, der Hauptmann käme von der Dienststelle des Generalstaatsanwalts in Oldenburg, und ich fragte, ob er bevollmächtigt sei, hierherzukommen. Schütte erwiderte, Herold habe weitreichende Vollmacht, vom ›Führer‹ persönlich erteilt.«

A: »Ja. Und was sagten Sie daraufhin?«

H: »Ich habe darauf gar nicht geantwortet.«

A: »Während Sie mit Schütte sprachen, sahen Sie da Herold irgend etwas unternehmen?«

H: »Ja. Herold hatte die Gefangenen aus der Baracke nach draußen geführt und verhörte sie.«

A: »Haben Sie gehört, was er sie fragte?«

H: »Er fragte sie, woher sie kämen und welche Straftaten sie begangen hätten.«

A: »Haben Sie gesehen oder gehört, was er weiterhin tat, nachdem er einige von ihnen vernommen hatte?«

H: »Gehört habe ich nichts, aber ich sah, daß er einige Gefangene mit dem Gefreiten rüber auf die andere Seite der Baracke schickte.«

A: »Wissen Sie, wer der Gefreite war, der mit den Gefangenen um die Baracke herumging?«

H: »Sein Name war Freytag.«

A: »Und sind Sie selbst um die Baracke herumgegangen, um zu sehen, was passierte?«

H: »Ich bin ihnen gefolgt.«

A: »Und was fanden Sie vor?«

H: »Ich sah, daß Freytag gerade einen Gefangenen, den er hinter die Baracke mitgenommen hatte, getötet hatte, und daß dort außerdem vier weitere Leichen lagen. . .«

A: »Was taten Sie, als Sie die Leichen hinter der Baracke liegen sahen?«

H: »Ich ersuchte Herold, damit aufzuhören, da ich mich mit meinem Vorgesetzten, Dr. Thiel in Papenburg, in Verbindung setzen wolle.«

A: »Haben Sie Herold zu irgendeinem Zeitpunkt gebeten, seine Ausweispapiere vorzuzeigen?«

H: »Nein.«

A: »Ist Ihnen bekannt, ob einem der Erschossenen davor irgendeine Art der Verhandlung zugebilligt wurde?«

H: »Nein, keinem.«

A: »Hat sie jemand verhört, bevor sie erschossen wurden?«

H: »Ich weiß nur von einem Mal, wo das der Fall war, an jenem ersten Tag, als Herold sie verhörte. Was danach geschah, entzieht sich meiner Kenntnis.«

A: »Was für Fragen hat Herold ihnen gestellt?«

H: »Wofür sie verurteilt wurden, wo sie geboren waren und ob sie geplündert hätten, während sie auf freiem Fuß waren.«

A: »Und was passierte, als sie geantwortet hatten?«

H: »Es war Zeit fürs Abendessen, und da erschoß er nur diese fünf.«

Nach Beendigung seiner Aussage wurde Hansen von Dr. Allihn, Herolds Verteidiger, ins Kreuzverhör genommen.

Dr. A:»Sie sagten zuvor, Herold habe Freytag den Befehl gegeben, jemanden hinter die Baracke zu führen, wo er ihn erschoß. Würden Sie mir bitte schildern, wie Herold den Befehl dafür erteilte? Herold bestreitet, mit der Erschießung dieser fünf Männer irgend etwas zu tun zu haben.«

H: »Sie kauerten alle mit gebeugten Knien auf dem Boden, als einer nach vorn kippte, und Herold brüllte: ›Freytag, der Mann hier greift mich an‹, und ihn instruierte, er solle den Mann um die Baracke herumführen.«

Dr. Schauenburg, Schüttes Verteidiger, veranstaltete ebenfalls ein aufschlußreiches Kreuzverhör.

Dr. S:»Warum sind Sie nicht direkt hingegangen, als Sie den ersten Schuß hörten?«

H: »Ich wußte, daß ich keinerlei Rückendeckung hatte und Herold Herr über das Lager war. Und ich wollte nicht persönlich Zeuge einer Massenerschießung werden.«

Dr. S:»Was taten Sie danach? Haben Sie Ihrer vorgesetzten Dienststelle sofort Meldung gemacht?«

H: »Ich erinnere mich nicht, ob ich noch am gleichen Abend Meldung machte, aber ich weiß genau, daß Herold telefonierte.«

Dr. S:»Hielten Sie die Erschießungen für gesetzmäßig?«

H: »Ich weiß nicht, wie Herold sich danach verhalten hat, aber seine ersten Aktionen waren das genaue Gegenteil von dem, was meiner Meinung nach hätte geschehen müssen.«

Dr. S:»Haben Sie in der folgenden Woche irgend etwas unternommen, um festzustellen, ob all dies rechtmäßig war oder nicht?«

H: »Ich habe Dr. Thiel, meinen Vorgesetzten, über alles informiert, was im Lager vorgefallen war. Ob er es gesetzmäßig fand oder nicht, kann ich nicht sagen.«

*Der Gerichtssaal im Oldenburger Augusteum – der Ankläger Michael
Evelyn bei seiner Eröffnungsrede.*

*Oldenburg: Die Angeklagten, davor die Verteidiger; von links nach rechts:
Allihn, Schauenburg, Schiff, Eulenbach, Koch und Hein.*

Der nächste Zeuge der Anklage war der Geistliche Max Lüning, römisch-katholischer Kaplan für die Emslandlager seit 1942. Er schilderte, wie er am Tag der Massenerschießungen gegen 16 Uhr zum Lager II gekommen und am Tor von den Wachposten angehalten worden sei. Man hatte ihm erklärt, es sei eine Sonderaktion im Gange und man könne ihn deswegen nicht einlassen. Er verschaffte sich jedoch trotzdem Zutritt und traf Herold im Büro. Er erkannte Herold als den Angeklagten Nr. 1. Der Ankläger fuhr fort:

Ankläger: »Sehen Sie Herrn Schütte ebenfalls hier?«

Lüning: »Ja. Er hat die Nummer 10.«

A: »Erinnern Sie sich, daß Schütte etwas sagte, bald nachdem Sie den Raum betreten hatten?«

L: »Ja. Er sagte: ›Ob die Kerle nun beten oder nicht, umgelegt werden sie sowieso.‹«

A: »Und was sagten Sie darauf?«

L: »Ich schloß daraus, daß es sich um ein Todesurteil handeln müsse.«

A: »Hat Schütte außerdem noch etwas geäußert?«

L: »Später. Zunächst sprach ich mit dem Hauptmann. Ich sagte ihm, wenn ein Todesurteil gefällt worden sei, dann würde er sich doch ohne Zweifel an die Militärtradition halten; das heißt, daß derjenige, der erschossen werden soll, dies zwei Stunden vorher erfahren und gefragt werden muß, ob er einen Priester zu sehen wünscht oder nicht.«

A: »Und was sagten Herold oder Schütte darauf?«

L: »Herold wußte anscheinend nicht, was er tun sollte, denn er zögerte mit der Antwort. Dann sagte Schütte: ›Diese Männer sind nicht nur Soldaten; sie sind Wehrmacht, Partei und Standgericht in einem.‹ Und deswegen treffe die Militärtradition auf diesen Fall nicht zu. Damit verweigerte er mir die Genehmigung, meine Pflicht zu tun an denen, die erschossen werden sollten.«

A: »Sie meinen, der Angeklagte Schütte verweigerte Ihnen mit seinen Worten den Zugang zu den Männern, die erschossen werden sollten?«

L:»Ja. Ich erhielt keinen Zutritt zu denen, die erschossen werden sollten.«

A:»Fiel von Herold oder von Schütte irgendeine Äußerung über die bereits erschossenen Männer?«

L:»Ja, Schütte sagte, ungefähr zehn seien bereits mittags erschossen worden, die anderen würden das gleiche Schicksal später erleiden, soweit ich mich erinnere, um 17 Uhr.«

Leutnant Dahler-Kaufmann äußerte sich ebenfalls zu den Vorgängen im Aschendorfer Moor. Nach Schilderung seiner eigenen Situation und der Ankunft im Lager II identifizierte er Herold. Dann fragte ihn der Ankläger:

Ankläger:»Wo war er, als Sie ihm zum erstenmal begegneten?«

Dahler-Kaufmann:»Er befand sich außerhalb des Lagers, in der Nähe des Stacheldrahts.«

A:»Erkennen Sie dies« (hält den Plan hoch) »als den von Stacheldraht eingezäunten Bereich, in dem sich die Insassen befanden? Beobachten Sie meinen Bleistift.«

D-K:»Ja, Sir.«

A:»Und dann haben Sie rechts davon die Verwaltungsgebäude?«

D-K:»Ja. Sir.«

A:»Ist Ihnen der Plan jetzt ganz klar?«

D-K:»Ja. Sir.«

A:»Können Sie auf dem Plan die Stelle bezeichnen, wo sich Herold befand, als Sie ihm zum erstenmal begegneten? Es war außerhalb des Stacheldrahtbereichs, nicht wahr?«

D-K:»Ja, Sir.«

A:»Was tat er?«

D-K:»Er hatte eine Luger in der Hand. . . Ich sah, daß sich dort etwa 30 bis 35 Gefangene befanden. Ich sah ihn auf sie schießen.«

A:»Würden Sie bitte hier kurz unterbrechen, wir wollen das ganz langsam durchgehen. Als Sie das erste Mal zum Lager kamen, sahen Sie dort eine große Grube, die entweder ausgehoben wurde oder bereits fertig war?«

D-K:»Ja, Sir.«

A: »Wurde diese Grube ausgehoben, als Sie ihm erstmals begegneten, oder war sie bereits ausgehoben?«

D-K:»Nein. Ich traf ihn neben der Grube.«

A: »Jetzt begann eine Schießerei, wie Sie sagen?«

D-K:»Sie war praktisch schon beendet, die letzten paar Schüsse wurden abgegeben.«

A: »Würden Sie uns bitte klar und deutlich erzählen, was geschah und wie die Schießerei anfing?«

D-K:»Etwa 25 Meter vom Rand der Grube entfernt stand ein 2-cm-Flakgeschütz. An der Seite der Grube befanden sich etwa zehn Gefangene. Sie wurden gezwungen zu schreien: ›Es lebe unser Führer!‹ Dann schoß Herold mit seiner Luger, das 2-cm-Flakgeschütz feuerte ein- oder zweimal, die Männer stürzten in die Grube, und dann hörte ich etwas, das wie eine Handgranate klang. Danach machte ich Herold aufmerksam auf. . .«

A: »Lassen Sie uns hier einen Augenblick innehalten. Haben Sie den Mann oder die Männer beobachtet, die das 2-cm-Geschütz abfeuerten?«

D-K:»Ich sah sie, würde sie aber nicht wiedererkennen, weil ich zu weit entfernt stand.«

A: »Haben Sie tatsächlich jemanden Handgranaten werfen sehen oder nur einen Lärm gehört, den Sie für explodierende Handgranaten hielten?«

D-K:»Ich sah, wie die Handgranaten geworfen wurden. . .«

A: »Was geschah nach der Erschießung dieser Gruppe von Häftlingen?«

D-K:»Es wurde Chlorkalk in die Grube geworfen. Ich sagte zu Herold, dies sei Mord, und ich müsse meinen Vorgesetzten darüber Meldung machen.«

A: »Was sagte Herold, als Sie ihm dies mitteilten?«

D-K:»Er zeigte auf seinen Wagen, der die Aufschrift ›Standgericht‹ trug, und drohte, mich zu den Verurteilten zu stellen, wenn ich noch eine derartige Bemerkung machte.«

A: »Zu dem Zeitpunkt hatte es ja den Anschein, als seien Sie ihm untergeordnet – er Hauptmann, Sie dagegen Leutnant, ist das richtig?«

D-K:»Ja, Sir.«

A: »Nach Erschießung der ersten Häftlingsgruppe wurde also Chlorkalk in die Grube geschüttet. Was geschah dann?«

D-K:»Dann wurde eine neue Gruppe herangeführt. . . Ich konnte nicht sehen, was mit ihnen passierte, weil ich mich zurückgezogen hatte. . .«

A: »Um welche Tageszeit haben die Erschießungen ungefähr stattgefunden?«

D-K:»Gegen Abend.«

Justizoberwachtmeister Arnulf Anwander steuerte zwei wichtige Aussagen über die Ereignisse in jenen Apriltagen bei. Er berichtete von seinem Besuch in Flachsmeer, wo er mit seiner Begleitung einige entflohene Gefangene abholen wollte, die in die dortige Schule gebracht worden waren.

»Unterwegs hörte ich einen Schuß. Ich ging auf das Schulgelände und sah etwa in der Mitte des Schulhofes einen toten Gefangenen liegen. Vor diesem Gefangenen stand Euler mit einer Pistole in der Hand. Ich fragte Euler, was los sei, und er antwortete: ›Das da ist unser Schmitz‹ (ich glaube, so hieß er), ›der übelste Dreckskerl in unserem Lager; er ist schon einmal getürmt, und jetzt spielt er wieder seine miesen Spielchen.‹ Ich sagte, das sei kein ausreichender Grund, schließlich wären wir nicht befugt, einfach Leute zu erschießen. Euler antwortete etwa so: ›Solche Schweinehunde wie den können wir nicht brauchen, und die anderen werden künftig mehr Respekt zeigen.‹ Die anwesenden Wachleute bestätigten, daß Euler den Gefangenen soeben niedergeschossen hatte.«

Zu der Massenexekution im Lager II am folgenden Tag

hatte Anwander ebenfalls etwas beizusteuern. Nach Schilderung der Erschießungen fügte er hinzu:

»Schütte ging zu sämtlichen Wachposten und befahl ihnen zu schießen. Ich konnte mich nicht dazu durchringen... Die ganze Prozedur war ein Unrecht... sie waren nicht mal verurteilt worden... Deshalb weigerte ich mich, dem Schießbefehl zu gehorchen. Hagewald, der keine 10 Meter von den Häftlingen entfernt auf der mir nächstgelegenen Seite stand, schoß.«

Auf die Frage des Anklägers, weshalb er nicht geschossen habe, antwortete Anwander:

»Weil es nicht richtig war.«

Daß Anwander wegen seiner festen Haltung nichts passierte, war natürlich nicht ohne Bedeutung. Er fügte noch hinzu, daß seines Wissens von den Angehörigen des Volkssturms, die nicht geschossen hatten, kein einziger wegen Befehlsverweigerung bestraft worden war, obwohl Schütte den Befehl offiziell erteilt hatte.

Der Ankläger wandte sich nun dem Fall der fünf Holländer in Leer zu. Ernst Eder, alias Swoboda, betrat den Zeugenstand.

Ankläger: »Erinnern Sie sich an die fünf Holländer, die von Herolds Leuten ein paar Tage nach der Erschießung von Sommer und Schrammek abgeholt wurden?«

Eder: »Ja.«

A: »Woher kamen die Holländer?«

E: »Wir mußten die Holländer im Untersuchungsgefängnis der Polizei in Leer abholen.«

A: »Und was taten Sie mit ihnen, nachdem Sie sie abgeholt hatten?«

E: »Wir brachten sie in den ›Schützengarten‹. Das ist ein unter diesem Namen bekanntes Restaurant.«

A: »Und was geschah, als Sie die Holländer in den ›Schützengarten‹ gebracht hatten?«

E: »In dem Augenblick erschien Herold und verhörte jeden einzelnen und verurteilte sie dann zum Tode.«

A: »In welcher Sprache verhörte er sie?«

E: »Auf deutsch. Und später wurde dann eine Holländerin als Dolmetscherin hereingerufen.«

A: »Wie lange hat er sie befragt, bevor er sie zum Tode verurteilte?«

E: »Die ganze Sache dauerte ungefähr zehn Minuten.«

A: »Und als das Verhör beendet war und er sie zum Tode verurteilt hatte, was geschah dann?«

E: »Sie mußten sich in einer Reihe aufstellen.«

A: »Und nachdem sie Aufstellung genommen hatten, was geschah dann?«

E: »Sie mußten ihre sämtlichen Wertsachen und was sie sonst bei sich hatten, aushändigen.«

A: »Und nachdem sie ihre Habseligkeiten ausgehändigt hatten?«

E: »Sie mußten uns ihre Heimatadressen angeben, die von einem unserer Schreiber notiert wurden.«

A: »Ja, und nach Aufnahme der Adressen?«

E: »Herold nahm dieses Blatt Papier und die Sachen an sich und fuhr weg.«

A: »Waren Sie zugegen, als sie erschossen wurden?«

E: »Wir mußten sie bis zu dem Platz bringen, uns aber dann entfernen.«

A: »Wer hob das Grab aus?«

E: »Das mußten die Holländer selber tun.«

A: »Und nachdem sie es ausgehoben hatten, wurde sie erschossen?«

E: »Das weiß ich nicht genau, weil ich ungefähr 50 Meter entfernt stand, aber soweit ich es sehen konnte, mußten sie in die Grube springen.«

A: »Hörten Sie die Schüsse?«

E: »Wir hörten das Schießen. . .«

A: »Hat Ihnen jemals irgendwer gesagt, weshalb die Holländer erschossen wurden?«

E: »Ja, sie sollten Spione sein, hat man uns gesagt.«

A: »Hat Herold das gesagt?«

E: »Ja – Herold hat sie zum Tode verurteilt.«

A: »Haben Sie die Namen der Holländer jemals gesehen?«

E: »Ich hörte sie, der Schreiber sollte sie ja notieren.«

A: »Können Sie sich an die Namen erinnern?«

E: »Nein. Aber Herold nahm einen Ring mit Monogramm drauf.«

A: »Und was geschah mit der Liste?«

E: »Herold nahm sie mit. Ich weiß es nicht.«

Im Kreuzverhör fragte Dr. Allihn:

Dr. A: »Herold bestreitet aber, ein Todesurteil ausgesprochen zu haben. Er behauptet, die SS-Männer hätten ihm gesagt, diese Leute seien zum Tode verurteilt und müßten erschossen werden. Wissen Sie etwas darüber?«

E: »Das kann nicht stimmen, denn zwei von uns mußten die Holländer zum Verhör bringen.«

Dr. A: »Dann waren Sie also beim Verhör zugegen?«

E: »Nein. Wir standen alle vor der Tür, das heißt, wir und die Bewacher der Holländer. Aber wie ich schon sagte, zwei von uns mußten jeden Holländer hineinführen.«

Bei der Aussage von Dr. Bangert handelte es sich vorwiegend um eine Wiederholung seines Exhumierungsberichts. Nach den Darlegungen über die Wunden und den sofortigen Tod von vier Holländern kam er zu dem unglückseligen fünften:

Ankläger: »Und nun zur letzten Leiche, die Sie exhumierten, Dr. Bangert. Wo genau befand sich bei dieser die Schußwunde?«

Dr. Bangert: »Eine Wunde befand sich im Genick, etwa 3,5 bis 4 cm rechts von der Mittellinie, und die beim Austritt der Kugel verursachte lag etwa 4 bis 5 cm über dem rechten Schlüsselbein.«

A: »Und diese Wunde war Ihrer Meinung nach nicht tödlich?«

Dr. B.: »Mit Sicherheit nicht.«

*Oldenburg: Rechtsanwalt Dr. Allihn im Gespräch mit seinem Mandanten,
dem Hauptangeklagten Willi Herold.*

„Auch unter uns sind Deutsche," schreibt der berühmte englische Karikaturist
LOW unter diese Zeichnung, die in den Tagen des Herold-Prozesses wieder
eine starke Aktualität erhalten hat.

*Oldenburg: Die »Nordwest-Zeitung« druckt in ihrer Ausgabe vom
16. August 1946 diese Zeichnung von David Low ab.*

A: »Was war dann in diesem Fall die Todesursache?«

Dr. B.: »Ersticken.«

A: »Welche Anzeichen veranlaßten Sie zu dieser Diagnose?«

Dr. B.: »Erstens war die Wunde nicht tödlich. Zweitens war das Gesicht bläulich verfärbt. Drittens hing die Zunge weit aus dem Mund. Viertens kann man es an der Haltung der Hände erkennen; sie waren stark verkrampft, wie Klauen, als ob sie versucht hätten, sich aus dem Grab zu befreien.«

Frau Pieper bestätigte in ihrer kurzen Zeugenaussage die Darstellung vom »Prozeß« und vom Tod der Holländer.

Nach 26 Zeugenaussagen und 4 eidesstattlichen Erklärungen von denjenigen, die nicht persönlich (z. B. aus Polen) erscheinen konnten, hatte die Anklage ihre Beweisführung am Freitag, dem 16. August, abgeschlossen.

Das Gericht zog sich zur Beratung zurück, ob die Glaubwürdigkeit der Beweise gegen alle Beschuldigten im Sinne der Anklage ausreiche. Zum nicht geringen Erstaunen der deutschen Zuschauer verkündete Colonel Brown am Montagmorgen, daß Könker und Köslin von der Anklage, die das Gericht gegen sie vorgebracht habe, freigesprochen seien, woraufhin beide die Anklagebank verließen.

18

Die lokale »Nordwest-Zeitung« befaßte sich in ihrer ersten nach Prozeßeröffnung erschienenen Ausgabe vom 16. August ausführlich mit dem Fall. Das Blatt bemühte sich, die Leser sowohl über das tatsächliche Geschehen zu informieren als auch durch Kommentare zum Nachdenken anzuregen.

Die Rede des Anklägers und vieles vom Inhalt der Zeugenaussagen ließen sich journalistisch gar nicht anders als in starken Beiworten wiedergeben – »ein Tatbestand, der so grausam und unglaubhaft, so schrecklich und grotesk ist, daß man das Ganze für eine Greuellüge halten könnte, wäre man sich nicht der Wirklichkeit bewußt«.

Der Schlußabsatz des Berichts trug den Zwischentitel
»Der lächelnde Angeklagte«:

»Der Angeklagte Herold hört sich die Anschuldigungen
in gleichmütiger Ruhe an, macht sich dann und wann Notizen und lächelt, wenn er mit einem Zeugen konfrontiert und
von diesem als der Mann erkannt wird, der sich als ›Hauptmann Herold‹ ausgegeben und dieses furchtbare Standgericht auf eigene Faust abgehalten hat.«

Doch der Chefredakteur wollte sich nicht auf einen Tatsachenbericht über den Beginn des Verfahrens noch auf die
farbige Schilderung des Reporters beschränken, sondern
brachte einen Leitartikel, der für die damalige Zeit, gelinde
gesagt, erstaunlich war. Der Titel lautete: »Der Sklave in
uns«.

»An anderer Stelle in dieser Zeitung wird über den Prozeß Herold berichtet. Es ist nicht unsere Absicht, dem Urteil
vorzugreifen und ein ›schuldig‹ zu rufen, ehe das Gericht
entschieden hat. Wichtig erscheint es uns nur, darüber
nachzudenken, was an dieser Blutköpenickiade für den Au
ßenstehenden so besonders erschreckend ist.

Massenmörder hat es in allen Zeiten und bei allen Völkern gegeben. Dieser neunzehnjährige Junge aber, der hingeht und Hunderte von Menschen mordet, der sich an den
Schreien der zerfetzten Opfer bestialisch berauscht, ist eine
Erscheinung, die in jenen Jahren geboren wurde, in denen
Rechtlosigkeit und vor allem Rechtsunsicherheit ein großes
Volk auf einen bejammernswerten seelischen Tiefstand herabgedrückt haben. Zwischen ihm und den Männern auf der
Anklagebank in Nürnberg besteht ein tiefer Zusammenhang. Seine blutigen und ihre damals noch von Ringen glitzernden Hände haben die gleiche Tat getan. Als sie ihn in
ihre Schule nahmen, ist er noch nicht zehn Jahre alt gewesen. Er ist die Personifizierung ihrer Lehren, ist der zum
Massenmörder verzerrte Prototyp einer Jugend, die sie erträumten. Daß es in der deutschen Jugend so viele gute Elemente gibt, ist nicht ihr Verdienst. Wenn sie das deutsche
Schicksal an ihrer Kandare behalten hätten, hätte dieser
junge Mann eine Karriere vor sich gehabt, wie er sie sich

selbst in aufschneiderischer Großmannssucht vorspielte, als er eine Hauptmannsuniform anzog, um morden zu können. Das ist der eine Gesichtspunkt. Es gibt aber noch einen genauso bedeutsamen. Ein neunzehnjähriger falscher Hauptmann kommt und befiehlt, Hunderte von Menschen zu schlachten. Und da gibt es unter denen, die sie schlachten, nicht einen, der sich zu der selbstverständlichen, energischen Ablehnung des Befehls aufgerufen gefühlt hätte. Sie kennen ihn nicht, sie gehorchen der Uniform. Das ist die Folge jenes Kadavergehorsams, jenes Unvermögens selbständig zu denken, der wie ein Krebs an unseren Seelen gefressen hat. Es ist viel für und gegen diesen Gehorsam gesprochen worden. Jenen furchtbaren Tagen aber blieb es vorbehalten, die entsetzlichsten Beispiele für ihn geliefert zu haben. Es gibt gar keine Ausflucht – da haben wir ihn in des Wortes schauerlichster Bedeutung.

Man hat oft die Groteske skizziert, daß wir auch die Briefkästen mit erhobenem Arm grüßen würden, wenn man es uns befohlen hätte. Wir haben darüber gelacht. Wir hätten es nicht tun sollen, denn der tiefe Sinn in diesem Gleichnis war der, daß wir uns jeder Menschenwürde begeben haben. Das hat Jahrhunderte vor Hitler angefangen. Er hat es ausgenutzt. Da liegt's. Diese moralische Rückgratverkrümmung zu beseitigen aber bedarf es einer längeren Zeit als der eines Jahres, das hinter uns liegt, und einer größeren Anstrengung als der, die wir schon gemacht haben.

Es gibt ein chinesisches Sprichwort, das sagt: Ein Tyrann macht sich nicht hundert Sklaven, sondern hundert Sklaven machen sich einen Tyrannen. Wenn wir den Sklaven in uns weggeworfen haben, werden wir den Menschen in uns finden. Das ist gewiß.«

Schließlich veröffentlichte der Chefredakteur in dieser Ausgabe noch eine Zeichnung von David Low aus dem Londoner »Evening Standard«, die ebenfalls den thematischen Bezug herstellte. Sie zeigt den Mann auf der Straße mit einer Zeitung in der Hand. Im Hintergrund befindet sich eine Inschrift: »Das ganze deutsche Volk ist mitschuldig.« Auf der Zeitungsseite stehen die Namen von Konzentrationslagern – Dachau, Bergen-Belsen, Buchenwald, Maidanek und andere. Dem Mann gegenüber sind verhungerte, geisterhafte Gestalten – Lagerhäftlinge –, die sagen: »Auch unter uns sind Deutsche.«

19

An jenem Montag trat Willi Herold in den Zeugenstand.

Dr. Allihn bemühte sich gewissenhaft um ihn, wobei Herolds Sprunghaftigkeit und seine Phantasiegespinste ihn nicht gerade zum idealen Zeugen machten. Nachdem er ihn zu den wichtigen Stationen seiner frühen Jugend befragt und mit der Beförderung zum Gefreiten geendet hatte, fuhr Dr. Allihn fort:

Dr. Allihn: »Würden Sie uns jetzt schildern, wie es dazu kam, daß Sie sich sozusagen selbst zum Hauptmann befördert haben?«

Herold: »Damals glaubte ich noch an den deutschen Sieg. Ich trug die Hauptmannsuniform erstmals Anfang April 1945 an der deutsch-holländischen Grenze.«

Dr. A: »Warum haben Sie das getan?«

H: »Ich wollte eine Kampfgruppe aufstellen und die vorrückenden britischen Truppen aufhalten, was mir ja auch gelang.«

Dr. A: »Sie hätten ja auch als Gefreiter an den Kämpfen teilnehmen können und brauchten sich doch deshalb nicht zum Hauptmann zu befördern.«

H: »Als Gefreiter konnte ich niemand befehligen.«

Dr. A: »Sie dachten also, wenn Sie Befehlsgewalt ausüben könnten, würde Ihre Einheit zu einer leistungsfähigen Kampfgruppe?«

H: »Ja. Damals rannten deutsche Truppen nicht vor den britischen Truppen davon, aber sie flüchteten blindlings vor den Jagdbombern und Tieffliegern, und in dem Augenblick hatte ich das Glück, einen Soldaten namens Freytag zu finden, der in der Normandie sechzehn Panzer zerstört hatte, und auch noch andere Männer, die sich vor nichts fürchteten. Mit diesen Männern konnte ich Operationen durchführen, die zwar am Verlauf des Krieges nichts änderten, aber doch den Feind aufhielten.«

Herold schilderte dann seine Ankunft in Aschendorf und den Besuch im Lager II mit Budde. Während er »das Lager inspizierte«, suchte er auch die Schneiderwerkstatt auf, »um meinen Uniformrock ändern zu lassen, der mir im Rücken etwas zu weit war«. Und in dem Augenblick hörte er Schüsse, und Freytag meldete, es seien fünf Gefangene erschossen worden, weil sie ihn und seine Leute angegriffen hätten. Er berichtete, wie er durch Hansen und Schütte von den wiederaufgegriffenen Sträflingen und von dem erwarteten Standgericht erfahren habe, das einige exekutieren sollte.

H: »Darauf sagte ich ihnen, ich würde sehen, ob ich das erledigen könnte... Hansen sagte mir, ich sollte mich mit dem Präsidenten der Lager in Verbindung setzen... Also fuhr ich mit meinem Wagen zu Dr. Thiel nach Papenburg.«

Dr. A:»Ehe ich Sie weiterhin befrage, möchte ich Ihnen folgendes klarmachen. Dr Thiel steht als Zeuge zur Verfügung und wird in Kürze vernommen. Dann werden wir sehen, ob er Ihre Darstellung bestätigt oder nicht. In Ihrem eigenen und im Interesse der Verteidigung rate ich Ihnen, Ihre Aussage so zu machen, daß sie von Dr. Thiel bestätigt werden kann.«

Herold schilderte seinen Besuch bei Dr. Thiel und kam dann zu seinem Zusammentreffen mit Kreisleiter Buscher:

H: »Ich fragte Buscher, ob er etwas tun könne, um ein Standgericht im Lager zu arrangieren.«

Dr. A:»Haben Sie Buscher nicht zuerst gesagt, daß Sie gerade von einem Gespräch mit Dr. Thiel kämen?«

H: »Ja.«

Dr. A:»Haben Sie ihm gesagt, was Sie Dr. Thiel erzählt hatten?«

H: »Ja.«

Dr. A:»Was sagte er darauf?«

H: »Er sagte, er würde den Gauleiter anrufen, was er in meiner Gegenwart auch tat...«

Dr. A:»Als Sie bei Buscher waren, wurde da die Tatsache erwähnt, daß die Gestapo in Emden mit dem Fall befaßt war, oder kam das später zur Sprache?«

H: »Diese Tatsache wurde an dem Tag nicht erwähnt.«

Sie kamen nun auf die Massenerschießungen:

Dr. A:»Was haben Sie befohlen?«

H: »Ich sagte Hoffmeister, wenn ich bis 7 Uhr abends nicht zurück wäre, solle er mit der Erschießung anfangen.«

Dr. A:»Als Sie zum Richtplatz kamen, was sahen Sie da?«

H: »Das 2-cm-Flakgeschütz, das ich zur Flugabwehr einsetzen wollte, hatte Ladehemmung.«

Dr. A:»Demnach hatten Sie also nicht angeordnet, das 2-cm-Geschütz für die Exekution zu verwenden?«

H: »Nein.«

Dr. A:»Auf wessen Befehl hatten sie dann das 2-cm-Geschütz abgefeuert?«

H: »Hoffmeister muß meinen Befehl mißverstanden haben.«

Dr. A:»Als Sie nach Papenburg fuhren, hatten Sie da Hoffmeister irgendwelche Anweisungen gegeben, auf welche Art die Exekutionen durchgeführt werden sollten?«

H: »Ja, ich sagte Hoffmeister, die Exekution sei nach militärischem Brauch durchzuführen. Er versicherte mir, daß er wisse, wie das zu geschehen habe.«

Dr. A:»Wer hat die Erschießungen ausgeführt?«

H: »Acht meiner Soldaten und die 2-cm-Flak, die ungefähr 5 Feuerstöße abgegeben hat.«

Dr. A:»Haben die acht Soldaten mit Karabinern geschossen?«

H: »Einige mit Karabinern, einige mit Selbstladepistolen 18. Das ist eine Pistole, die in der deutschen Wehrmacht gegen Ende des Krieges nicht mehr in Gebrauch war.«

Und so weiter.

In seinem Kreuzverhör befaßte sich der Ankläger zunächst mit den Vorfällen im Lager II.

A: »Sagen Sie, hielten Sie es für absolut richtig, all diese Menschen ohne jedes Verfahren, ohne ordentliche Verhöre zu erschießen?«

H: »Die kriminellen Handlungen der Leute, die erschossen werden sollten, waren zweifelsfrei bewiesen.«

A: »Einen Augenblick bitte. Auf welche Weise waren sie zweifelsfrei bewiesen?«

H: »Weil die Leute, die von draußen ins Lager eingeliefert wurden, Zivilkleidung trugen, und Zivilkleidung gab damals keiner freiwillig her.«

A: »Hat die Erschießung all dieser Männer Ihr Gewissen überhaupt jemals belastet?«

H: »Nein.«

A: »Warum gaben Sie, wie Sie in Ihrer Aussage erklärten, den Befehl, das Tempo der Erschießungen solle verlangsamt werden?«

H: »Erschießungen können einem auf die Nerven gehen. Es war nicht meine Absicht, diese Leute auszurotten, sondern künftige Wiederholungen zu verhindern.«

A: »Aber Sie hatten Anweisungen, diejenigen zu erschießen, die geplündert und gestohlen hatten, das sagen Sie doch?...«

H: »Meine Befehle lauteten, die Leute, die beim Marsch von den anderen Lagern zum Lager II entflohen waren und geplündert hatten, zu erschießen. Die anderen, die nur wegen Krankheit zurückgeblieben waren, sollten nicht erschossen, sondern in ihre Baracken zurückgebracht werden.«

A: »Blieb Ihnen irgendein Ermessensspielraum, wen Sie erschießen sollten und wen nicht?«

H: »Ja.«

A: »War das der Grund, weshalb Sie das Tempo der Erschießungen verlangsamten?«

H: »Ja.«

A: »Wenn also dieser Ermessensspielraum bei Ihnen lag, Sie jedoch überhaupt nicht nachprüften, wer denn nun erschossen worden war, so läßt sich Ihnen wohl kaum nachsagen, die Angelegenheit befriedigend gehandhabt zu haben.«

H: »Es wurde darüber Buch geführt, wer erschossen wurde und aus welchem Grund.«

A: »Aber Sie haben nicht die geringste Ahnung, und da wollen Sie uns glauben machen, Sie hätten die Führung gehabt?«

H: »Ich bin sehr wohl im Bilde. Diese Leute waren entflohen und von Gefängniswärtern zurückgebracht worden, und es wurde mir zweifelsfrei bewiesen und hinterher entschieden, wer schuldig war und wer nicht.«

A: »Aber Sie haben zuvor erklärt, daß sie nicht verhört zu werden brauchten.«

H: »Meine Befehle, die ich bekam, besagten, daß ich keinerlei Untersuchung vornehmen, sie überhaupt nicht anhören sollte.«

A: »Taten Sie das nun oder nicht?«

H: »Doch, die meisten wurden verhört, jeder von ihnen wurde im Lager vernommen.«

A: »Durch wen?«

H: »Feldwebel Hoffmeister hat Jura studiert. Er kennt sich in diesen Dingen genau aus.«

Nach einer Weile kamen sie dann auf die fünf Holländer.

A: »Das Gericht hat drei Zeugen gehört, die übereinstimmend erklären, Sie hätten diese Männer zum Tode verurteilt.«

H: »Ja.«

A: »Haben Sie sie zum Tode verurteilt?«

H: »Nein.«

A: »Haben Ihnen diese Holländer gesagt, weshalb sie zum Tode verurteilt wurden?«

H: »Sie wußten es selbst nicht.«

A: »Sie erinnern sich doch an eine Zeugenaussage, daß Sie

später herausgekommen wären und angeordnet hätten, jemand solle fünf Spaten holen? Das war Fräulein Pieper, die das ausgesagt hat.«

H: »Ja, ich kann mich erinnern, daß das Fräulein gesagt hat, ich hätte angeordnet, fünf Spaten beim Leutnant der Flakbatterie zu holen.«

A: »Haben Sie das angeordnet?«

H: »Es gab dort gar keine Flak.«

A: »Warum sollten sich wohl Ihrer Meinung nach diese Frauen hinstellen und erklären, sie hätten gehört, wie Sie die Holländer zum Tode verurteilten, wenn das nicht wahr ist?«

H: »Ich weiß es nicht.«

A: »Ich will auf folgendes hinaus: Es gibt anscheinend keinen Grund, weshalb diese Frauen Ihnen gegenüber irgendwelchen Groll oder Haß hegen sollten. Im Gegenteil, sie haben sich offenbar mit einigen Ihrer Männer bestens amüsiert.«

H: »Ich möchte dazu folgendes sagen: Wenn ich die Holländer zum Tode verurteilt hätte, würde ich das zugeben und die Folgen tragen.«

A: »Überraschte es Sie, daß Freytag, der gut disziplinierte Freytag, sie ohne einen Befehl von Ihnen erschossen haben sollte?«

H: »Ich weiß nicht, ob Freytag diese Leute erschossen hat, ich weiß nur, daß er bei der Erschießung zugegen war.«

A: »Sind derartige Dinge in Ihrer Einheit ohne Ihr Wissen vorgekommen?«

H: »Wenn ich den Befehl gegeben hätte, diese Holländer zu erschießen, wäre ich selbst zugegen gewesen, und keinesfalls hätten Frauen dabeisein dürfen. Ob sie dort waren, weiß ich nicht.«

A: »Sie waren bei der Erschießung von Sommer und Schrammek nicht zugegen und hatten sie zum Tode verurteilt. Daher scheint auch kein besonderer Grund vorhanden zu sein, weshalb Sie bei der Erschießung der fünf Holländer anwesend sein sollten.«

H: »Nein, ich war nicht dabei, als sie erschossen wurden. Ich weiß genau, ich weiß es mit Sicherheit, daß ich in dem Fall selber dort gewesen wäre.«

A: »Haben Sie die Angelegenheit mit Freytag erörtert? Was für eine Erklärung gab er dazu, wie es zur Erschießung der Holländer kam?«

H: »Freytag sagte nur, daß die fünf Holländer erschossen wurden. Weshalb sie erschossen wurden, wußte ich ja bereits durch die Aussage, die sie gemacht hatten.«

A: »Kurz zuvor erzählten Sie uns, Sie wüßten es nicht, die Holländer hätten es selbst nicht gewußt.«

H: »Die Holländer sagten, sie glaubten verurteilt worden zu sein, weil man bei ihnen Waffen gefunden hatte, weil sie keine Uniform trugen und weil man in ihnen holländische Staatsangehörige vermuten und sie daher dem Untergrund zurechnen mußte, und nach der Genfer Konvention können Männer, die keine Uniform tragen und kein Soldbuch haben, ohne Verfahren sofort erschossen werden.«

A: »Herold, das haben Sie doch gerade eben erfunden, stimmt's?«

H: »Ich habe das nicht erfunden, sondern aus der Aussage geschlossen.«

A: »Hören Sie, Sie haben zwei- oder dreimal schon erklärt, daß Sie keinen bestimmten Grund finden konnten, weshalb die Holländer zum Tode verurteilt worden waren, und daß es die Holländer selbst nicht wußten, und jetzt geben Sie sehr lange und vollständige Gründe dafür an, weshalb sie zum Tode verurteilt wurden. . . Halten Sie für die Erschießung der fünf Holländer nicht auch folgende Lesart für sehr viel einleuchtender: Sie wurden von Ihnen zum Tode verurteilt, wie es die beiden Frauen und Eder ausgesagt haben, Sie orderten die fünf Spaten, und die fünf wurden nach draußen geführt und von Freytag und Hoffmeister erschossen, wie im Fall Sommer und Schrammek, mit ein paar Zuschauern, sofern Interesse vorhanden.«

H: »Nein. Ich habe die Holländer nicht zum Tode verurteilt und sie auch nicht erschießen lassen. Ich gab auch keine Anweisung, Spaten zu holen und erteilte keinerlei Befehle, wie in den Zeugenaussagen behauptet.«

A: »Ihnen zufolge hat mindestens die Hälfte der Belastungszeugen Geschichten erzählt, die nicht nur in Kleinigkeiten von der Wahrheit abweichen, sondern von Anfang bis Ende frei erfunden sind. Stimmen Sie dem zu, daß man aus Ihrer Aussage am heutigen Nachmittag nur diesen einen Schluß ziehen kann?«

H: »Ja. Mehrere Punkte werden auch von meinen Zeugen bestritten.«

A: »Abschließend möchte ich Ihnen nur einen kurzen Absatz aus Ihrer Aussage vorlesen, Herold:

›Warum ich nun eigentlich die Leute im Lager erschossen habe, kann ich gar nicht einmal sagen. Wahrscheinlich war mein ganzer Grund, daß weder ich noch meine Leute kriegsbegeistert waren, und wir so jedenfalls einen Grund hatten, nicht zur Front zu gehen.‹

Eine gute Zusammenfassung Ihrer gesamten Einstellung, nicht wahr? Entspricht dies nicht der Wahrheit?«

H: »Die Aussage entspricht der Wahrheit, aber ich habe sie bestritten. Damals fragte ich den Offizier, der mich verhörte, ob ich diese Aussage unter Eid machen müßte.«

A: »Herold, sind die zwei Sätze, die ich eben vorgelesen habe, wahr oder nicht?«

Herold antwortete nicht.

20

Nun waren die Amtsinhaber, die in jenem April an verantwortlicher Stelle saßen und entsprechende Befugnisse hatten, an der Reihe, ihre Darstellung der Ereignisse zu geben.

Das letzte, was Dr. Thiel wollte, war wohl, vor Gericht zu erscheinen und unter Eid auszusagen. Vielleicht brachte ihn tatsächlich nur die stillschweigend inbegriffene Drohung, andernfalls fände er sich womöglich selbst auf der Anklagebank wieder, in den Zeugenstand. Seine Aussage läßt die widerstrebende Haltung erkennen.

Dr. Allihn geleitete ihn sehr behutsam durch die Vorgeschichte, die zu einem Zusammentreffen mit Herold führte. Doch er ließ sich nicht drängen und verweilte bei der ersten telefonischen Benachrichtung durch Lagervorsteher Hansen vom Lager II.

Thiel: »Ich teilte dem Lager mit, ich würde sogleich kommen, doch zuvor setzte ich mich mit dem Generalstaatsanwalt in Oldenburg in Verbindung... Wir vertraten beide die Auffassung, daß es erforderlich sei, die Gefangenen, die einen Fluchtversuch unternommen hätten, zu belangen, und ich schlug ihm als in meinen Augen angemessene Lösung vor, ein Standgericht zusammentreten zu lassen, ein allerdings erst vor kurzem angeordnetes Verfahren. Wie ich bereits sagte, stimmte der Generalstaatsanwalt mit mir überein und erklärte, er werde die notwendigen Schritte sofort in die Wege leiten.«

Dr. Allihn: »Sie sprachen von Ihrem Anruf beim Generalstaatsanwalt, aber was mich interessiert, ist Herolds Anteil an der ganzen Angelegenheit. Würden Sie mir dies bitte erläutern?«

Thiel fuhr fort, als habe er die Zwischenfrage gar nicht gehört.

T: »Ich hatte kaum mein Telefongespräch mit Oldenburg beendet und wollte mich für die Fahrt zum Lager fertig machen, als ein Wagen vorfuhr. Von meinem Fenster aus konnte ich sehen, daß ein Offizier in Begleitung von Einheitsführer Schütte ausstieg. Ich dachte, es wäre nun wohl nicht mehr notwendig, daß ich zum Lager führe, da der eben angekommene Offizier vermutlich Herold war. Ich ließ ihn in das Büro meines Stellvertreters führen und sagte, ich würde gleich nachkommen. In der Zwischenzeit ließ ich meinen Sekretär die Nummer des Reichsgesetzblattes heraussuchen, in der die Verordnung über die Errichtung von Standgerichten veröffentlicht worden war. Damit ging ich nach oben in Dr. Ottingers Büro und fand bei ihm Schütte, einen Unteroffizier und einen Hauptmann vor, der sich als Herold vorstellte. Ich fragte ihn nach den Gründen, die ihn ins Lager geführt hätten, und nach seinen Vollmachten.«

Dr. A:»Was antwortete er darauf?«

T:　　»Ich zitiere wörtlich aus dem Gedächtnis, so gut ich kann: ›Wenn der Feind zwei Kilometer entfernt steht, habe ich es nicht notwendig, besondere Vollmachten beizubringen, dann erwartet meine Division, daß ich handle, wie es die Situation erfordert.‹ Ich fragte ihn, wie er dazu gekommen sei, vier Leute zu erschießen, und er antwortete, er sei von ihnen angegriffen worden, und der Unteroffizier in seiner Begleitung bestätigte das, fügte noch hinzu, ihn selbst habe einer der Gefangenen ins Gesicht geschlagen.«

Dr. A:»Was sagte Herold genau? Heute erklärt er, daß nicht er angegriffen worden sei, sondern einer seiner Männer, und daß dieser deshalb die vier erschossen habe. Er selbst hätte nichts mit der Erschießung zu tun gehabt.«

T:　　»Soweit ich mich erinnere, sagte er, er sei angegriffen worden, und gab keine weiteren Erklärungen dazu.«

Dr. A:»Wie verlief das Gespräch, insbesondere in bezug auf seine Vollmacht? Sagten Sie ihm, er solle sich mit dem Gauleiter in Verbindung setzen?«

T:　　»Nein. Ich habe mich überhaupt nicht in dieser Richtung geäußert. . . Ich sagte ihm, er solle bis zum nächsten Tag abwarten, ehe er weitere Schritte unternähme, und das versprach er auch. . .«

Dr. A:»Und hörten Sie etwas darüber, daß Herold mit der Kreisleitung oder der Gestapo Verbindung aufnehmen wollte?«

T:　　»Als ich noch mit Herold über die Bildung eines Standgerichts sprach, hörte ich Schütte, gegenüber von uns, flüstern: ›Wir fahren gleich zum Kreisleiter.‹ Ich untersagte derartige Schritte und erklärte ihm, daß er mir nicht ins Wort zu fallen habe. Doch ich nahm an, daß er wohl hinfahren würde, da ihm offensichtlich das von mir vorgeschlagene, den gesetzlichen Vorschriften entsprechende Vorgehen zu umständlich und zu langwierig vorkam. Ob er den Kreisleiter tatsächlich aufsuchte, entzieht sich meiner Kenntnis...«

Dr. A: »Aber als Leiter der Zentraldienststelle haben Sie doch bestimmt herauszufinden versucht, was sich im Lager abgespielt hat, nicht wahr?«

T: »Das ergibt sich eindeutig aus meinem weiteren Bericht über die Telefongespräche mit der Staatsanwaltschaft in Oldenburg. Als ich nach meinem Gespräch mit Herold in mein Büro zurückkehrte, erreichte mich ein Anruf aus Oldenburg des Inhalts, daß der Reichsverteidigungskommissar, Gauleiter Wegener, die Bildung eines Standgerichts als zu langwierig abgelehnt und die Angelegenheit der Gestapo übertragen habe. Der Generalstaatsanwalt war mit dieser Lösung einverstanden. Daher bemühte ich mich, die Gestapo in Emden zu erreichen, das heißt, Dr. Ottinger setzte sich dort mit Kriminalrat Struve in Verbindung und erkundigte sich, wie man die Anordnung des Reichsverteidigungskommissars auszuführen gedenke. Die Gestapo beschied Dr. Ottinger, man übernehme die Verantwortung und werde Herold die Sache als ›vereinfachtes Standgericht‹ übertragen oder ihm sagen, er solle Einzelfälle untersuchen, entscheiden, wer schuldig sei und wer nicht, und die Urteile vollstrecken. Ich informierte das Lager darüber und bevollmächtigte Hauptmann Herold unter den genannten Bedingungen. Da schaltete sich Herold ein und teilte mit, er habe bereits die Exekution an rund 90 Gefangenen vorgenommen und fühle sich nur dem Kreisleiter, nicht mir verantwortlich.«

Im Kreuzverhör fragte ihn Dr. Schauenburg:

Dr. S: »Wenn Ihnen dieses Vorgehen als nicht gesetzmäßig erschienen wäre, hätten Sie dann eingegriffen oder sich davor gescheut?«

T: »Bevor ich diese Frage beantworte, muß ich Sie fragen, warum ich vor Herold Angst gehabt haben sollte.«

Dr. S: »Hatten Sie welche? Genau das möchte ich wissen.«

T: »Nein. Ich hatte keine Angst.«

Nun war Rechtsanwalt Schiff an der Reihe. Nach der Feststellung, daß sich im Durchschnitt 8 000 Gefangene in Thiels Verwaltungsbereich befanden, fragte er ihn:

S: »Kam es Ihnen als altem erfahrenen Juristen nicht ganz ungeheuerlich vor, daß da ein Hauptmann im Lager auftauchte und sofort begann, Gefangene abzuschießen?«

T: »Sicherlich. Es erschien mir höchst ungewöhnlich.«

S: »Kam Ihnen nicht der Gedanke, sich an einen übergeordneten Offizier in der Gegend zu wenden?«

T: »Ich hatte nicht den leisesten Zweifel, daß er tatsächlich Hauptmann war, der – vielleicht auf Grund seiner Jugend – ein wenig überstürzt handelte. Es war nun Sache der Generalstaatsanwaltschaft, den Fall der vier zuerst erschossenen Gefangenen zu untersuchen.«

S: »Das ist ja das Unglaubliche an der Sache. Anstatt weitere Leben zu schützen, dachten Sie über Theorien und Prinzipien nach, mit denen sich die Erschießung der ersten vier Menschen begründen ließe.«

T: »Wenn ich auf den weiteren Verlauf meines Gesprächs mit dem Generalstaatsanwalt zurückkommen darf. . .«

S: »Das interessiert uns nicht. Was ich wissen möchte, ist, weshalb der für 8 000 Gefangene verantwortliche Beamte nicht das Allereinfachste getan und Herold um sein Soldbuch gebeten hat?«

T: »Dieses Allereinfachste hätte ich getan, wenn mir auch nur der leiseste Zweifel gekommen wäre, es könnte sich um einen falschen Hauptmann handeln.«

S: »Kannten Sie die Geschichte des Hauptmanns von Köpenick?«

T: »Selbstverständlich kannte ich sie. . .«

S: »Zwei weitere Fragen. Wie hoch war die durchschnittliche jährliche Todesrate in Ihren Lagern?«

T: »Diese Frage kann ich nicht aus dem Gedächtnis beantworten.«

Gerichtspräsident: »O doch, das können Sie. Wollen Sie damit sagen, Sie wissen es nicht?«

T: »Im Augenblick weiß ich es nicht.«

S: »Wir wollen nicht wissen, ob es 10, 17 oder 37 waren. Wir wollen vielmehr wissen, wie viele innerhalb eines bestimmten Zeitraums – sagen wir eines Jahres – starben; waren es -zig, oder Hunderte oder gar Tausende?«

T: »Das kann ich nicht sagen – ich kann diese Frage nicht aus dem Gedächtnis beantworten. Ich bin nicht gewillt, sie überhaupt zu beantworten.«

S: »Das einzige, was Sie zu wissen scheinen, ist, daß Sie versucht haben, diese Erschießungen theoretisch zu legalisieren.«

T: »Da hat man mich mißverstanden.«

S: »Ist Ihnen klar, daß annähernd 200 Menschen, die keine mit der Todesstrafe zu ahndenden Delikte begangen hatten, am Leben geblieben wären, wenn Sie Ihre elementarste Aufgabe erfüllt hätten, das heißt, sich über die Leute zu informieren, die in Ihre Lager eingedrungen waren? Wieviel Wachpersonal hatten Sie in Lager II?«

T: »Meinen Sie in der Verwaltung oder bloß Wachen?«

Gerichtspräsident: »Nun, diese Frage können Sie doch sicherlich beantworten? Wie viele Wachen waren verfügbar, einschließlich der Verwaltungsbeamten?«

T: »Im Lager II – etwa 40 bis 50.«

Dr. Thiels Assistent war Dr. Ewald Ottinger, ein höherer Beamter, damals 43 Jahre alt. Dr. Ottingers Aussage war faktisch eine Bestätigung der zuvor von Dr. Thiel gemachten. Doch sie besaß insofern weiterreichende Bedeutung, als sie tieferen Einblick in die Persönlichkeit der Betroffenen bot, nicht zuletzt in die Ottingers selbst.

Von Dr. Schauenburg befragt, kam er schnell auf das Gespräch zwischen Herold und Dr. Thiel.

Dr. Schauenburg: »Geben Sie einfach das wieder, was Sie sagen hörten.«

Ottinger: »Es ist mir völlig unmöglich, Ihnen sämtliche Einzelheiten wiederzugeben.«

Dr. S: »War es ein so alltägliches Gespräch, daß Ihnen nichts im Gedächtnis haftengeblieben ist?«

O: »Herold war im Lager II. Er erschoß dort fünf Gefangene. Dr. Thiel ersuchte ihn um seine Ausweise.«

Dr. S: »Zeigte er sie ihm?«

O: »Nein.«

Dr. S: »Was tat Dr. Thiel daraufhin?«

S: »Dr. Thiel ersuchte ihn, seine Aktionen abzubrechen, da ein Standgericht gebildet werden sollte. Wenn ich mich recht erinnere, bat er ihn, bis zum nächsten Morgen zu warten.«

Dr. S: »Einen Augenblick bitte. Warum sah sich Dr. Thiel die Ausweise und Vollmachten nicht genau an?«

O: »Herold hatte sie offenbar nicht bei sich. . .«

Dr. S: »Wenn Sie schon damals diesen Eindruck hatten und wenn Sie wußten, daß er bereits Menschen erschossen hatte und wenn Dr. Thiel dies für so unbedeutend hielt, daß er nur sagte: ›Warten Sie bis morgen‹, warum haben Sie dann nicht selber aktiv eingegriffen?«

O: »Dr. Thiel hatte ja den Hauptmann nicht nur ersucht aufzuhören, sondern dieser hatte es auch versprochen.«

Dr. S: »Wie konnten Sie sich in der Frage der Ausweise zufriedengeben?«

O: »Es ging mich nichts an, sondern war Sache von Dr. Thiel.«

Dr. S: »Hatten Sie nicht aus rein menschlichen Erwägungen den Wunsch, die Angelegenheit mit Herolds Papieren zu klären?«

O: »Nein. Ich war der Meinung, Dr. Thiel verhalte sich korrekt.«

Dr. S: »Was für ein Grund wurde für die Erschießung von den fünf Gefangenen angegeben?«

O: »Ich glaube mich zu erinnern, daß Herold sagte, diese fünf Gefangenen hätten Widerstand geleistet oder ihn sogar angegriffen.«

Dr. S: »Warum wurde es Herold nicht untersagt, das Lager zu betreten, bis die gesetzlichen Bedingungen erfüllt waren?«

O: »Ich glaube, Dr. Thiel hat daran nicht gedacht.«

Dr. S: »Und Sie haben auch nicht daran gedacht?«

O: »Nein.«

Sie kamen nun auf Ottingers Besuch im Lager II zu sprechen.

Dr. S: »Haben Sie sich in den folgenden Tagen zum Lager II begeben?«

O: »Ja. Ich meine, das war am Sonnabendnachmittag.«

Dr. S: »Warum?«

O: »Ich erhielt eine Sonderanweisung von Dr. Thiel, Herold die Nachricht zu überbringen, er und seine Leute hätten ihre Befugnisse überschritten und nichts mehr im Lager zu suchen.«

Dr. S: »Worauf bezog sich das?«

O: »Sie gingen in die Werkstätten, die Herrn Dropmann unterstanden, und befahlen den Leuten, für sie zu arbeiten.«

Dr. S: »Was sagten Sie Herold, und was antwortete er darauf?«

O: »Ich führte meine Anweisungen aus, die ich mir genau notiert hatte. Herold versprach, sich danach zu richten, und fügte hinzu, sein Auftrag sei nunmehr beendet. Er teilte mir die Anzahl der Exekutierten mit.«

Dr. S: »Verlangten Sie weitere Informationen darüber, wie die Erschießungen durchgeführt wurden?«

O: »Soweit ich mich erinnere, sprach ich darüber mit Hansen.«

Dr. S: »Nicht mit Herold?«

O: »Nein.«

Dr. S: »Wie hoch belief sich die Ihnen angegebene Anzahl?«

O: »Irgend etwas um 140 oder auch 170.«

Dr. S: »Reichte diese Zahl nicht aus für Sie, weitere Informationen zu verlangen?«

O: »Ich hatte meine Anweisungen ausgeführt und meinte, damit meine Pflicht erfüllt zu haben.«

Dr. S: »Halten Sie das, was Herold in der Werkstatt tat, für wichtiger als seine übrigen Aktivitäten?«

O: »Nein.«

Dr. S: »Haben Sie dafür gesorgt, daß Herold das Lager verließ, als sein Auftrag erfüllt war?«

O: »Nein.«

Dr. S: »Was haben Sie mit Hansen besprochen?«

O: »Meine Anweisung lautete, mir von Hansen genaue Zahlen angeben zu lassen – wie viele hatten Lager I verlassen, wie viele waren entflohen und wie viele wurden wiederaufgegriffen. Diese Auskünfte konnte ich von Hansen nicht bekommen.«

Dr. S: »Bekamen Sie die Namen?«

O: »Nein.«

Dr. S: »Hat Hansen Ihnen berichtet, wie die Exekutionen vorgenommen wurden?«

O: »Meiner Erinnerung nach sagte er, Herold habe einige Gefangene selbst verhört und sie eigenhändig mit seiner Pistole erschossen.«

Dr. S: »Hat Hansen nichts von einem 2-cm-Geschütz erwähnt?«

O: »Nein.«

Dr. S: »Und auch nichts von Handgranaten?«

O: »Nein.«

Dr. S:»Haben Sie Dr. Thiel Bericht erstattet?«

O:»Ja, gleich nach meiner Rückkehr.«

Dr. S:»Und was gab er da für Anweisungen?«

O:»Er erteilte keinerlei Anweisungen.«

Dr. S:»Fand er alles völlig in Ordnung?«

O:»Er überlegte nur kurz und sagte nach einer Weile: ›Nun, ich denke, das geht alles in Ordnung.‹«

Dr. S:»Was meinte er damit?«

O:»Wenn ich ihn richtig verstanden habe, wollte er damit sagen, daß er alles getan hatte, was in seinen Kräften stand, daß er damit sagen wollte, er, Dr. Thiel, habe seine Pflicht getan.«

Als er Ottinger ins Kreuzverhör nahm, kam der Ankläger nochmals auf die ersten fünf erschossenen Gefangenen zurück:

Ankläger:»Halten Sie es für wahrscheinlich, daß Gefangene in einem solchen Lager, die entflohen und vermutlich nicht besonders gut ernährt waren, versuchen könnten, in unmittelbarer Frontnähe einen Offizier anzugreifen, einen Offizier, der eine Waffe trug?«

Ottinger:»Das hat Herold Dr. Thiel erzählt.«

A:»Es ist geradezu unfaßbar, daß alle Anwälte, die vor diesem Gericht befragt werden, nicht die ihnen gestellten Fragen beantworten.«

O:»Ich bin kein Anwalt.«

A:»Aber Sie sind höherer Beamter, stimmt das?«

O:»Ja.«

A:»Deshalb frage ich Sie nochmals. Halten Sie Herolds Darstellung für glaubhaft? Wollen Sie bitte mit ja oder nein antworten.«

O:»Das ist schwer zu sagen.«

A:»Haben Sie sich denn nicht folgendes gefragt: Wenn Herold die fünf tatsächlich erschoß, weil sie ihn angegriffen hatten, warum mußte er dann auch noch all die anderen erschießen? Dachte er, sie würden ihn ebenfalls angreifen?«

O:»Die Frage ist mir nicht eingefallen.«

A:»Aber ist Ihnen nicht in den Sinn gekommen, daß Sie von einem anderen Raum aus telefonisch versuchen könnten, offizielle Informationen einzuholen über die näheren Begleitumstände bei der Erschießung dieser fünf Menschen?«

O:»Auch diese Frage ist mir nicht eingefallen.«

A:»Und es ist Ihnen wohl auch nicht in den Sinn gekommen, was ein Menschenleben bedeutet, daß es einen besonderen Wert darstellt?«

O:»Das steht natürlich außer Frage, daran ist nicht zu rütteln.«

A:»Aber laut Ihrer Aussage war Hansen nicht in der Lage, über diese Ereignisse sehr schnell Bericht zu erstatten.« Pause. »Gab es vielleicht Formulare, die bei Massenerschießungen ausgefüllt werden mußten?«

O:»Natürlich gibt es dafür keine Formulare, aber es erfordert Zeit, einen Bericht zusammenzustellen. . .«

A:»Noch eine Frage. Haben Sie wegen der ganzen Angelegenheit irgendwann einmal Reue empfunden? Ist Ihnen später niemals der Gedanke gekommen, wenn Sie in dem Augenblick wie ein Mann gehandelt hätten, wären diese schrecklichen Ereignisse vielleicht zu verhindern gewesen?«

O:»Ich habe mein Gewissen erforscht, aber meiner Meinung nach brauche ich mir nichts vorzuwerfen, denn ich habe alles getan, was ich tun konnte. Ich tat alles, was mir möglich war, und alles, was mir nur irgend einfiel.«

Als nächster war Kreisleiter Buscher an der Reihe. Nachdem er Herold als Nr. 1 auf der Anklagebank identifiziert hatte, ließ Dr. Schauenburg ihn berichten, wie Schütte mit Herold zu ihm in sein Büro in Aschendorf gekommen war. Sie hatten gesagt, daß sie bei Dr. Thiel in Papenburg gewesen seien und von ihm keine Entscheidung über die Erschießung von einigen Häftlingen in Lager II erreichen konnten.

Dr. Schauenburg: »Was wollten sie von Ihnen?«

Buscher: »Sie wollten von mir erfahren, ob die Partei zu der

Erschießung ihre Zustimmung geben würde... Ich habe daraufhin die Gauleitung angerufen.«

Es folgte eine Klarstellung des zeitlichen Ablaufs, da Buscher darauf beharrte, die Gauleitung habe ihm mitgeteilt, er solle bis zum nächsten Morgen warten; Herold könne dann wiederkommen und sich die Entscheidung der Partei holen.

B: »Man teilte mir mit, das Standgericht könne nicht mehr durchkommen, weder mit dem Wagen, geschweige denn mit der Bahn. Aber die Sache könne anders gehandhabt werden. Ich solle mich mit der nächsten Gestapo-Leitstelle in Verbindung setzen, sie über den Fall informieren, und wenn ich von dort die Zustimmung erhielte, dann wäre alles in Ordnung.«

Dr. S: »Gut. Sie riefen also die Gestapo an?«

B: »Ja. Ich rief die Gestapo in Emden an. Ich verlangte den Dienststellenleiter, aber der war nicht im Hause, und ich wurde mit seinem Stellvertreter verbunden.«

Dr. S: »Was sagte er?«

B: »Er fragte mich, was ich wolle. Ich sagte ihm, ich riefe auf Bitten – es kann auch auf Anweisung gewesen sein – der Gauleitung an. Ich berichtete ihm von der Angelegenheit, von der Flucht der Gefangenen auf dem Marsch, genau wie man es mir gesagt hatte. Dann fragte ich ihn, auf Ersuchen der Gauleitung, ob sie ihre Zustimmung zu der Erschießung geben würden. Er wollte wissen, um wie viele Gefangene es sich dabei handelte. Ich gab die Frage an Herold und Schütte weiter, und sie sagten, mindestens 30 bis 40 Mann. Dies teilte ich dann der Gestapo mit und erhielt zur Antwort: ›In Ordnung, wir sind einverstanden.‹ Auf meine Frage, ob jemand von der Dienststelle herüberkäme, erhielt ich die Antwort, das sei nicht erforderlich.«

Dr. S: »Sie informierten dann Herold und Schütte über dieses Gespräch?«

B: »Ja.«

Dr. S: »Sind die beiden dann gegangen?«

B: »Ja.«

Dr. S: »Haben Sie diese Information dem Lager durchtelefoniert?«

B: »Nein. Für mich war die Sache damit erledigt.«

Als nächstes bestritt Buscher, Urbanek gesagt zu haben, er solle ihm nach Abschluß der Massenexekution einen Bericht darüber beibringen. Er behauptete vielmehr, erstmals von der Massenexekution durch Herold erfahren zu haben, der ihn am Tage danach abermals in seinem Büro aufgesucht habe.

Dr. S: »Sie haben die Gauleitung oder die Gestapo nicht informiert?«

B: »Gauleiter Wegener suchte mich ein paar Tage später auf. Bei der Gelegenheit habe ich ihm von der Angelegenheit berichtet.«

Dr. S: »Wußten Sie, daß es sich nicht um 30 bis 40 Menschen handelte?«

B: »Herold sagte mir, es wären 59 Personen gewesen.«

Dr. S: »Und das haben Sie Ihrem Gauleiter weitergeben?«

B: »Ja.«

Dr. S: »Was hat er dazu gesagt?«

B: »Nichts Besonderes. Nur ›In Ordnung‹.«

Dr. S: »Er fand die Sache in Ordnung?«

B: »Das nehme ich an.«

Damit endete Dr. Schauenburgs Verhör, aber Rechtsanwalt Schiff war das bei weitem nicht genug.

S: »Sie sagten, Ihnen wurde berichtet, daß diese Menschen erschossen werden sollten, weil sie während des Marsches davonrannten?«

B: »Sie rannten davon und terrorisierten die Umgebung.«

S: »Ist Ihnen irgendeine Verordnung bekannt, die bestimmt, daß Menschen, die entfliehen und die Umgebung terrorisieren, sofort erschossen werden müssen?«

B: »Ich war nur Befehlsträger.«

S:»Und wer gab Ihnen den Befehl?«

B:»Ich brauchte keinen Befehl, weil Herold und Schütte mir über die Angelegenheit Bericht erstattet hatten und weil ich unter anderem für die Sicherheit der Bevölkerung verantwortlich war.«

S:»Und ein bloßer Bericht und die bloße Behauptung, daß Menschen die Umgebung terrorisierten, genügten Ihnen als Grund für eine solche Strafe?«

B:»Nein. Das ist nicht wahr. Wir hörten, daß sie außerdem geplündert hätten, und eine Vergewaltigung sollten sie auch noch begangen haben.«

S:»Und selbst wenn Ihnen berichtet wurde, sie hätten eine Vergewaltigung begangen, glauben Sie, daß Sie das Recht besaßen, einen Befehl weiterzugeben, gemäß dem 30 bis 40 Menschen erschossen werden sollten?«

B:»Ich erstattete pflichtgemäß der zuständigen Stelle Meldung.«

S:»Ich bin aber der Meinung, Sie beschränkten sich nicht darauf, Meldung zu erstatten. Sie erkundigten sich, ob Ihre Behörde nicht einen Erschießungsbefehl für diese Menschen erteilen könne. Das haben Sie gerade erklärt, und ich denke, jeder im Saal muß es gehört haben. Ich glaube nicht, daß ich mich da geirrt habe.«

B:»Ich erkundigte mich bei der Gauleitung, ob das Standgericht die richtige Stelle sei, sich mit dem Fall zu befassen.«

S:»Ist Ihnen als Kreisleiter niemals der Gedanke gekommen, daß es sich hier zwar um politisch anders Gesinnte, aber dennoch um Menschen handelte und daß die Todesstrafe nur in alleräußersten und nur in gesetzlich zulässigen Fällen verhängt werden darf?«

B:»Ich habe schon einmal gesagt, daß ich nur als Befehlsträger in Frage kam.«

Gerichtspräsident:»Aber Sie haben die Frage des Anwalts nicht beantwortet.«

B:»Ich habe bereits gesagt, daß dies nicht meine Aufgabe war, sondern die des Gauleiters.«

S: »Ich bitte Sie zum letztenmal, meine Frage mit ja oder nein zu beantworten. Hatten Sie bei den bevorstehenden Hinrichtungen nie den Gedanken, daß der Tod nur in alleräußersten und nur in gesetzlich zulässigen Fällen verhängt werden darf?«

B: »Meine persönliche Meinung kommt hier gar nicht in Betracht, weil ich mich immer wieder auf den Gauleiter berufen kann.«

Schiff setzte sich, sichtlich angewidert.

Der Ankläger begann nun mit dem Kreuzverhör Buschers. Der Ton wurde durch die erste Frage und Antwort bestimmt.

Ankläger: »Als Herold und Schütte Sie zum erstenmal aufsuchten, waren sie da bestrebt, die Erschießungen sobald als möglich fortzusetzen?«

Buscher: »Nein. Sie mußten lange warten, das heißt bis zum nächsten Tag, bis wir Anweisung erhielten.«

Der Ankläger verwies Buscher dennoch auf Abschnitt 6 seiner ersten Aussage, die als Beweismittel zugelassen war. Er begann:

»Während unseres Gesprächs redeten Herold und Schütte die ganze Zeit von den Exekutionen.«

A: »Haben Sie später erfahren, daß Herold eine Anzahl Männer erschossen hatte, bevor Sie den Befehl an ihn weitergaben?«

B: »Ich entdeckte das erst, als ich in London verhört wurde.«

A: »Was fanden Sie nun genau heraus?«

B: »Daß Herold schon früher Gefangene erschossen haben sollte...«

A: »Es steht doch ganz außer Zweifel, nicht wahr, Herr Buscher, daß Ihnen persönlich das Schicksal dieser Menschen im Lager völlig gleichgültig war?«

B: »Nein, das würde ich nicht sagen.«

A: »Was taten Sie zur Untersuchung und Verhinderung der Exekutionen? Oder zur Klärung ihrer Gesetzmäßigkeit?«

B: »Ich sah in diesen Leuten eine Gefahr für die kämpfende Truppe.«

A: »Sie meinten also, daß sie erschossen werden müßten?«

B: »Nein. Das war Aufgabe der Wehrmacht, und ich dachte, daß alles gesetzmäßig durchgeführt würde.«

A: »Das können Sie schwerlich behaupten, Herr Buscher, da wir ja die ganze Zeit immer wieder zu hören bekommen, wie die Sache an die Gestapo und an die Partei zur Entscheidung übergeben wurde, und Sie waren als Kreisleiter ein höherer Parteifunktionär. Waren Sie mit den Erschießungen einverstanden oder nicht?«

B: »Ich habe Ihnen schon gesagt, daß ich nur Befehle weitergab.«

Gerichtspräsident: »Lassen Sie ihn diese Frage beantworten.«

A: »Ich möchte heute von Ihnen Ihre persönliche Meinung hören: Waren Sie mit den Erschießungen einverstanden oder nicht?«

B: »Das kann ich nicht sagen, weil ich die kämpfende Truppe und die Sicherheit der Bevölkerung berücksichtigen mußte.«

A: »Aber nachdem Sie all das in Betracht gezogen hatten, hielten Sie die Erschießungen für korrekt oder nicht?«

B: »Soweit es die Schuldigen betraf, das heißt die Plünderer, hielt ich es für korrekt, aber nicht für die anderen.«

A: »Und Sie beließen es dabei, Befehle weiterzugeben und die Achseln zu zucken, wenn Menschen erschossen wurden?«

B: »Weil ich den Befehlen der Wehrmacht zu gehorchen hatte.«

A: »War es nicht ungewöhnlich, wenn sich ein Parteifunktionär wie Sie gegenüber den Wünschen der Wehrmacht, das heißt eines Hauptmanns der Luftwaffe, derart aufgeschlossen zeigte?«

B: »Ich sagte Ihnen bereits, daß die kämpfende Truppe in Betracht gezogen werden mußte. . .«

177

Der Ankläger wandte sich dem Abschnitt 6 in Buschers zweiter Aussage zu.

A: »Würden Sie sich bitte diese Aussage ansehen, Herr Buscher. Ist das unten Ihre Unterschrift?«

B: »Ja.«

A: »Würden Sie bitte den Absatz 6 laut vorlesen?«

B: »Ein paar Tage später erfuhr ich in der Kreisleitung, wo die Leute darüber redeten, obwohl es keinen offiziellen Bericht gab, daß Herold am gleichen Tag, an dem er zum erstenmal in meinem Büro erschienen war... abends eine Anzahl Gefangener erschossen hatte. Wie viele er erschoß, weiß ich nicht.«

A: »Entspricht dieser Absatz 6 der Wahrheit? Ja oder nein?«

B: »Nein. Ich bin der Meinung, daß ich davon erst nach dem Besuch des Gauleiters hörte. Nein, das stimmt nicht. Ich hörte es von einem Parteifunktionär und von einem Offizier.«

A: »Nun, diese Aussage ist auf deutsch abgefaßt und von Ihnen unterschrieben, und der in Frage stehende Absatz befindet sich wenige Zentimeter über Ihrer Unterschrift. Warum haben Sie es unterschrieben und als wahr anerkannt, wenn es das doch nicht war?«

B: »Ich erinnere mich, daß ich mit dem Offizier, der mich verhört hat, übereingekommen war...«

A: »Ich möchte keine lange Geschichte. Der bewußte Absatz beginnt: ›Ein paar Tage später erfuhr ich in der Kreisleitung.‹ Mit genau diesen Worten fängt Absatz 6 an. Mit Ihrer Unterschrift gleich darunter.«

B: »Das muß nach dem 14. oder 16. gewesen sein.«

A: »Wir kümmern uns hier nicht um Daten, aber das war einige Tage darauf, daß Sie davon erfuhren?«

B: »Das bringt mich wieder ganz durcheinander.«

A: »Herr Buscher, halten Sie sich immer an die Wahrheit?«

B: »Streng.«

A:»Weil dies das zweite Mal ist, daß etwas in Ihrer Aussage nicht stimmt.«

B:»Ich weiß nicht.«

A:»Haben Sie Ihre Aussage durchgelesen, bevor Sie unterschrieben?«

B:»Vermutlich, aber nicht sorgfältig genug.«

A:»Sie sagen jetzt, daß Absatz 6 unrichtig ist und keineswegs der Wahrheit entspricht?«

B:»Das einzige, worauf er sich beziehen kann, ist, daß die Anzahl von 59 überschritten wurde.«

A:»Das ist nicht Absatz 6. Ich meine den, der anfängt: ›Ein paar Tage später.‹«

B:»Ein paar Tage nach diesem Besuch erfuhr ich, daß mehr als 59 erschossen worden waren.«

A:»Herr Buscher, setzen Sie Ihre Brille auf und lesen Sie Absatz 6 genau durch. Stimmt es, daß Sie ein paar Tage später in der Kreisleitung hörten, Herold habe Leute erschossen, bevor er die Anweisung erhielt?«

B:»Nein, ich erfuhr das in London.«

A:»Aber Absatz 6 begann: ›Ein paar Tage später‹, und die Dienststelle der Kreisleitung befindet sich nicht in London. . .«

B:»Dann ist das nicht richtig.«

A:»Sie haben also eine falsche Aussage gemacht?«

B:»Da muß ein Irrtum vorliegen.«

A:»Mit Ihrer Unterschrift direkt darunter?«

B:»Ja.«

Der Ankläger setzte sich.

Aber der Gerichtspräsident hatte noch eine Schlußfrage:

»Herr Buscher, Sie wollten bestimmte Fragen von Rechtsanwalt Schiff nicht beantworten. Sagen Sie jetzt, ob Sie die folgende Frage beantworten wollen: Wußten Sie, daß es sich bei den Männern, die erschossen werden sollten, um Deutsche handelte?«

B:»Ja.«

In ihrer Ausgabe von Freitag, dem 23. August, befaßte sich die »Nordwest-Zeitung« ausführlich mit diesen Zeugen unter der Balkenüberschrift:

Zeugen, die auf die Anklagebank gehören

»Ich habe mein Gewissen geprüft, ich habe mir Vorwürfe nicht zu machen«, sagte der Mann, der im April 1945 die administrative Leitung der Strafgefangenenlager Emsland innehatte, Dr. Ottinger, als Zeuge im Herold-Prozeß aus.

Dem Sinn nach die gleichen Worte gebrauchte auch der Zeuge Dr. Thiel, der letzte Präsident der Strafgefangenenlager, und ebenso sprach, sogar mit dem Brustton der Überzeugung, der Zeuge Buscher, damals Kreisleiter in Aschendorf. Sie haben sich keine Vorwürfe zu machen; aber wie das Zeugenverhör beweist, hätten sie die Massenerschießungen der wehrlosen Menschen – von denen der Ankläger sagte, daß sie eher eine Abschlächterei als eine militärische Exekution gewesen seien – verhindern können, wenn sie die Pflicht der wahren Verantwortung erfüllt hätten; die Pflicht der Menschlichkeit, die es ihnen geboten hätte, diese »Abschlächterei« zu verhindern, haben sie offenbar nie gekannt.

Der Bericht über ihre Zeugenaussagen erschien mit den Zwischentiteln:

»Dr. Thiel fand alles in Ordnung« und »Der Parteibonze: Verbrecher oder groteske Null?«

21

Das Standgericht, das in diesem Verfahren eine so zentrale Rolle spielte, war eine im deutschen Recht bis Februar 1945 unbekannte Institution. Das »Reichsgesetzblatt« vom 15. Februar 1945 veröffentlichte auf Seite 30 die Verordnung über die Errichtung von Standgerichten:

Die Härte des Ringens um den Bestand des Reiches erfordert von jedem Deutschen Kampfentschlossenheit und Hingabe bis zum Äußersten. Wer versucht, sich seinen Pflichten gegenüber der Allgemeinheit zu entziehen, insbesondere, wer dies aus Feigheit oder Eigennutz tut, muß sofort mit der notwendigen Härte zur Rechenschaft gezogen werden, damit nicht aus dem Versagen eines einzelnen dem Reich Schaden erwächst. Es wird deshalb auf Befehl des Führers im Einvernehmen mit dem Reichsminister und Chef der Reichskanzlei, dem Reichsminister des Innern und dem Leiter der Partei-Kanzlei angeordnet:

I.

In feindbedrohten Reichsverteidigungsbezirken werden Standgerichte gebildet.

II.

(1) Das Standgericht besteht aus einem Strafrichter als Vorsitzer sowie einem Politischen Leiter oder Gliederungsführer der NSDAP und einem Offizier der Wehrmacht, der Waffen-SS oder der Polizei als Beisitzern.

(2) Der Reichsverteidigungskommissar ernennt die Mitglieder des Gerichts und bestimmt einen Staatsanwalt als Anklagevertreter.

III.

(1) Die Standgerichte sind für alle Straftaten zuständig, durch die die deutsche Kampfkraft oder Kampfentschlossenheit gefährdet wird.

(2) Auf das Verfahren finden die Vorschriften der Reichsstrafprozeßordnung sinngemäß Anwendung.

IV.

(1) Das Urteil des Standgerichts lautet auf Todesstrafe, Freisprechung oder Überweisung an die ordentliche Gerichtsbarkeit. Es bedarf der Bestätigung durch den Reichsverteidigungskommissar, der Ort, Zeit und Art der Vollstreckung bestimmt.

(2) Ist der Reichsverteidigungskommissar nicht erreichbar und sofortige Vollstreckung unumgänglich, so übt der Anklagevertreter diese Befugnisse aus.

V.

Die zur Ergänzung, Änderung und Durchführung dieser Verordnung erforderlichen Vorschriften erläßt der Reichsminister der Justiz im Einvernehmen mit dem Reichsminister des Innern und dem Leiter der Partei-Kanzlei.

VI.

Die Verordnung tritt mit ihrer Verkündung im Rundfunk in Kraft.

Berlin, den 15. Februar 1945
Der Reichsminister der Justiz

Dr. Thierack

Danach hätte also die Bildung eines Standgerichts folgendermaßen vor sich gehen müssen. Gauleiter Wegener als Reichsverteidigungskommissar für das Weser-Ems-Gebiet hätte einen Strafrichter als Vorsitzer, einen Politischen Leiter der Partei und einen Offizier ernennen sowie einen Anklagevertreter bestimmen müssen. Selbst angenommen, er ernannte Herold als Offizier und Buscher als Parteifunktionär – und es sieht nicht so aus, als habe er dies getan –, so fehlten immer noch der Strafrichter als Vorsitzer und der Anklagevertreter. Die in der Verordnung festgelegten Voraussetzungen für die Errichtung eines Standgerichts waren demnach in keiner Weise erfüllt.

Über dieses Manko wird sich der Gauleiter, in dessen Zuständigkeitsbereich die Standgerichte fielen, völlig im klaren gewesen sein; Buscher, der sich nicht gerade durch überragende Intelligenz auszeichnete, dürfte die Sachlage nicht restlos durchschaut haben. Thiel wiederum mußte sich völlig im klaren gewesen sein, schließlich hatte er ja das »Reichsgesetzblatt« zu seiner Unterredung mit Herold mitgenommen; Ottinger mochte nicht von vornherein genau Bescheid gewußt haben, konnte sich aber jederzeit genau informieren, indem er sich das »Reichsgesetzblatt« aus Thiels Büro vornahm. Die Generalstaatsanwaltschaft in Oldenburg, die sich bereits bei verschiedenen Gelegenheiten solchen Standgerichten als rechtswidrig mit allen Mitteln widersetzt hatte, war sich über die Sachlage völlig im klaren. Und natürlich hatten Herold und Schütte keine Ahnung vom Inhalt der Verordnung und sahen in dem Begriff »Standgericht« nichts weiter als einen möglichen Ausweg aus einer Situation, in der ihnen sonst durch juristische und administrative Vorschriften die Hände gebunden gewesen wären.

22

Danach war der Angeklagte Schütte an der Reihe und gab im Zeugenstand seine Version der Ereignisse wieder.

Seine Lesart der inzwischen geläufigen Geschichte besagte natürlich, daß die Erschießungen von Herold und seinen Leuten vorgenommen wurden, daß die Vorkommnisse im Lager II in Vorsteher Hansens Zuständigkeitsbereich fielen, nicht aber in seinen, daß er sich bei Beginn der Massenexekutionen in seinem Zimmer aufgehalten und daß seine Rolle in der ganzen Angelegenheit sich auf die Ausübung seiner eigentlichen Funktion beschränkt hatte: unter den durch Überfüllung und eine Erschießung erschwerten Bedingungen für Aufrechterhaltung der Sicherheit des Lagers und seiner Insassen zu sorgen.

Zum Besuch bei Thiel gab Schütte zu, Herold begleitet zu

haben, spielte jedoch seinen Anteil an dem Beschluß, danach zu Buscher zu fahren, herunter.

Schütte:»Der Präsident (Thiel) holte ein paar Verordnungen betreffs Standgerichte, aber sie kamen zu keiner Einigung. Er sagte: ›Vielleicht weiß der Kreisleiter darüber Bescheid‹, weil ein Standgericht auch Sache des Kreisleiters wäre.«

Dr. Schauenburg:»Einen Augenblick bitte. Sie behaupten, Dr. Thiel habe Ihnen gesagt, Sie sollten sich an den Kreisleiter wenden. Sie erinnern sich doch sicher, was Dr. Thiel gerade hierzu geäußert hat?«

S: »Kann sein, daß auch ich gesagt habe: ›Vielleicht kennt sich der Kreisleiter damit aus.‹«

Dr. S:»Wie ging es dann weiter?«

S: »Herold sagte: ›In Ordnung. Wir werden den Kreisleiter aufsuchen...‹«

Dr. S:»Kommen wir jetzt bitte zu den Gesprächen bei Buscher.«

S: »Nachdem der Hauptmann vorgestellt worden war, sagte Buscher: ›Ich hatte eben einen Anruf aus Oldenburg, daß die Gestapo in Emden zu der ganzen Angelegenheit Anweisungen hat. Ich kann sofort in Emden anrufen.‹ Er meldete ein dringendes Gespräch an und bekam gleich eine Verbindung. Buscher gab den Befehl, den er telefonisch von Emden erhalten hatte, an Herold weiter: Alle Gefangenen, die entflohen waren und geplündert, gestohlen und vergewaltigt hatten, sollten erschossen werden. Falls Herold das übernehmen wolle, könne er das gern tun. Der Befehl war erteilt...«

Dr. S:»Und haben Sie danach, in den folgenden Tagen noch einmal mit Buscher gesprochen?«

S: »Ich habe täglich mit Buscher gesprochen.«

Dr. S:»Auch über die Exekution?«

S: »Ja. Es war am 17. April, als ich ein Bad nehmen und die Wäsche wechseln wollte, da hörte ich Pistolenschüsse. Ich meldete das Buscher, und er sagte:

›Schon in Ordnung. Laß ihn ruhig weitermachen. Er hat entsprechende Anweisungen.‹«

Dr. S: »Haben Sie an dem Tag oder einem der anderen beobachtet, daß von irgendeiner Seite der Versuch unternommen wurde, die Gesetzmäßigkeit des Hinrichtungsbefehls zu überprüfen?«

S: »Darum hat sich kein Mensch gekümmert...«

Dr. S: »Haben Sie, was immer Sie taten, für Ihre Pflicht gehalten? Oder glaubten Sie, in Anbetracht der nahen Front brauche man sich über gar nichts mehr Gedanken zu machen?«

S: »Meiner Auffassung nach handelte ich stets pflichtgemäß.«

Von Dr. Allihn über die Begleitumstände von Meyers Streife ins Kreuzverhör genommen, bestätigte Schütte das Gesamtbild und die Befehle, mit denen er Meyer auf die Suche nach weiteren entflohenen Häftlingen geschickt hatte.

Dr. A: »Was sagte Herold, als Meyer sich zum Dienst meldete?«

S: »Herold sagte zu Meyer: ›Jeden, den Sie beim Plündern antreffen, erschießen Sie auf der Stelle.‹«

Schütte berichtete ferner, was er gehört hatte, als Meyer dann später telefonisch Meldung machte und der Hörer an Herold weitergegeben wurde.

Dr. A: »Was haben Sie gehört?«

S: »Ich hörte, wie der Hauptmann Meyer anpfiff, weil der sich offenbar geweigert hatte, den Schießbefehl auszuführen.«

Dr. A: »Sie sagen, er war verärgert und wütend. Was für Ausdrücke benutzte er?«

S: »Er benutzte abermals den Ausdruck ›liquidieren‹. Und: ›Wenn Sie verdammter Idiot es nicht fertigbringen, komme ich selber hin und erledige das!‹«

Dr. A: »Haben Sie das als Scherz aufgefaßt, oder meinte er es ernst?«

S: »Das war kein Scherz.«

Dr. A: »Sie sagten etwas von ›liquidieren‹.«

S:　　»Das war der Ausdruck, den Herold bei seinen Leuten benutzte für – jemand erschießen.«

Dr. A: »Hat sich Herold nach dem Telefongespräch zu Ihnen darüber geäußert?«

S:　　»Er sagte nur: ›Die sollen sich nicht so dämlich anstellen. Sonst greife ich selber ein.‹«

Dr. A: »Meinte Herold damit, wenn Meyer und seine Männer die Erschießungen nicht durchführten, würde er selber hingehen und Meyer samt seinen Leuten erschießen?«

S:　　»Er meinte, wenn sie es nicht täten, würde er es selber machen, und dann könnten sie was erleben.«

Dr. A: »Hatten Sie den Eindruck, Herold würde Meyer erschießen, wenn er nicht tat, was man ihm aufgetragen hatte?«

S:　　»Wir mußten damit rechnen...«

Dr. A: »Herr Schütte, Sie haben gehört, was Herold gestern in bezug auf diese Erschießung sagte. Sie hörten Herold erklären, er wisse nichts von dem allen?«

S:　　»Ich erinnere mich gut an den Vorfall.«

Dr. A: »Was bedeutet, daß Herold gelogen hat?«

S:　　»Ja.«

Nun folgte das Kreuzverhör des Anklägers. Er befaßte sich zunächst mit Pfarrer Lünings Aussage, er habe keinen Zugang zu den Todeskandidaten erhalten, um ihnen die Sterbesakramente zu spenden. Schütte gab prompt zu, sich mit Lüning unterhalten zu haben, fügte jedoch hinzu:

»Wenn er mit den Gefangenen reden wollte, hätte er sich an den Vorsteher (Hansen) wenden müssen, nicht an mich; ich besaß in solchen Angelegenheiten keine Befugnis.«

Als er schließlich verwarnt wurde, weil er sich nicht erinnern konnte, wischte er das ganze Thema vom Tisch mit den Worten:

»Ich habe dem ganzen Gespräch, das ich mit Pfarrer

Lüning hatte, nie irgendwelche Bedeutung beigemessen.«

Sie kamen nun auf die Zusammenkunft mit Thiel, und Schütte wiederholte seine vorherige Aussage, er habe Herold nicht gedrängt, zum Kreisleiter zu gehen. Er stellte Thiels Aussage ebenso in Abrede wie die Pfarrer Lünings.

Ankläger:»Ich behaupte, Schütte, daß Sie beim Besuch Pfarrer Lünings im Lager und bei Ihrem in Dr. Thiels Büro Äußerungen taten, aus denen hervorging, daß Sie die Exekution unbedingt durchgeführt sehen wollten.«

Schütte:»Nein, Sir.«

A:»Am Freitag wurde dem Gericht eine Aussage des Angeklagten Setzer vorgelesen. Ich möchte Ihnen nur ein Stück daraus vorlesen und Sie fragen, ob es in bezug auf Sie der Wahrheit entspricht.

In der Mitte heißt es:

›Am Tag, an dem die ersten Gefangenen hereingebracht wurden, kam Schütte zu mir und sagte, die Leute müßten erschossen werden. Ich erklärte ihm, daß die Angelegenheit nicht überstürzt werden dürfe; als erstes müßten die Leute isoliert werden, dann würde ich sie verhören und die Zentralverwaltung in Papenburg über den Sachverhalt unterrichten, die dann zu entscheiden hätte, was geschehen solle.‹

Erinnern Sie sich, das zu Setzer gesagt zu haben?«

S:»Ja. Das war das erste Gespräch, als die Gefangenen aus Lager IV und V entsprungen waren.«

A:»An welchem Datum wäre das etwa gewesen?«

S:»Es kann der 1. oder 2. April gewesen sein. Es war der Tag, an dem die Leute aus Lager IV und V in Lager II verlegt wurden. Ungefähr 20 sind entflohen.«

A:»Und Sie erachteten die Todesstrafe bei Flucht als angemessen?«

S:»Für Leute, die entflohen und nach Einbruch der Dunkelheit plünderten, war das damals die übliche Strafe.«

A:»Wir haben kein Wort gehört von Leuten, die nach Einbruch der Dunkelheit plünderten, sondern nur von entflohenen, und ich bin auch nicht an der gängigen Meinung interessiert, sondern an Ihrer eigenen.«

S: »Ich habe das Gespräch mit Setzer geführt.«

A: »Und Sie hielten es für richtig, daß diese Menschen ohne irgendeine Art von Verfahren erschossen werden sollten?«

S: »Nein. So war das nicht gemeint.«

A: »Würden Sie wohl erklären, wie es denn gemeint war?«

S: »In meinem Gespräch mit Setzer wollte ich zum Ausdruck bringen, daß dies nun einmal die geltenden Bestimmungen seien und diese Leute nach Recht und Gesetz erschossen werden müßten. Es handelte sich um ein rein privates Gespräch zwischen Setzer und mir.«

A: »Vielleicht. Aber Setzer hat es jetzt auf einem Blatt Papier öffentlich gemacht. Und als die Gefangenen ohne Prozeß erschossen wurden, billigten Sie diese Verfahrensweise?«

S: »Nein.«

A: »Sie hielten es für Unrecht?«

S: »Ja.«

A: »Aus diesem Grund haben Sie die Wachposten verdoppelt und den Leuten eingeschärft, in ihren Baracken zu bleiben, wie ich annehme?«

S: »Mit den Wachposten habe ich überhaupt nichts veranlaßt. Die Gefangenen mußten in den Baracken bleiben, weil ich Unruhen befürchtete. Es gab einen Dauerbefehl, bei besonderen Vorkommnissen wie diesen Alarm auszulösen.«

A: »Wenn Sie die Erschießungen mißbilligten, warum haben Sie dann nicht versucht, sie zu stoppen?«

S: »Ich konnte da gar nichts machen. Ich hatte keinen Befehl bekommen, sie zu erschießen, und ich konnte auch nichts tun, um die Erschießungen zu verhindern.«

A: »Sie konnten nichts tun? Sie meinen, Sie wollten nichts tun.«

S: »Nein, ich konnte auch nichts tun.«

A: »Erinnern Sie sich an Ihre beiden Aussagen, die dem Gericht vorgelesen wurden?«

S: »Ja.«

A: »Abschnitt 12 Ihrer ersten Aussage, der zweite Satz. Sagen Sie mir nur, ob dies richtig ist:

›Ich machte mir keine Gedanken, wen er erschoß und ob er schoß, denn er war dazu ermächtigt, und es war Sache des Vorstehers, nicht meine Angelegenheit.‹ Ist das richtig?«

S: »Ja. Er hatte die Macht dazu, und ich war ohnmächtig.«

A: »Auf dieser letzten Seite Ihrer Aussage befindet sich Ihre Unterschrift etwa zwei Zentimeter unter diesen Worten. Würden Sie den Abschnitt 12 vorlesen?«

S: »Ich blieb bis 15. April im Lager. Ich machte mir keine Gedanken, wen er erschoß und ob er schoß, denn er war dazu ermächtigt, und es war Sache des Vorstehers, nicht meine Angelegenheit.‹«

A: »Pflichten Sie mir bei, daß sich das nicht nach jemand anhört, der sich für das Schicksal dieser Menschen interessierte oder sich ihretwegen Sorgen machte?«

S: »Ich hatte mit dem Schicksal der Gefangenen nichts zu tun. Das war Sache des Vorstehers.«

A: »Ich werde die Frage wiederholen: Finden Sie, daß sich dieser Abschnitt nach einem Mann anhört, der sich über das Schicksal dieser Menschen Gedanken macht?«

S: (Keine Antwort)

A: »Ja oder nein?«

S: (Keine Anwort)

Nach weiteren Vernehmungen zu der Massenexekution fragte der Ankläger:

A: »Warum wurden Sie plötzlich so uninteressiert an diesen Massenerschießungen?«

S: »Ich hatte nie großes Interesse daran.«

A: »Nanu! Genügend Interesse, mit Pfarrer Lüning zu reden, genügend Interesse, die Wachposten um das Lager zu verdoppeln, weil Sie mögliche Unruhen befürchteten, und als die Erschießung stattfindet, werden Sie plötzlich ängstlich und verschwinden?«

S: »Ich habe mich an keiner der Erschießungen beteiligt.«

A: »Und deshalb hat also Anwander bewußt gelogen, als er aussagte, Sie hätten die Befehle gegeben?«

S: »Ich habe keinen Feuerbefehl erteilt.«

A: »Daher lügt Anwander Ihrer Meinung nach?«

S: »Ja.«

A: »Ihrer Meinung nach wurden die Erschießungen, oder was Sie davon sahen, in korrekter und militärischer Form durchgeführt?«

S: »Ja...«

A: »Ist es zutreffend zu sagen, daß diese Massenerschießung mehr von einem Rummelplatz als von einer militärischen Exekution an sich hatte?«

S: »Das kann ich nicht sagen.«

A: »O doch, Sie können. Sie können ja oder nein sagen.«

S: »Nein.«

A: »Sie waren zufrieden, es war alles in Ordnung?«

S: »Nein.«

A: »Was fanden Sie nicht in Ordnung?«

S: »Daß das Geschütz abgefeuert und daß Handgranaten geworfen wurden.«

A: »Sieht nicht der wahre Grund, aus dem Sie die Wachposten verdoppelten und all diese Vorsichtsmaßnahmen ergriffen, wie folgt aus: Sie wußten, daß diese blutige Erschießung bevorstand, und Sie fürchteten sich bei dem Gedanken, was passieren könnte, durchaus mit Recht?«

S: »Ich ließ den Stacheldraht verstärken und ergriff weitere Maßnahmen gegen Flucht.«

A: »Ja. Weil Sie wußten, daß etwas absolut Unzulässiges, Gesetzwidriges stattfinden würde. Ja oder nein?«

S: »Ja.«

Der Ankläger setzte sich, durchaus zufrieden mit dieser letzten Antwort. Sie hatte ihn ein hartes Stück Arbeit gekostet.

23

Als nächster sagte Euler zu seiner Verteidigung aus. Außer daß er bestritt, sich an den Erschießungen aktiv beteiligt zu haben, lieferte er kaum neue Erkenntnisse. Doch eine Stelle in der Vernehmung seines Anwalts Koch veranschaulicht vielleicht die makabre Szene noch deutlicher, die sich am Abend des 12. April am Rand der Grube abgespielt hat.

Euler:»Nach Beendigung der Erschießung gingen die Männer, die gefeuert hatten, zum Grabrand.«

Koch:»Was haben Sie da beobachtet?«

E:»Das Grab war schrecklich zugerichtet von den Sprengstoffen und der Munition, zerfetzte Körper – manche lebten noch.«

K:»Haben Sie sich irgendwann aktiv an der Erschießung beteiligt?«

E:»Bis zu diesem Augenblick nicht.«

K:»Und dann?«

E:»Als ich näher an die Grube herankam, sah ich diese zerfetzten Körper, und am Rand bei der Nordwestecke war einer ganz schlimm verstümmelt.«

K:»Was geschah nun?«

E:»Meiner Meinung nach muß er noch irgendwie gelebt haben, und als ich sah, wie die Wachen die Leichen am Rand mit den Füßen ins Grab beförderten, dachte ich, dem in der Ecke würde es genauso ergehen. Und da er meiner Meinung nach nicht tot war, schoß ich mit meiner Pistole auf ihn.«

K:»Sie wollten verhindern, daß dieser Mann lebendig ins Grab geworfen wurde?«

E:»Ja.«

K:»Inwieweit war er verletzt?«

E:»Soweit ich mich erinnern kann, war ein Arm abgerissen und der Brustkorb zerschmettert, eine klaffende Wunde. Ich denke, er wurde von dem 2-cm-Flakgeschütz getroffen.«

K:»Was für Waffen trugen Sie?«

E:»Ich trug eine Maschinenpistole und hatte eine Pistole 08 im Gurt.«

K:»Und haben Sie auch mit der Maschinenpistole geschossen?«

E:»Nein.«

K:»Was geschah, als Sie dem Schwerverwundeten den Gnadenschuß gegeben hatten?«

E:»Nichts weiter. Der ganze Anblick hatte mich so aufgeregt, daß ich mich schleunigst davonmachte. Ich bin magenleidend, und mein Magen rebellierte.«

Die volle Bedeutung seiner Aussage im Zeugenstand läßt sich vielleicht nur in Zusammenhang mit Eulers zweiter Aussage bei der Ermittlung ermessen (die erste diente nur der Vernebelung und enthielt den Satz: ›Ich war bei keinerlei Erschießungen zugegen‹, den Euler später richtigstellte). Euler schilderte, wie die Gefangenen beim Lager I zusammengetrieben wurden:

»Ich hörte Schüsse aus den Büschen, und sofort kam ein Gefangener herausgestürzt und brach zwei Meter von mir zusammen. Der Gefangene war schwer verwundet und konnte gerade noch den Unterkiefer bewegen. So ging ich zu dem Gefangenen und gab ihm mit meiner Pistole den Gnadenschuß. . . Kurz bevor wir nach Bockhorst kamen. . . sahen wir 10 bis 12 Meter entfernt zwei Gefangene die Straße von rechts nach links überqueren. Widhalm und ich schossen und trafen jeder einen. Der eine war sofort tot, und ich gab dem anderen, der noch nicht tot war, den Gnadenschuß. . . Am Mittwoch, dem 11. April, marschierte der Zug nach Flachsmeer, wo wir ungefähr 50 Gefangene aus der Schule einsammelten. . . Ein Gefangener lief quer über den Schulhof in Richtung auf den Zaun, der das Gelände hinten abschließt. Ich zog die Pistole und schoß auf den Gefangenen. Der erste Schuß verfehlte ihn, aber der zweite tötete ihn sofort, so daß sich ein Gnadenschuß erübrigte.«

Rechtsanwalt Hein befragte nun den Angeklagten Bernhard Meyer. Hauptsächlich ging es hierbei natürlich um die Ereignisse vom 13. April, als Meyers Zug acht flüchtige Gefangene aufgegriffen und erschossen hatte. Als sie gestellt wurden, untersuchte man sie laut Meyers Aussage nach Beute.

Hein:»Und was kam dabei ans Licht?«

Meyer:»Kleidungsstücke, die ihnen nicht gehörten, Schuhe und ein Schinken und 60 Reichsmark. Außerdem Lebensmittelreste.«

H:»Fragten Sie, woher diese Sachen stammten?«

M:»Ja. Alle acht Gefangenen gaben zu, sie die Nacht zuvor gestohlen zu haben.«

Danach schilderte Meyer seine telefonische Meldung an Herold.

H:»Aber Herr Meyer, hatten Sie bereits den Befehl von Hauptmann Herold, alle Gefangenen, die geplündert hatten, zu erschießen?«

M:»Nein, nicht in dieser Form. Er erteilte mir den Befehl, direkt beim Plündern erwischte Gefangene auf der Stelle zu erschießen...«

H:»Sie sprachen also mit Herold?«

M:»Ja.«

H:»Und wie reagierte Herold auf Ihren Bericht?«

M:»Er brüllte ganz plötzlich los: ›Liquidieren!‹ Ich sagte: ›Herr Hauptmann, ich verstehe Sie nicht.‹ Herold sagte: ›Bestrafen Sie sie.‹ Ich sagte: ›Herr Hauptmann, ich weiß nicht, was Sie meinen, Sie müssen sich schon etwas deutlicher ausdrücken.‹ «

H:»Und was antwortete Herold darauf?«

M:»›Lassen Sie sie auf der Stelle erschießen.‹«

Meyer wiederholte Herolds Drohung, selber zu kommen und die Sache zu erledigen, mit der darin enthaltenen weiteren Drohung, daß Meyer und seine Leute damit sehr wohl ebenfalls gemeint sein könnten, eine Drohung, die Meyer sich zu Herzen nahm. Meyer schilderte dann die Exekution in dem nahen Wald.

M:»Als das Loch gegraben war, ließ ich die Gefangenen Aufstellung nehmen, in einem gewissen Abstand voneinander.«

H:»Und danach gaben Sie den Schießbefehl?«

M:»Ich ließ das Exekutionskommando sich ungefähr sieben bis acht Schritte von den Gefangenen in einer Reihe aufstellen und gab den Befehl: ›Feuer!‹«

H:»Und waren alle Gefangenen tot?«

M:»Nein.«

H:»Haben Sie selbst den Gnadenschuß abgegeben?«

M:»Ich habe nicht mit dem Exekutionskommando geschossen, aber nach der Exekution habe ich den Gnadenschuß abgegeben.«

H:»Was geschah nach der Exekution?«

M:»Nach ein paar Minuten ließ ich die Gefangenen in das Grab legen und es zuschütten.«

H:»Haben Sie über die Exekution Meldung erstattet?«

M:»Wir sind dann zum Gasthaus zurückmarschiert, und ich habe Herold telefonisch Meldung erstattet.«

Nun nahm der Ankläger Meyer ins Kreuzverhör.

Ankläger:»Wie weit war es vom Gasthaus Cordes bis zum Richtplatz?«

Meyer:»Anderthalb bis zwei Kilometer.«

A:»Und die Beschuldigten legten diese Strecke barfüßig zurück?«

M:»Nein, sie gingen nicht barfüßig.«

A:»Aber der Zeuge Cordes sagte aus, die acht Männer hätten Schuhe und Socken vor seinem Gasthaus zurücklassen müssen.«

M:»Ich sagte ihnen, sie sollten die Schuhe, die sie gestohlen hatten, beim Gasthaus lassen, aber nicht die Socken.«

A:»Das ist allerdings eine feinsinnige Frage, ob sie den Weg barfüßig oder auf Socken zurücklegten. Halten Sie es für einen Ausdruck anständiger Gesinnung, Menschen, die dem Tod entgegengehen, anderthalb bis zwei Kilometer auf Socken laufen zu lassen?«

M: »Ich brauchte die Schuhe für die Armen.«

A: »Sie hätten sie die Schuhe am Richtplatz ausziehen lassen können, stimmt's?«

M: »Vielleicht.«

A: »Warum ließen Sie diese Menschen anderthalb Kilometer in Socken laufen?«

M: »Es regnete nicht.«

Zum Schluß kam der Ankläger auf die Frage der Gesetzmäßigkeit.

A: »Sie selbst hielten es bis zum allerletzten Augenblick für richtig, daß diese Menschen erschossen werden sollten? Ohne daß sie verurteilt worden waren?«

M: »Aber sie waren ja verurteilt worden.«

A: »Wann wurden sie verurteilt?«

M: »Ich nahm das Urteil telefonisch entgegen.«

A: »Aber sie hatten doch nichts bekommen – kein Verhör, keine Verhandlung, gar nichts, oder?«

M: »Nein. Es gab keine Verhandlung.«

A: »Und hielten Sie persönlich es für völlig in Ordnung, diese acht Männer zu erschießen, obwohl Sie wußten, daß sie keinerlei Verfahren bekommen hatten?«

M: (Keine Antwort)

A: »Ja oder nein?«

M: »In Ordnung? Also ich weiß nicht. Ich mußte mich eben Herolds Autorität fügen.«

A: »Meyer, Sie erschossen acht Menschen und wußten, daß sie keinerlei Verfahren gehabt hatten. Sie selbst müssen sich doch Ihre eigene Meinung gebildet haben, ob das richtig oder falsch war. Ich möchte das wissen.«

M: »Richtig.«

Da der Angeklagte Hermann Brandt seine Beteiligung an der Erschießung unumschränkt eingestanden hatte, konnte

Rechtsanwalt Hein nicht viel mehr tun, als auf das Fehlen weiterer Zeugen hinzuweisen.

Brandt, ein Landarbeiter, zur Tatzeit 31 Jahre alt, war unmittelbar nach Hitlers Machtergreifung 1933 in die SA eingetreten. Seine erste Aussage, die er am 26. Juni 1946 in Esterwegen gemacht hatte, war als Beweismittel zugelassen und enthielt folgende wesentliche Passagen:

»Anfang April (1945) wurde ich zum Volkssturm eingezogen, zu Eulers Gruppe in Meyers Zug... Ich war dabei, als eine Anzahl von uns Gefangene aus der Schule in Flachsmeer abholte, erinnere mich aber nicht mehr, an welchem Tag das war, und wer den Gefangenen erschoß, der dort getötet wurde, obwohl mir die Tatsache an sich bekannt ist.

An dem Tag, an dem Herold die 100 Gefangenen mit dem Flakgeschütz erschoß, wurde Meyers Zug zum Wachdienst um das Lager abkommandiert. Ich stand außerhalb des Stacheldrahtbereichs an der Südseite. Vor mir war die Grube. Ich befand mich etwa in der gleichen Entfernung wie das Flakgeschütz, ungefähr gegenüber von Baracke 4. Das Geschütz war auf der anderen Seite der Grube. Ich war mit meinem Gewehr bewaffnet. Das Geschütz begann auf die Gefangenen vor der Grube in der Südwestecke des Lagers zu schießen, aber nach vier oder fünf Feuerstößen gab es Ladehemmung. Einige Gefangene waren in die Grube gefallen, andere standen noch aufrecht, als ich den Befehl hörte: ›Alles schießen!‹ Ich weiß nicht, wer den Befehl gab. Zusammen mit den anderen, die in der Nähe standen, gab ich ein paar Schüsse auf die Gefangenen ab... Ich beteiligte mich nur an der Erschießung der ersten und zweiten Gruppe... (Als alles vorbei war) gaben Schütte und Bernhard Meyer Befehl, das Grab zuzuschütten. Zuerst wurde Chlorkalk auf die Leichen gestreut, dann schüttete ich mit den anderen das Grab zu. Am folgenden Tag wurden Eulers und Pellers Gruppen unter Meyers Kommando als Suchtrupp in Richtung Burlage losgeschickt... Als sämtliche Wachmannschaften zurückgekommen waren ins Gasthaus Cordes, hatten sie insgesamt acht Gefangene.«

Brandt bestätigte das Telefongespräch zwischen Herold

und Meyer, soweit er es auf Meyers Seite mitbekam, zusammen mit dem, was Meyer ihm später berichtete. Er fuhr fort:

»Nach dem Telefongespräch ging Meyer auf die Suche nach einem geeigneten Platz, und ich holte ein paar Schaufeln und ging dann zu der Stelle außerhalb des Dorfes, wo sich die Gefangenen befanden. Dort mußten die Gefangenen ihr eigenes Grab graben. Dann mußten sie sich in einer Reihe aufstellen, vor ihnen die acht oder neun Wachen, und Meyer gab den Befehl: ›Anlegen! Feuer!‹ und wir schossen. Ich gab einen Schuß ab. Dann gingen wir zur Grube, und ich glaube, ein Gefangener war nicht tot und bekam den Gnadenschuß, ich denke, von Meyer. Danach schütteten wir das Grab zu und gingen zu Cordes zurück.

Mir ist durchaus klar, daß es sich um Mord handelt, wenn Menschen ohne vorhergehende Verhandlung erschossen werden. Mir ist ferner bekannt, daß im Fall der Leute, die von Herold mit seinem Flakgeschütz, und später von mir und anderen mit Gewehren und Maschinenpistolen und auch bei denen, die in Burlage in der Nähe vom Gasthaus Cordes erschossen wurden, keinerlei gesetzmäßiges Verfahren stattgefunden hat. Ich war freilich der Meinung, der Hauptmann hätte unbeschränkte Vollmacht.«

24

Achtunddreißig Zeugen der Verteidigung hatten ausgesagt, einschließlich der zwölf Angeklagten. Das Gericht trat nun zur Anhörung der Plädoyers zusammen.

Der Ankläger begann am Montag, dem 26. August, mit einem kurzen Rückblick auf den Fall:

»In den vergangenen 14 Tagen haben Sie zahlreiche Zeugen – sowohl für die Anklage wie für die Verteidigung – gehört, und nun ist es an mir, am Schluß des Verfahrens den Fall noch einmal für die Anklage zusammenzufassen... wobei ich mir vollauf bewußt bin, daß ich bei Erfüllung dieser Aufgabe strikte Unparteilichkeit gegenüber den zwölf Angeklagten auf der Anklagebank zu wahren habe.

Dies war ein langwieriges Verfahren, und wenn ich versuchen wollte, auf jede die einzelnen Angeklagten betreffende Einzelheit einzugehen, müßte ich sehr viel länger zu Ihnen sprechen als wünschenswert oder auch erforderlich. Aber da Sie, wie ich respektvoll anmerken darf, die Zeugenaussagen Tag um Tag mit derart gewissenhafter Aufmerksamkeit verfolgt haben, brauche ich wohl nicht auf jeden bereits abgehandelten Punkt ausführlich einzugehen oder Sie an von Ihnen längst registrierte Widersprüche zu erinnern. Ich möchte lediglich über gewisse Tatsachen sprechen, allgemeiner und mitunter auch individueller Natur, sowie über verschiedene Aspekte, die in Zusammenhang mit diesem Fall eine Rolle gespielt haben mögen. Und dabei gedenke ich mich mit jedem einzelnen Punkt der Anklageschrift zu befassen.

Der erste Anklagepunkt läßt sich sehr kurz abhandeln. Er beschuldigt Willi Herold des Mordes an fünf unbekannten Personen und bezieht sich dabei auf den Vorfall unmittelbar nach seiner Ankunft im Lager II, als Freytag auf seinen Befehl diese unglücklichen Menschen hinter die Arrestbaracke führte und sie dort erschoß. Zur Untermauerung dieser Darstellung liegt Ihnen die Zeugenaussage von Hansen vor, die später durch den Angeklagten Schütte im Zeugenstand bestätigt wurde. Sie haben zu entscheiden, ob Sie dieser Zeugenaussage Glauben schenken oder Herold, der behauptet, sich zur fraglichen Zeit in der Schneiderwerkstatt aufgehalten zu haben, und daß Freytag die Männer erschießen mußte, weil sie ihn und seine Begleiter angegriffen hätten.

Nun zum zweiten und wichtigsten Anklagepunkt – eine Beschuldigung, die 11 von den 12 Angeklagten betrifft, und zu der Sie so viele gewichtige Zeugenaussagen gehört haben. Daß diese entsetzliche Massenerschießung stattgefunden hat, ist unbestritten. Daß die Art und Weise, in der sie durchgeführt wurde, ebenso unmenschlich wie brutal und barbarisch war, steht ebenfalls außer Zweifel. Daß diese wehrlosen Männer liquidiert wurden – um die Herold zugeschriebene Formulierung zu gebrauchen – ohne irgendeine gesetzmäßige Verhandlung oder Vernehmung, läßt sich ebensowenig bestreiten. Tatsächlich wird von allen akzeptiert, daß gegen 19.00 Uhr am 11. oder 12. April diese etwa

100 Menschen nach draußen vor dieses große drohende Grab, das man für sie vorbereitet hatte, geführt und durch Schüsse aus einem 2-cm-Flakgeschütz und verschiedenen Handfeuerwaffen niedergemetzelt wurden. Ob dies nun am Abend von Herolds Ankunft in Lager II oder erst am nächsten stattfand, macht im Plädoyer der Anklagevertretung keinen Unterschied. Aus den Zeugenaussagen von Thiel, Ottinger, Schütte und Urbanek scheint jedoch klar hervorzugehen, daß die Erschießung am Abend von Herolds Ankunft stattfand; Sie werden sich erinnern, wie Dr. Ottinger, als er an dem Tag, an dem Herold und Schütte Thiel und ihn erstmals aufgesucht hatten, abends bei seinem Anruf im Lager II mitgeteilt wurde, ungefähr 80 Männer seien bereits erschossen worden. Er erhielt diese Mitteilung, als er telefonisch darüber informieren wollte, daß die Gestapo in Emden Hauptmann Herold mit der Urteilssprechung und -vollstreckung beauftragt habe... Kann auch nur der geringste Zweifel daran bestehen, daß Herold aus eher niedrigen Beweggründen diese Vollstreckungen durchführen wollte, daß er energische Schritte unternahm und verwerfliche Eile an den Tag legte, sich an das blutige Werk zu machen und die Gefangenen zu töten? Eine Zeitlang spielte er mit Menschenleben; er entschied, ob sie erschossen werden oder ob sie am Leben bleiben sollten, und die Exekution bereitete ihm höchstes Vergnügen und befriedigte vielleicht eine Machtgier, von der dieser junge Gefreite anscheinend besessen war.

Allein hätte er wenig ausrichten können, aber in Schütte fand er einen würdigen Adjutanten – jemanden, den es ebenfalls nach Erschießung der Gefangenen drängte und den Verzögerungstaktiken wie Rechtsweg und faires Verfahren zutiefst erbitterten. In meiner Eröffnungsrede sagte ich von Schütte, er habe Herold nach besten Kräften unterstützt, und behaupte jetzt, daß dies durch die Zeugenaussagen eindeutig bestätigt wurde. Schüttes ganze Einstellung tritt klar zutage in seinem Gespräch mit Pfarrer Lüning und in dem Mißfallen und der Ungeduld, die er bekundete, als Dr. Thiel sich weigerte, die Exekution zu genehmigen. Später war Schütte bei den Massentötungen persönlich zugegen, und wenn Sie die Zeugenaussage von Anwander akzeptieren, worum ich Sie bitte, dann war es Schütte, der den Wachen zubrüllte: ›Alles schießen!‹, als das Flakgeschütz versagte.«

Der Ankläger zählte die Zeugen auf, die gegen die unter diesem Anklagepunkt verbliebenen neun Beschuldigten ausgesagt hatten, und fuhr dann fort:

»Sechs bestreiten, geschossen zu haben oder auch nur zugegen gewesen zu sein. Einer (Peller) erklärt, Warnschüsse abgegeben zu haben. Einer (Euler) behauptet, einen Gnadenschuß gegeben zu haben. Und einer (Brandt) sagt, er habe auf höheren Befehl geschossen. Unter diesen Umständen kann ich die Frage des höheren Befehls ganz kurz abtun, denn alle die Anwälte, deren Mandanten ihre Teilnahme an den Erschießungen bestritten haben, könnten jetzt kaum behaupten, sie handelten auf höheren Befehl. Wie Sie bemerkt haben dürften, war ich bemüht, sämtliche Angeklagten und die Zeugen der Verteidigung nach ihren persönlichen Reaktionen auf die Erschießungen zu fragen, worauf sie fast einstimmig erklärten, sie hätten die Exekutionen verabscheuungswürdig und bestimmt nicht richtig gefunden. Und diese Antwort ist kaum überraschend, denn – wie ich schon in meiner Eröffnungsrede sagte – niemand, der sich an der Erschießung beteiligte, kann auch nur einen Moment gedacht haben, daß bei dieser Aktion selbst der geringste Anschein von Rechtmäßigkeit und Angemessenheit gewahrt wurde. Ihnen mag das als sehr einleuchtender Grund dafür erscheinen, daß einige Angeklagte lieber behaupten, gar nicht zugegen gewesen zu sein, als auf höheren Befehl gehandelt zu haben. Es muß allen klar gewesen sein, daß jeder Befehl, sich an diesem Blutbad zu beteiligen, ungesetzlich war und nicht befolgt werden mußte, daß jeder, der ihm Folge leistete, dies auf eigenes Risiko tat.

Jeder, der sich an dieser Massenerschießung beteiligte, muß gewußt haben, was er tat, daß er Mithilfe leistete, Männer zu töten, denen keinerlei Verfahren zuteil geworden war und die jetzt unter entsetzlich grausamen Begleitumständen umgebracht wurden. Erinnern Sie sich an all die Gerüchte, die seit Herolds Ankunft über das Lager umgingen. Erinnern Sie sich an die willkürlichen Erschießungen, die bereits stattgefunden hatten. Erinnern Sie sich an die zusätzlichen Sicherheitsvorkehrungen. Erinnern Sie sich an das große Grab, das Männer den ganzen Nachmittag hindurch im Schweiße ihres Angesichts ausgehoben hatten. Konnte einer der in diesem Lager Beschäftigten nicht gemerkt haben, was da in der Luft lag? Tatsächlich erklärt Hagewald, gegen den erdrückendes Beweismaterial vorliegt, als einziger von allen Angeklagten, er habe nichts gesehen, nichts gehört, wisse nichts und habe nichts getan. Diejenigen, die nach Ihrer Erkenntnis an dieser Massenerschießung teilgenommen haben, sind nach Meinung der Anklage des Mordes schuldig, denn sie schossen mit Vorbedacht und in der Absicht, Menschen zu töten unter Umständen, die sie über die Tat, an der sie sich beteiligten, nicht im Zweifel gelassen haben konnten. Jeder, der unter diesen Umständen getötet hat, wäre des Mordes schuldig, sei er nun Nationalsozialist oder Kommunist, Chinese oder Chilene. Schließlich möchte ich Ihnen in bezug auf diesen Anklagepunkt zwei Zeugenaussagen ins Gedächtnis rufen. Zuerst die von Leutnant Dahler-Kaufmann, der angesichts der Vorgänge kurz und einfach zu Herold sagte: ›Das ist Mord!‹ Dies war der unmittelbare Eindruck von jemandem, der Lager II innerhalb einer Viertelstunde betreten und wieder verlassen und im Gegensatz zu den Angeklagten keinerlei Anzeichen von den Vorbereitungen gesehen hatte. Zweitens die Zeugenaussage von Anwander, zur Zeit der Erschießung selber zum Wachdienst eingeteilt, der sich geweigert hat, Schüttes Schießbefehl für alle Folge zu leisten. Auf die Frage, warum er nicht geschossen habe, antwortete er mit großer Einfachheit und Aufrichtigkeit: ›Weil es nicht richtig war!‹ Ich hebe die Aussage dieser beiden Zeugen mit besonderem Nachdruck hervor, weil sie Argumente widerlegen dürfte, die etwa lauten: ›Diese Männer konnten unter den gegebenen Umständen das volle Ausmaß ihrer Handlungsweise nicht erkennen‹, oder: ›Diese Männer waren unter den gegebenen Umständen außerstande zu unterscheiden, was richtig und was falsch war.‹

Ich komme nun zum dritten Anklagepunkt, der gegen Meyer vorgebracht wird und die Beschuldigung erhebt, er habe acht unbekannte Personen ermordet. Die einschlägigen Fakten dürften Ihnen noch frisch im Gedächtnis sein, da der

Angeklagte erst am vergangenen Freitag als Zeuge ausgesagt hat. Er gab die Erschießung dieser acht Männer uneingeschränkt zu, sagt jedoch, er habe dies auf Befehl Herolds getan, der ihn überdies selber bedroht habe, sofern er den Befehl nicht binnen einer Stunde ausführte. Man sollte annehmen, daß Meyer, nachdem er Herold und seine Methoden am Vortag bei der Massenerschießung beobachten konnte und von diesem nach eigener Darstellung höchst unverschämt angeredet worden war, an der Aufrichtigkeit Hauptmann Herolds einige Zweifel gekommen wären und bestimmt hätten kommen müssen. Aber dem war offenbar nicht so. Er zögerte lediglich deshalb, den Befehl auszuführen, weil er seinen Leuten eine unangenehme Aufgabe ersparen wollte. So ließ er denn diese acht unglücklichen Männer losmarschieren, zumindest die Hälfte, wenn nicht alle in Socken, da ja, wie Sie sich erinnern werden, trockenes Wetter herrschte. Und er ließ sie 1,5 bis 2 Kilometer marschieren, dann ihr eigenes Grab schaufeln, wobei er die ganze Zeit wußte – und ich betone dies –, daß kein einziger von ihnen ein Verfahren bekommen hatte, und danach erschoß er sie. Herold bestreitet, Meyer diesen Befehl erteilt zu haben, aber nur einmal kurz angenommen, daß Meyer tatsächlich einen solchen telefonischen Befehl erhielt – einen Befehl, ohne weitere Umstände acht Männer zu erschießen, die er aufgegriffen hatte und die höchstens angebliche Diebe waren –, so war es doch ein himmelschreiender, ungeheuerlicher, ungesetzlicher und unzulässiger Befehl, den selbst der schwächste Verstand als solchen zu erkennen vermochte. Es wäre für Meyer ein leichtes gewesen, das Leben dieser Männer zu retten, wenn er es gewollt hätte, und zwar auf den verschiedensten Wegen. Aber ein Mann, der sich derart abgestumpft und gleichgültig verhielt wie er, kann nicht jetzt seine Untat damit zu rechtfertigen versuchen, daß er behauptet, er habe Befehlen gehorchen müssen oder unter Drohung gehandelt. Meyer war ein erwachsener Mensch und damals Beamter in einem Straflager und muß für seine Taten einstehen.«

Der Ankläger erwähnte nun kurz, daß es für den vierten Anklagepunkt gegen Herold und Euler an ausreichendem Beweismaterial fehle, und faßte dann den fünften und sechsten Anklagepunkt summarisch zusammen.

»Herold gibt selbst zu, Sommer und Schrammek zum Tode verurteilt zu haben, behauptet jedoch, dieses Urteil sei
von einem zuständigen Richter bestätigt worden, bevor diese Männer hingerichtet wurden. Vielleicht sollte man sich
auch wiederum ins Gedächtnis rufen, daß es ein neunzehnjähriger Gefreiter war, der seine Mitmenschen munter zum
Tode verurteilte. Und was die Stichhaltigkeit der sogenannten Bestätigung betrifft, so brauche ich darüber kein weiteres Wort zu verlieren. An der Erschießung der fünf Holländer leugnet Herold hartnäckig jede Mitschuld, aber auch
hier sind die Beweise meiner Meinung nach absolut zwin-
gend, während die Darstellung des Angeklagten ebenso wi-
dersprüchlich wie unwahr ist.

Und damit komme ich zu dem letzten Anklagepunkt, der
sich auf die Erschießung eines Mannes durch Euler auf dem
Schulhof in Flachsmeer bezieht. Die Verteidigung beruft
sich hier anscheinend einfach darauf, daß der Mann zu flie-
hen versuchte und die Erschießung daher gerechtfertigt
war. Was ich darüber gehört habe, würde ich als höchst
fragwürdige Geschichte bezeichnen. Euler behauptete zunächst, er habe nie danach gefragt noch jemals erfahren,
wieso ausgerechnet diesem Mann die Flucht aus dem Gebäude gelang, in dem Meyers Zug die aufgegriffenen Gefangenen bewachte. Euler behauptete ferner, seines Wissens gebe es für diese Erschießung keine Zeugen außer ihm selbst.
Meyer wiederum erklärte, Schmitz – dies war offenbar der
Name des Erschossenen – habe sich auf dem Weg vom Innern des Schulhauses nach draußen davongemacht, neben
der Tür, von der aus Euler schoß; und ferner, daß er seine
Wachen zwischen den beiden Punkten postiert hätte. Wenn
das stimmt, dann müssen andere Wachen und Gefangene
ebenfalls draußen in Eulers Nähe gestanden und das Ganze
beobachtet haben. Halten Sie die Darstellung, daß Schmitz
bei einem Fluchtversuch erschossen wurde, für glaubhafter
als die, daß die Gefangenen hinter der Arrestbaracke erschossen werden mußten, weil sie Herolds Leute angegriffen
hatten?

Zum Schluß möchte ich wiederholen, was ich bereits in
meiner Eröffnungsrede sagte, daß dies nur der erste Prozeß
ist, der die administrativen Mißstände in den Emsland-

Straflagern zum Gegenstand hat. Ich erinnere Sie daran, weil ich gewisse Äußerungen der Verteidiger voraussehe, etwa: ›Wenn Dr. Thiel und Dr. Ottinger sich von Herold täuschen ließen; wenn Kreisleiter Buscher Herold für echt hielt; wenn Lagervorsteher Hansen daran glaubte, daß Herold diese angeblichen Sondervollmachten besaß – wie können Sie dann von diesen kleinen Leuten auf der Anklagebank erwarten, daß sie sich anders hätten verhalten sollen?‹ Die Fahrlässigkeit von Dr. Thiel und Dr. Ottinger und das Verhalten der Herren Buscher und Hansen steht hier nicht zur Verhandlung, und die Tatsache, daß sie sich so verhielten und handelten, wie sie es taten, ist kein logisches Argument, die Taten der Männer auf der Anklagebank zu rechtfertigen. Den Männern auf der Anklagebank war es möglich, weit mehr von den Vorgängen im Lager II zu sehen, als Dr. Thiel und seine Kollegen wahrnahmen. Und sollte die Verteidigung derartige Argumente vorbringen, so muß man dabei immer die einfachen Worte von Anwander und Dahler-Kaufmann im Ohr behalten: ›Ich habe nicht geschossen, weil es nicht richtig war‹, und: ›Das ist Mord!‹«

25

Die Plädoyers der Verteidigung begannen tags darauf, am Dienstag.

Dr. Allihn stellte zwei Rechtsfragen an den Anfang. Bei der ersten handelte es sich gewissermaßen um Spiegelfechterei, um ein Scheinmanöver, das er nur durchführte, um es gleich wieder zurückzunehmen. Als Herold die angeblichen Straftaten begangen hatte, war er Soldat und unterstand damit dem Militärgesetz, in dem jedoch das Delikt des Mordes nicht spezifiziert wurde. Folglich kam Paragraph 3 des Militärstrafgesetzes zur Anwendung, wonach mit diesen Straftätern nach den Bestimmungen des allgemeinen Strafgesetzes zu verfahren war. Dr. Allihn hatte daher keine Einwände gegen die Anklagepunkte, die gemäß Paragraph 211 StGB erhoben wurden.

Anklagepunkt 6 war jedoch gemäß Kontrollratsgesetz Nr. 10 vorgebracht worden.

»Ich erlaube mir, Sie auf Artikel 4, Kontrollratsgesetz

Nr. 1 hinzuweisen«, erläuterte er.»Darin heißt es, daß nur mit Bezug auf ein Gesetz, das zu dem Zeitpunkt, an dem die Straftat begangen wurde, bereits in Kraft war, Anklagen erhoben, Urteile ergehen und Strafen verhängt werden dürfen. Die in Frage stehende Straftat wurde jedoch vor Veröffentlichung von Kontrollratsgesetz Nr. 10 begangen.«

Dennoch verstieg sich Dr. Allihn nicht zu der Empfehlung, aus diesem Grund den Anklagepunkt 6 fallenzulassen, sondern verlangte lediglich, das Strafmaß gemäß Paragraph 211 festzusetzen, falls der Schuldbeweis erbracht werden sollte. Es bliebe zwar so oder so beim Todesurteil, aber vielleicht ging es Dr. Allihn darum, seinem Mandaten die Schande zu ersparen, gehenkt anstatt mit dem Fallbeil hingerichtet zu werden.

Nun unterzog Dr. Allihn das gegen Herold unter Anklagepunkt 1 vorgebrachte Beweismaterial einer kritischen Prüfung. In den Zeugenaussagen bestand ein Widerspruch; daß Freytag fünf Gefangene erschossen hatte, war unstrittig, aber ob dies auf Herolds ausdrücklichen Befehl geschehen war, stand nicht so unzweifelhaft fest. Herolds Bereitschaft, für seine Taten einzustehen, wurde ins Treffen geführt mit dem Hinweis, daß er zu diesem Anklagepunkt erklärt hätte, keinen Befehl gegeben zu haben.

Der Gerichtspräsident intervenierte behutsam:

»Dr. Allihn, nach Möglichkeit möchte ich Sie in Ihrem vortrefflichen, minuziös aufgebauten Plädoyer nicht unterbrechen, aber Sie haben da eine Behauptung aufgestellt, die ich sehr sorgfältig erwägen muß. Wir sind uns nicht sicher, ob Sie diese These nur auf Herold anwenden oder ob Sie versuchen, sie als allgemeingültig hinzustellen. Sie sagen, das Gericht müsse nach Beobachtung Herolds überzeugt davon sein, daß er der Typ ist, der sofort offen zugibt, wenn er etwas getan hat. Falls Sie das allein auf Herold beschränken, will ich mich jetzt lediglich dahingehend äußern, daß sich das Gericht nicht nur alle Zeugenaussagen mit größtmöglicher Aufmerksamkeit angehört, sondern auch Herold mit aller ihm zu Gebote stehenden Sorgfalt auf der Anklagebank ebenso wie im Zeugenstand beobachtet hat und daraus abschließend seine Folgerungen ziehen wird. Wenn Sie aber sagen, weil ein Mensch in einem Punkt seine Schuld zugibt, müsse man ihm glauben, wenn er andere Anschuldigungen abstreitet, dann kann das Gericht diese These nicht akzeptieren. Es ist eine allen Strafverteidigern und Richtern geläufige Erfahrungstatsache, daß eine ganze Reihe von Angeklagten gegen sie erhobene Anschuldigungen offen zugibt, wenn die Beweise erdrückend erscheinen, eine andere dagegen vehement abstreitet, wenn sie die vorliegenden Beweise für nicht so stark hält und eine Chance zu haben glaubt, ungestraft davonzukommen, wie man zu sagen pflegt. Entschuldigen Sie bitte diese Unterbrechung, aber ich wollte klarstellen, daß wir Ihre These nicht allgemein gelten lassen, wohingegen wir sie in bezug auf Herold akzeptieren.«

Dr. Allihn begnügte sich damit, forderte jedoch formal, den ersten Anklagepunkt fallenzulassen.

Er kam dann zu Anklagepunkt Nr. 2, der Massenexekution. Obwohl aus guten Gründen angenommen werden konnte, daß Herold bei Beginn der Erschießungen nicht zugegen war, fügte er hinzu:

»Zur Entscheidung der Schuldfrage ist es nach meinem Dafürhalten nicht relevant, ob er von Anfang an zugegen war oder erst später, da ja einwandfrei festgestellt wurde, daß die ganze Angelegenheit auf seine Anweisungen hin stattfand. Wichtig ist vielmehr die Frage, ob Herold ermächtigt wurde, diese Exekutionen durchzuführen. Nach meiner Auffassung hatte er dazu die Vollmacht.«

Dr. Allihn untersuchte nun die Rechtswirksamkeit einer solchen Vollmacht, wenn sie von einer regulären Dienststelle einem Gefreiten in der Annahme erteilt wird, es handle sich um einen Hauptmann. Er machte keinen Versuch, diejenigen zu entlasten, die diese Vollmacht erteilt hatten.

»Wir alle waren geradezu fassungslos angesichts der unglaublichen Gleichgültigkeit, mit der diese Stellen Herold autorisierten. Nicht einmal einen schriftlichen Auftrag hielt man für erforderlich. Das Ganze wurde telefonisch erledigt. Für die zuständigen Instanzen war es offenbar belanglos, daß es hier um Menschenleben ging. Sie waren Gefangene und konnten als solche erschossen werden. Es ist unglaublich, wie sie sich Herold gegenüber verhielten. . . Nach meiner Auffassung kann man nicht sagen, daß die Hauptschuld bei einem Jugendlichen wie ihm lag, sondern vielmehr bei denen, die von Amts wegen dabei Unterstützung leisteten.«

Etwas später ergänzte er: »Doch obwohl ich dafür plädiere, daß Herold Vollmacht zu handeln erteilt wurde, würde ich nicht so weit gehen zu sagen, daß Herold wegen dieser Vollmacht keinerlei Schuld trägt, denn die Vorgehensweisen, die bei diesem Prozeß zutage kamen, hatten gewiß nichts mehr mit einer militärischen Exekution zu tun. Ich selbst kann Herold den Vorwurf nicht ersparen, seine Befugnisse bei weitem überschritten und diese Erschießungen in einer Form durchgeführt zu haben, die wir nur noch als Verbrechen ansehen können.

Ich halte Herold gemäß Anklagepunkt Nr. 2 für schuldig.«

Der vierte Anklagepunkt war bereits fallengelassen worden, so daß sich Dr. Allihn als nächstes der Erschießung von Sommer und Schrammek zuwandte. Herold gab zu, Todesurteile ausgesprochen und vollstreckt zu haben, behauptete jedoch, die Urteile seien von einem ordentlichen Kriegsgericht bestätigt worden. Er erinnerte sich an den Namen des Vorsitzenden, Richter Messerschmidt, und Dr. Allihn war es gelungen festzustellen, daß ein solcher Richter damals in Leer amtiert hatte. Doch ihn vor Gericht als Zeugen beibringen konnte er nicht. Herold blieb bei seiner Behauptung, er habe die schriftliche Bestätigung der Urteile gegen Sommer und Schrammek in der Tasche gehabt, als er von den deutschen Behörden in Aurich verhaftet wurde, wo sie ihm von seinem Ankläger abgenommen worden seien. Daß man ihn damals nicht auch des Mordes an Sommer und Schrammek angeklagt habe, lasse sich als Bestätigung dieser Darstellung werten.

Gegen den Anklagepunkt Nr. 6 erhob Dr. Allihn Einwände mit der Begründung, Eder habe behauptet, etwas gehört zu haben, was er außerhalb des Raumes, in dem Herold mit den Holländern sprach und sie widerrechtlich verurteilt haben sollte, gar nicht gehört haben konnte; und ferner mit der Begründung, daß Herold erklärt habe, sie seien von der SS verurteilt worden, was durch die Tatsache bestätigt wurde, daß die SS die Holländer bei der Polizei abgeholt hatte und sich in der Gruppe Herold keine SS-Leute befanden.

Dr. Allihn hatte sich tapfer geschlagen. Aber zum Schluß dürfte ihm die Munition ausgegangen sein, denn die Unterlagen der Polizei in Leer weisen eindeutig aus, daß Herolds Leute die Holländer abholten, und zwar in Begleitung eines SS-Unterscharführers.

Als nächster war Dr. Schauenburg an der Reihe.

Um zeitraubende Wiederholungen zu vermeiden, waren die Verteidiger übereingekommen, daß zu gemeinsamen grundlegenden Punkten jeweils einer im Namen aller Stellung nehmen sollte. Sie hatten Dr. Schauenburg delegiert, die Sachlage nach deutschem Recht im einzelnen darzulegen.

Zuerst suchte er den genauen Wortlaut von Paragraph 211 des deutschen Strafgesetzbuches zu fixieren. Der Ankläger hatte die im Dritten Reich am 4. September 1941 eingeführte Fassung zitiert. Laut Kontrollratsgesetz Nr. 1, Artikel 4, Paragraph 8, war es untersagt, die Todesstrafe auszusprechen, sofern sie nicht durch die vor Hitlers Machtergreifung am 30. Januar 1933 in Deutschland gültigen Gesetze vorgeschrieben war. Folglich müßte jetzt der vor Hitler gültige Text von Paragraph 211 herangezogen werden, wonach Vorbedacht gegeben sein mußte, um im Tötungsfall auf Mord zu erkennen; diese Bedingung, nämlich Vorbedacht, hatte man in dem 1941 abgeänderten Text fallengelassen. Nach Dr. Schauenburgs Meinung würde es genügen, die Vorbedacht-Klausel dem Text von 1941 hinzuzufügen, und er wies auf einen kürzlich verhandelten Fall hin, in dem dies von einem lokalen Bezirksgericht akzeptiert worden war.

Beim zweiten Punkt ging es um Zwang. Wenn einer der Angeklagten so gehandelt hatte, weil er sein Leben durch Herold bedroht fühlte, dann handelte er, rechtlich gesehen, unter Zwang, was nicht strafbar ist.

Doch zum Hauptthema seiner Untersuchung machte Dr. Schauenburg die Vollmacht:

»Der Anklagevertreter sagte in seiner Eröffnungsrede, die Angeklagten selber seien sich klar bewußt gewesen, daß es sich in diesem Fall nicht um gesetzmäßiges Vorgehen, sondern um Mord handelte. Sicherlich hatten Herolds Taten nicht das mindeste mit einem ordentlichen rechtmäßigen Verfahren zu tun... Aber erkannten das alle Angeklagten? Ließen sich einige täuschen durch die Aufschrift ›Standgericht‹ an Herolds Wagen oder durch das Verhör der Gefangenen, wie kurz es auch gewesen sein mag, mit dem Gedanken, daß ein Standgericht in Frontnähe vielleicht so vorzugehen hatte? Dies gilt allerdings nicht für Schütte.

Im damaligen Deutschen Reich war eine Anzahl von Instanzen zu berücksichtigen. Da gab es den Führer, den Gauleiter, den Reichsverteidigungskommissar und die Gestapo. Ein Führerbefehl hatte Gesetzeskraft, in allgemeinen Weisungen wie in speziellen Fällen. Dies war im Landesrecht einige Jahre vor Ausbruch des Zweiten Weltkrieges wirksam gewesen. Aber der Führer hatte seine Machtbefugnisse in großem Umfang an den Gauleiter in seiner Eigenschaft als Reichsverteidigungskommissar delegiert. Dieser wiederum gab die Angelegenheit an die Gestapo weiter, und die Gestapo autorisierte Herold, das zu tun, was er dann auch ausführte. Die Gestapo hätte natürlich kraft eigener Machtvollkommenheit aktiv werden können. Die formaljuristische Grundlage für die Machtbefugnis der Gestapo beruhte auf einem von Anfang 1936 stammenden Gesetz, wonach es der Gestapo oblag, alle staatsgefährlichen Bestrebungen zu bekämpfen. Diese Formulierung beinhaltet die weitestreichende Vollmacht, die je erteilt wurde.

In seinem Buch über Verwaltungsrecht, Ausgabe 1937, sagte Dr. Frank zu diesem Aspekt:

›Diese vorbeugende polizeiliche Aktivität sollte die wahre kämpferische Rolle der Gestapo sein. Sie sollte diesen Kampf mit allen ihr zu Gebote stehenden Mitteln führen. Zu ihrer Aufgabe gehört es, eine Sonderfunktion als vollziehende Gewalt von Regierung und Staat auszuüben, damit der Wille der Regierung erfüllt werden kann, wo andere Staatsorgane außerstande sind, dies mit den mehr üblichen Methoden zu erreichen.‹

Jeder Widerstand gegen die Staatsgewalt war durch die Gestapo niederzuhalten. Für die von ihr ergriffenen Maßnahmen war die Gestapo nur innerhalb des eigenen Systems Rechenschaft schuldig, jedoch keiner außenstehenden Behörde...

Das Gericht wird zu erwägen haben, ob nach den damals herrschenden Begriffen die Ungesetzlichkeit der Erschießungen nicht durch die Befehle des Reichsverteidigungskommissars und der Gestapo außer Kraft gesetzt wurde. Falls die Antwort dies bejaht, kann kein Todesurteil wegen Mordes ergehen.

Doch abgesehen davon, ob die Erschießungen nun tatsächlich legal waren oder nicht, hielten die Angeklagten sie zum damaligen Zeitpunkt für gesetzmäßig? Wenn sie es taten – und es ist Sache der Anklage, dies zu widerlegen –, dann sind sie keine Mörder... Wer behauptet, selbst zu jener Zeit konnte niemand rechtmäßig einen solchen Befehl erteilen, der kennt das Wesen des totalitären Regimes, wie wir es damals hatten, nicht. Wer seine Pflicht zu tun glaubt, wie es Schütte am Schluß seiner Aussage ausdrücklich bestätigte, der begeht keinen Mord...

Mußten die Angeklagten auf jeden Fall die Gesetzmäßigkeit von Befehlen überprüfen, die von diesen Stellen unter diesen Umständen ergingen? Dr. Thiel hätte Herold festnehmen lassen müssen, weil er bereits fünf Häftlinge erschossen hatte. Er tat es nicht. Dr. Thiel hätte ins Lager fahren, hätte den Fall sofort persönlich untersuchen können, und alles wäre in Ordnung gewesen. Nichts geschah. Dr. Thiel hätte den Kreisleiter anrufen können, wenn er wirklich nicht wollte, daß Herold und Schütte ihn aufsuchten und rasch eine Handlungsvollmacht bekamen. Nichts dergleichen. Er ließ vielmehr Dr. Ottinger die Zustimmung der Gestapo einholen und diese dann prompt an Herold weiterleiten. Tage um Tage ging das grauenhafte Töten weiter. Sie alle wußten es. Sie alle billigten es, vom Ortsgruppenleiter bis zum Kreisleiter, vom Generalstaatsanwalt bis zu den traurigen Gestalten von Dr. Ottinger und Hansen. . .

Dr. Thiel war ein hochrangiger Jurist, Ottinger ein erfahrener Beamter. Es oblag dem Gauleiter, den Befehl zu erteilen oder nicht. Sie alle haben sich nicht die Hände schmutzig gemacht mit dem Blut, das an den Händen der Angeklagten klebt. Macht dies die Angeklagten mehr verantwortlich als ihre Vorgesetzten? Wer trägt die Schuld an einem fälschlich ergangenen Todesurteil? Der Richter. Nicht der Henker, der die Rechtmäßigkeit des Urteils nicht zu überprüfen braucht – ja, dies nicht einmal darf.«

In seinem Plädoyer legte Rechtsanwalt Schiff das Hauptgewicht darauf, die Zuverlässigkeit einer Reihe von Zeugen anzuzweifeln, die von ihm vertretenen unbedeutenden Angeklagten unter den an der Massenexekution Beteiligten erkannt zu haben; ihre Aussagen stimmten nicht immer überein.

Ferner unterstrich er mit Nachdruck, daß es sich bei den Emslandlagern nicht um Konzentrationslager, sondern um normale Strafanstalten der staatlichen Gerichtsbarkeit gehandelt habe. Freilich gab es die Wachmannschaften der SA und die Verbindung zu Schäfer, aber die Aufseher waren gewöhnliche Justizbeamte, keine schießwütigen Schergen der SS und Gestapo.

Doch diejenigen, die wußten, daß Schiff bis zu einem gewissen Grade selber ein politisches Opfer des Nazi-Regimes war, erwarteten von ihm auch ein paar deutliche politische Worte. Und er enttäuschte sie nicht.

»Es hatte sich im Lager herumgesprochen, daß Herold direkt vom Führer Befehle erhalten hatte. Sie können sich vorstellen, was es für die deutschen Wachen bedeutete, daß sogar der Führer diesen jungen Mann bevollmächtigt hatte. Zu jener Zeit war die Partei allmächtig, und durch Presse, Rundfunk und alle möglichen sonstigen Kanäle wurde die Lüge verbreitet: Adolf Hitler ist von Gott gesandt, um das Tausendjährige Reich zu errichten und dem deutschen Volk Glück zu bringen.«

Die Plädoyers von Dr. Aulenbacher und den Rechtsanwälten Koch und Hein konzentrierten sich darauf, die einzelnen Zeugenaussagen gegen die Mandaten zu analysieren, insbesondere im Hinblick auf die exakte Identifizierung der Angeklagten am Tatort und auf gewisse Widersprüche.

Rechtsanwalt Koch brachte einen neuen juristischen Gesichtspunkt vor. Die Lagerwachen im Volkssturm standen laut Gesetz vom 24. Februar 1945 unter Kriegsrecht. Sie waren daher verpflichtet, rechtmäßigen Befehlen ihrer Vorgesetzten nach Paragraph 47 des Militärstrafgesetzes zu gehorchen. Es stand einwandfrei fest, daß sie einen Schießbefehl erhalten hatten, nachdem bei dem 2-cm-Flakgeschütz eine Ladehemmung aufgetreten war. Es oblag der Anklage nachzuweisen, daß sie Grund zu der Annahme hatten, dieser Befehl sei gesetzwidrig und müsse nicht befolgt werden. Zur Unterstützung seiner Beweisführung zitierte er eine Äußerung des amerikanischen Hauptanklägers in Nürnberg, Jackson, der sich in seiner Rede auf Paragraph 47 bezogen und eingeräumt hatte, von einem einfachen Soldaten in einem Exekutionskommando könne man nicht erwarten, daß er die Frage der Gesetzmäßigkeit einer Exekution genau untersucht.

Rechtsanwalt Hein bat das Gericht, im Hinblick auf den Angeklagten Bernhard Meyer einen weiteren rechtlichen Aspekt in Erwägung zu ziehen. Herold hatte Meyer bedroht, falls er die acht aufgegriffenen Gefangenen nicht binnen einer Stunde erschießen würde, und nach Heins Meinung könnte dies nach Paragraph 54 StGB eine Rechtfertigung für Meyer darstellen. Der Text lautet:

>»Eine strafbare Handlung ist nicht vorhanden, wenn die Handlung außer dem Falle der Notwehr in einem unverschuldeten, auf andere Weise nicht zu beseitigenden Notstande zur Rettung aus einer gegenwärtigen Gefahr für Leib und Leben des Täters oder eines Angehörigen begangen worden ist.«

Für die Anklage und die Verteidigung waren die Fälle abgeschlossen. Der Gerichtspräsident teilte mit, er hoffe, die Urteilsverkündung könne am nächsten Tag um 14 Uhr erfolgen. Der Prozeß näherte sich seinem Ende.

26

Das Gericht trat, wie geplant, am Donnerstag, dem 29. August, wieder zusammen.

Der Gerichtspräsident erwähnte zunächst einige allgemeine Überlegungen, die das Gericht zu berücksichtigen hatte. Er sprach den Anwälten beider Seiten Dank und Anerkennung für ihre Unterstützung aus.

»Willi Herold hatte den großen Vorzug, von Dr. Allihn verteidigt zu werden, der seine schwierige Aufgabe mit viel Würde meisterte und in seinem Plädoyer eine bewundernswerte, nüchterne Analyse der Tatsachen gab, die das Gericht zu berücksichtigen hatte. Und das Gericht hat ebenso die vortrefflichen juristischen Ausführungen seines Kollegen, Dr. Schauenburg, in Betracht gezogen.«

Er wies darauf hin, daß die Mitglieder des Gerichts sich zusätzlich zum amtlichen Protokoll »jedes Wort der Zeugenaussagen und jedes Wort der Anwälte« handschriftlich notiert hätten. Sie alle sahen es als ihre Aufgabe an, sich von dem grundlegenden Prinzip der englischen Rechtsprechung leiten zu lassen, daß jeder Angeklagte so lange als unschuldig zu gelten hat, bis ihm die Schuld zweifelsfrei nachgewiesen wird.

Schließlich befaßte er sich mit dem relativen Wert von Zeugenaussagen:

»Soweit es das Gericht betrifft, lassen wir uns nicht durch die Anzahl der von beiden Seiten aufgebotenen Zeugen beeindrucken. Es könnte ja ein einziger Zeuge so unerschütterlich und offensichtlich glaubwürdig gewesen sein, daß das Gericht durchaus berechtigt wäre, sich allein auf seine Aussage zu stützen. Ebenso könnte auch eine Anzahl von Zeugen den erforderlichen Maßstäben für die Wahrheitsfindung nicht genügen und somit vielleicht für das Gericht völlig unerheblich sein. Ich möchte ferner ganz klarmachen, daß sich das Gericht im Fall von eidesstattlichen Erklärungen nicht allein auf dieses Beweismittel verlassen würde, obwohl sie hohen Aussagewert besitzen könnten.«

Der Gerichtspräsident unterzog nun das gegen jeden Angeklagten zu jedem Anklagepunkt vorliegende Beweismaterial einer kritischen Überprüfung und kam dann jeweils zum Urteilsspruch.

»Der erste Anklagepunkt nach Paragraph 211 betrifft Willi Herold allein, wegen Beteiligung an der Ermordung von fünf unbekannten Personen in dem berüchtigten Lager II, Aschendorfer Moor, am oder um den 11. April 1945. Der kurze Tatbestand ist, daß Herold diese Männer verhört und sie danach mit seinem Unteroffizier Freytag hinter die Baracke schickte. Als Hansen dorthin ging, lagen bereits einige Leichen am Boden und einer wurde gerade von Freytag erschossen. Hansen ersuchte Herold, damit aufzuhören, Herold entgegnete ›in Ordnung‹, tat aber nichts dergleichen. Schütte erklärte, er habe Herold sagen hören, ›liquidiere sie‹. Dr. Thiel sagte aus, als Hansen ihn anrief, hätte Herold bereits vier Männer erschossen. Als Herold etwas später in Dr. Thiels Büro erschien, fragte ihn Dr. Thiel, warum er die Leute erschossen habe. Weil sie ihn angegriffen hätten, antwortete Herold, und der Unteroffizier, der ihn begleitete, bestätigte dies. Herold sagt, Freytag habe ihm erzählt, daß diese unbewaffneten Männer versucht hätten, ihn anzugreifen, und Herold sagt ferner, daß seine Leute nur Selbstladepistolen hatten und sich daher auch nur durch Schießen verteidigen konnten. Wären die Begleitumstände nicht so grausam und brutal, könnte man diese Bemerkung komisch finden. Es ist anzumerken, daß Freytag mit Herold im Lager eingetroffen war und zu seinen vertrautesten Helfershelfern gehörte.

Zur Kritik daran, daß nicht alle Aussagen von Zeugen und eidesstattlichen Erklärungen inhaltlich genau übereinstimmen, ist folgendes zu sagen: Das kann auf die unterschiedliche Stärke und Leistungsfähigkeit des Erinnerungsvermögens zurückzuführen sein, es kann auch sein, daß manche sich auf andere Vorfälle aus etwa jener Zeit beziehen, denn es spricht einiges dafür, daß es bereits ungefähr zehn Leichen im Lager gab. Herold versah zu jenem Zeitpunkt nicht seinen Militärdienst, er hatte sich von seiner Einheit entfernt und als Offizier verkleidet; und auch wenn er Bodenkämpfen mit den britischen Landstreitkräften nicht auswich, so gibt er doch selbst zu, daß er britischen Bombern aus dem Weg ging und deshalb im Lager blieb.

Das Gericht schließt sich nicht der Auffassung an, daß es alles, was Herold ableugnet, akzeptieren müsse, weil er einiges zugibt. Das gesamte Beweismaterial in diesem Prozeß zeigt, daß Herold ein Meister im Bluffen ist. Er hat in Wort und Tat gelogen, wann immer es ihm paßte.

In Anbetracht seiner konzentrierten Verbrecherlaufbahn im Monat April des vergangenen Jahres befindet dieses Gericht Herold im ersten Anklagepunkt des Mordes für schuldig.

Im Hinblick auf den zweiten Anklagepunkt, der elf der Angeklagten einbezieht, darf ich mich zuerst mit der These befassen, und mehr als eine solche war es nicht, daß Herold vor ein deutsches Gericht gestellt wurde. Es ist ganz klar, daß die hier gegen ihn erhobenen Anklagen dort nicht vorgebracht wurden, und die beiden Berichte, die Herold uns von seinem angeblichen Auftreten bei jenem Gericht gab, unterscheiden sich beträchtlich. Zuletzt behauptet er, freigesprochen worden zu sein, weil er $4\frac{1}{2}$ Stunden stramm gestanden und damit das Gericht so stark beeindruckt habe, daß es ihn freisprach. Das wäre wohl kaum ein hinlänglicher Grund für ein kompetentes Gericht, jemanden von einer schweren Anklage freizusprechen, und es steht in beträchtlichem Widerspruch zu Herolds Auftreten vor diesem Gericht, wo er sich völlig ruhig und gelassen gab und keinerlei Anzeichen von Reue oder innerer Erregung während der Verhandlung zu erkennen waren; er hat es vielmehr sichtlich genossen, als die damaligen Ereignisse rekapituliert wurden, und gegenüber verschiedenen früheren Bekannten, die als Zeugen ausgesagt haben, große Verachtung an den Tag gelegt und sich über sie lustig gemacht.

Der zweite Anklagepunkt beschuldigt Herold zusammen mit zehn weiteren Angeklagten des Mordes nach Paragraph 211 StGB und führt dazu aus, daß sie gemeinsam und mehrfach an der Tötung von 98 unbekannten Gefangenen beteiligt waren. Ich befasse mich hier lediglich mit den Fakten, die Herolds Verantwortung für diese Tötungsaktion betreffen. Vor der Exekution gab es keinerlei Verfahren, auch keine Scheinverhandlung. Die Durchführung wies nicht die leiseste Ähnlichkeit mit irgendeiner anerkannten Form militärischer Exekution auf. Mit einem Flakgeschütz aus wenigen

Metern Entfernung auf Menschengruppen zu schießen und die ineinander verschlugenen Körper lebend liegenzulassen, das hat nichts mit Recht oder Soldatentum zu tun, stimmt aber voll und ganz überein mit Herolds Lieblingswort: ›Liquidieren!‹ Das Gericht kann nicht von der Voraussetzung ausgehen, daß Herold ermächtigt war, selbst ordnungsgemäß durchgeführte Standgerichte zu leiten, und es schließt mit Sicherheit aus, daß ihn eine Vollmacht, sollte sie denn erteilt worden sein, autorisiert hätte, Massenhinrichtungen auf eine derart abscheuliche Weise vorzunehmen; und auch wenn vor diesem Gericht der Beweis erbracht worden wäre, daß eine ordnungsgemäße Vollmacht gegeben wurde, so hätte man sie einem Hauptmann der deutschen Wehrmacht erteilt und nicht einem betrügerischen, verkleideten Gefreiten.

Das Gericht nimmt an, daß diese Tötungsaktion mit größerer Wahrscheinlichkeit am Tag von Herolds Ankunft stattfand. Zweifellos kommt es der Verteidigung viel mehr entgegen zu unterstellen, daß sich dies am zweiten Tag abgespielt hat oder abgespielt haben könnte; aber ohne auf das gesamte in diesem Zusammenhang vorliegende Beweismaterial einzugehen, verweise ich auf Dr. Ottingers Erklärung, der Hansen anrief, um die von politischer Seite erteilte sogenannte Vollmacht weiterzugeben, und bei der Gelegenheit erfuhr, daß Herold an jenem Nachmittag bereits 70 bis 80 Menschen erschossen habe; Dr. Thiel erklärt dazu, ihm sei dies bestätigt worden; und schließlich wird das Ganze untermauert durch Herolds eigene Aussage, daß die Tötungsaktion bei seiner Rückkehr bereits begonnen hatte. Herold erklärt, er habe Thiel und Ottinger kurz nach Mittag aufgesucht. Thiel sagt, die Unterredung habe an dem Tag stattgefunden, an dem die fünf Männer erschossen wurden, und zwar gegen 15 Uhr. Und Dr. Ottingers Anruf wegen der Order fand am gleichen Abend gegen 19 Uhr statt. Buscher, ein freilich unbefriedigender Zeuge, sagt, daß er Herold bei einer Zusammenkunft versprochen habe, sich mit verschiedenen Dienststellen in Verbindung zu setzen und mit ihm am nächsten Tag erneut Fühlung aufzunehmen; als Herold tags darauf kam, habe er um eine Namensliste gebeten, aber Herold habe ihm nur mündlich berichtet und dabei erwähnt, daß er 59 Mann erschossen hätte.

Nun zu der angeblichen Anweisung oder Vollmacht. Buscher macht eindeutig klar, daß es keinen Befehl gab. Er erklärt, daß die Partei der Wehrmacht keine Befehle erteilen konnte. Es handelte sich nur um eine Zustimmung von politischer Seite. Zu bemerken wäre, daß keinerlei Beweis vorliegt für einen Befehl oder eine Zustimmung durch die Wehrmacht. Vielmehr erging der Befehl oder die Zustimmung der Partei direkt an Herold als den Vertreter der Wehrmacht, mit dem die politischen Funktionäre die Sache aushandelten.

Schließlich gab es während der Zeugenaussagen zu diesem zweiten Anklagepunkt im Hinblick auf Willi Herold die Behauptung, es könnten weit mehr Menschen als die 98 getötet worden sein, vielleicht mehrere hundert, und in einem Fall war sogar von 500 Menschen die Rede, alle ebenso wie die 98 unbekannt und nicht identifizierbar. Herold selbst spricht fast von Anfang an von 400 Menschen, die erschossen werden sollten, und beschreibt diese seine Landsleute als ›Abschaum der Menschheit‹ und gibt später an, insgesamt 168 Menschen erschossen zu haben.

Von irgendwelchen Behauptungen und von Herolds Eingeständnis abgesehen, verfügt das Gericht zu diesem zweiten Anklagepunkt über eine Fülle von Aussagen, in denen sich alle Zeugen zu den gräßlichen Einzelheiten bei der Tötung dieser 98 Gefangenen und Willi Herolds Beteiligung äußern, und hat keine Bedenken, Herold im zweiten Anklagepunkt für schuldig zu befinden.«

Der Gerichtspräsident gab dann einen Überblick über die Fälle der anderen in diesem Punkt Angeklagten. Das Gericht habe das gegen Kobruck, Herrmann, Melzer, Setzer und Holland vorliegende Beweismaterial für eine Schuldigsprechung als nicht ausreichend befunden, woraufhin diese die Anklagebank verließen. Hagewald, Schütte, Euler, Brandt und Peller wurden des Mordes für schuldig befunden.

Nun wandte sich der Gerichtspräsident dem dritten Anklagepunkt gegen Bernhard Meyer zu. Er wurde ebenfalls des Mordes an den acht Gefangenen in Burlage für schuldig befunden.

»Anklagepunkt Nr. 5 richtet sich allein gegen Willi Herold. Er wird nach Paragraph 211 StGB des Mordes beschuldigt, begangen am oder um den 21. April in Nüttermoor an Sommer und Schrammek. Herold hat sich die beiden Männer offenbar im Lager II ausgesucht, wobei Schrammek ihm als eine Art Bursche gedient haben dürfte, während Sommer wohl als Sanitäter oder als Arzt fungiert hatte. Herold scheint sie verschiedener Straftaten beschuldigt zu haben, so auch der Verabreichung von Morphium an eine Frau, und danach wurden sie erschossen. Ich will auf das Beweismaterial nicht im einzelnen eingehen; Herold gibt zu, die beiden Männer zum Tode verurteilt zu haben. Er behauptet ferner, die Urteile seien von einem Richter oder einem Gericht bestätigt worden. Diese Aussage ist keineswegs überzeugend und durch nichts untermauert. Er nennt keine Einzelheiten über den Richter oder das Gericht, seine ursprüngliche Datenangabe der Urteilsbestätigung vom 20. April ändert er später auf den 22. ab und macht die erstaunliche Aussage, der Richter habe ihn, Herold, gebeten, als Mitglied des Gerichts zu amtieren, da er, der Richter, dies nicht allein tun könne. Daraus hätte sich die seltsame Lage ergeben, daß Herold sein eigenes Urteil bestätigte. Herold vermag weder den Namen des Richters noch eine Beschreibung von diesem zu geben, und die Versuche der Anklagevertretung wie der Verteidigung, diesen Richter ausfindig zu machen, sind erfolglos geblieben. Der 21. Zeuge der Anklage, Eder, sagt, Herold habe ihm erzählt, daß er Sommer und Schrammek verurteilt hätte und daß er, Herold, Sonderrichter sei und als solcher die sofortige Vollstreckung bescheinigen könne. Eder bekundet ferner, daß er keine wie immer geartete Bescheinigung irgendeines Militärrichters gesehen habe. Und auch hier gilt, daß eine solche Bestätigung, sollte sie denn erteilt worden sein, unter Vorspiegelung falscher Tatsachen zustande gekommen wäre.

Das Gericht befindet Willi Herold im Sinne des Anklagepunkts Nr. 5 für schuldig.

Der sechste Anklagepunkt wird gegen Willi Herold erhoben. Er wird eines Verbrechens gegen die Menschlichkeit beschuldigt gemäß Kontrollratsgesetz Nr. 10, Artikel 2, Paragraph 1 (c); am oder um den 25. April 1945 nahm Willi Herold in Leer an der Ermordung von fünf Holländern teil, nämlich Johannes Magermans, Carolus Magermans, Johannes Kok, Pieter Fielstra und Johannes Verbiest. Das Gesetz Nr. 10 dient dem Zweck, das Moskauer Abkommen von 1943 und das Londoner Abkommen von 1945 in bezug auf Kriegsverbrecher in Kraft treten zu lassen. Das Gericht hat sämtliche Ausführungen von Dr. Allihn sowie die abschließenden Einlassungen von Dr. Schiff in Betracht gezogen und sieht sich in seiner Zuständigkeit für diesen Fall bestätigt. Zu den Begleitumständen sagte der 21. Zeuge der Anklage, Eder, als Augenzeuge aus, daß Herold diese fünf Holländer nach zehnminütiger Befragung verurteilte und ihre Habseligkeiten an sich nahm sowie Namen und Adressen registrierte. Frau Brahmann erinnert sich daran und erklärt ferner, dies sei ihr von einer Holländerin mitgeteilt worden. Die Verteidigung unterstellt, daß die Männer dem Hörensagen nach von SS-Leuten aus der Haft abgeholt worden sein sollen und die Sache daher nichts mit Herold zu tun haben könnte, aber bei diesen sogenannten SS-Leuten dürften wohl die Uniformen, in die Herold einige seiner Männer gesteckt hatte, den Ausschlag gegeben haben. Und zudem erwähnt Herold selbst nichts von SS-Leuten. Fräulein Pieper, die 25. Zeugin der Anklage, schildert, daß die fünf Holländer vor Angst und Herold durch übermäßigen Alkoholgenuß geschwitzt hätten, und sagt, er habe sich insgesamt höchst ungewöhnlich verhalten. Der 26. Zeuge der Anklage, der alte Gefängniswärter Max Berndt, der die Holländer den sogenannten SS-Leuten übergab, sagte aus, diese SS-Leute hätten zu Hauptmann Herolds Fallschirmjägern gehört. Und Polizeileutnant Schmidt, der 27. Zeuge der Anklage, bekundete, daß Herold zu ihm in die Dienststelle gekommen sei, um die Männer abzuholen.

Das Gericht befindet Willi Herold für schuldig im Sinne des 6. Anklagepunktes.«

Nun kam der siebente Anklagepunkt an die Reihe, und Euler wurde des Totschlags an dem Gefangenen, den er in Flachsmeer erschoß, für schuldig befunden.

Der Vorsitzende wandte sich dann an die Verteidiger:

»Wie ich höre, möchten ein paar von Ihnen vor der Urteilsverkündung an das Gericht wegen Strafmilderung appellieren. Unter diesen Umständen unterbreche ich die Sitzung für etwa zehn Minuten.«

Danach legte Dr. Allihn abschließend ein Wort für Herold ein. Er plädierte auf Strafmilderung unter Hinweis auf die Verkettung von Ereignissen, die zusammengenommen Herold zum Opfer der Umstände gemacht hätten. An erster Stelle seine Jugend: Zur Tatzeit war er dem Schutz durch das Jugendstrafrecht erst seit einem Jahr entwachsen. Seine Erziehung hatte es nicht vermocht, den Charakter so weit zu festigen, daß er sich der Verrohung durch den Krieg und der Ausnutzung durch das totalitäre System widersetzen konnte. Er hatte sich zur Zeit und am Ort des Verbrechens durch bösartige Schwächlinge und deren Ratgeber verleiten lassen. Und schließlich gehörte Herold keineswegs zu den abstoßendsten Persönlichkeiten, die man in diesem Gerichtssaal gehört hatte.

Andere Verteidiger folgten mit kurzen Ansprachen. Nach einer weiteren Unterbrechung kam der Vorsitzende zur Urteilsverkündung:

»Die Angeklagten mögen sich erheben.

Ich beabsichtige nicht, dem, was Ihre Verteidiger aus diesem bitteren Anlaß in so beredten Worten geäußert haben, weiteres hinzuzufügen. Herold, Ihr geschätzter Anwalt, Dr. Allihn, hat davon gesprochen, daß es Ihnen vielleicht nicht gelungen wäre, all Ihre Untaten zu begehen, wenn andere Menschen ihrer Pflicht genügt hätten. Das mag stimmen, aber es vermindert natürlich nicht Ihre Schuld. Es mag verständlich sein, daß die Zeugen, die wir vor diesem Gericht sahen und die der NSDAP angehörten, sich nur allzu bereitwillig sowohl Ihre Energie als auch Ihre Kaltblütigkeit zunutze gemacht haben, um Ihre Landsleute zu töten, aber es war schmerzlich, Staatsbeamte, Männer von einstmals tadellosem Werdegang und Ruf, derart pflichtvergessen zu sehen. Sicher läßt sich vermuten, daß es die durch die Partei eingeführte Demoralisierung war, die sie von ihren früheren hohen Verhaltensmaßstäben abgebracht hat. Ihre Straftaten sind so ungeheuerlich, daß man geneigt ist, sie zu denen

Ihrer Mitangeklagten in Vergleich zu setzen, aber man muß sich dessen bewußt sein, daß diese Angeklagten Verbrechen begangen haben, die ebenfalls zum Himmel schreien.

Die sechs anderen Angeklagten waren alle im deutschen Strafvollzugsdienst tätig, der unter den gleichen Institutionen in der Welt einen recht guten Ruf genoß, bis er in den letzten Jahren demoralisiert wurde. Man kann nur vermuten, daß Sie, Herold, Ihre Taten nur durchführen konnten dank des (übertriebenen) Respekts der Deutschen vor Uniformen und vermeintlicher Autorität, wenn man von Ihrer Zeugenaussage vor diesem Gericht ausgeht, von der Art, wie Sie ›Jawohl!‹ brüllten und ›Nein!‹ schnarrten. Und wenn bei diesem Fall sonst nichts herauskommt, so wird er hoffentlich den normalen Deutschen zu der Erkenntnis bringen, daß er den Mut haben muß, allein dazustehen und sich schändlichen Befehlen zu widersetzen, daß er sich entschließen muß, den Gehorsam zu verweigern, wenn Befehle, von wem auch immer, eindeutig rechtswidrig sind.

Das Gericht verurteilt Sie, Herold, Hagewald, Meyer, Schütte, Euler, Brandt und Peller, zum Tode; über Zeitpunkt, Ort und Art der Durchführung ist höheren Orts zu befinden.«

Das Gericht bestellte Eric Band und den Interrogator, als Zeugen der Hinrichtung beizuwohnen; zwei statt einem für den Fall, daß einer von beiden nicht abkömmlich sein sollte.

Die »Nordwest-Zeitung« brachte in ihrer Ausgabe vom 30. August zwei große Berichte über die Plädoyers der Verteidigung, die Entscheidungen und die Urteile sowie zwei Kommentare. Im ersten wurde bedauert, daß durch die Schuldigsprechung Herolds die Gestapo ungeschoren geblieben war. Im zweiten sprach der Herausgeber dem Gericht seine Anerkennung dafür aus, daß es der Verteidigung solche Freiheit gelassen hatte, »wobei sich wieder einmal die einzigartige Objektivität und Fairneß offenbarte, mit der dieser schreckliche Prozeß geführt wurde«.

TEIL IV

Die Hinrichtung

September bis November 1946

27

Was nach dem Herold-Prozeß geschah, hatte große Ähnlichkeit mit den auf ein Kriegsgericht folgenden Vorgängen. Gnadengesuche für jeden der Verurteilten trafen am 7. September ein. Die Military Government Courts Branch of the Legal Division of the Control Commission hatte dann die bekannten Fakten des Falles für den Oberbefehlshaber in seiner Eigenschaft als Militärgouverneur der britischen Besatzungszone zu überprüfen. Oberbefehlshaber war damals General der Luftwaffe Sir Sholto Douglas (später Lord Douglas of Kirtleside). Ihm oblag es, abschließende Bemerkungen zu machen, die Urteile zu bestätigen, wenn er sie angemessen fand, und die Vollstreckungsbefehle zu unterzeichnen.

In der zwölf Seiten umfassenden Überprüfung vom 21. Oktober begann Brigadier Inglis mit einer Zusammenfassung des Hintergrundes der Taten, die Herold und die Mitangeklagten begangen hatten, und welche Beschuldigungen gegen sie erhoben worden waren. Dann untersuchte er zu jedem Anklagepunkt die wesentlichen Passagen der Zeugenaussagen, um damit seine Kommentare zu den ergangenen Urteilen zu untermauern, wobei er als Hinweis für den Oberbefehlshaber jeweils die Seitenzahl des Verhandlungsprotokolls vermerkte.

»Der Angeklagte Herold bestritt in seiner Aussage sowohl in der Hauptvernehmung (S. 181) als auch im Kreuzverhör (S. 205) seine Mitschuld; doch es ist festzustellen, daß einer seiner eigenen Zeugen, Dr. Thiel, beschwor (S. 225), Herold habe ihn, als er ihn nach der Erschießung aufsuchte, über die Exekution unterrichtet und behauptet, er sei von jenen Gefangenen angegriffen worden.

221

Ich bin der Meinung, daß das Gericht vollauf berechtigt war, Herold des Mordes an diesen fünf Männern für schuldig zu befinden.«

Der Anklagepunkt Nr. 2, der sich auf die Massenexekution bezog, mußte ausführlicher behandelt werden wegen der Anzahl der darin verwickelten Angeklagten. Inglis fing mit Herold an:

»Thiels Aussage zu Ottingers späterem Bericht an ihn lautet wie folgt:

›. . . er teilte mir mit, die Gestapo habe ihm erklärt, sie werde die Verantwortung für weitere Anweisungen übernehmen und dem Hauptmann Herold die Sache sozusagen als vereinfachtes Standgericht übertragen oder ihm auferlegen, *die einzelnen Fälle zu untersuchen und zu ermitteln, ob diese Leute schuldig oder nicht schuldig waren,* und an denjenigen, deren Schuld ihm hinreichend geklärt erschien, die Urteile zu vollstrecken.‹

Der Zeuge sagte weiterhin:

›Darauf unterrichtete ich das Lager über das Ergebnis des Gesprächs zwischen Dr. Ottinger und der Gestapo, wobei die Gestapo die Angelegenheit übernommen und Hauptmann Herold autorisiert habe *in der von mir erwähnten Weise.*‹«

Inglis fuhr fort: »Zu den Argumenten der Verteidigung, Herolds Handlungen seien von der Gestapo autorisiert gewesen, habe ich folgendes zu bemerken:

1. daß Herolds Handlungen weit über die Ermächtigung durch die Gestapo, wie Dr. Thiel sie schildert, hinausgingen;

2. daß eine aus zweiter Hand übermittelte, telefonisch von der Gestapo erteilte Vollmacht in jedem Fall völlig unzureichend war, sein Vorgehen irgendwie zu rechtfertigen;

3. daß Herold, ob ihm nun eine Vollmacht, richtig oder unrichtig, erteilt wurde oder nicht, diese nur unter der Vorspiegelung, Offizier der Wehrmacht zu sein, erhalten hatte;

4. daß selbst die Verteidigung nicht behauptet, Herold ha-

be für die im ersten Anklagepunkt erwähnten Morde eine wie immer geartete Vollmacht besessen;

5. daß im Hinblick auf den zweiten Anklagepunkt das Gericht befand, und aufgrund der Beweislage zu dieser Feststellung berechtigt ist, daß der Massenmord am ersten Tag im Aschendorfer Moor stattfand, das heißt am Tag, bevor selbst die angebliche Vollmacht der Gestapo an Herold weitergegeben worden sein konnte.

Nach meiner Meinung hätte das Gericht im zweiten Anklagepunkt gegen Herold zu keinem anderen Ergebnis kommen können, als ihn für schuldig zu befinden.«

Als nächstes befaßte sich Inglis mit Schütte:

»Der direkte Beweis für Schüttes Anwesenheit bei und Teilnahme an der Massenerschießung ist die Aussage von Anwander, der beschwor (S. 69), daß Schütte den Wachmannschaften den Schießbefehl gab, als das Flakgeschütz Ladehemmung hatte, und der (S. 73/74) schilderte, auf welche Art und Weise der Befehl erteilt wurde. Dies wurde von dem Angeklagten bestritten (S. 251), aber das Gericht hat in seinem Urteil (S. 608) angemerkt, daß Anwander den Eindruck eines überaus zuverlässigen, korrekten Zeugen machte; und das Gericht, das sowohl die Aussage dieses Zeugen wie die des Angeklagten hörte und ihr Verhalten beobachten konnte, war dazu berechtigt, dem ersteren zu glauben und zu befinden, daß Schütte an der Exekution teilnahm.«

Hagewald war schnell abgehandelt:

»Die Verteidigung dieses Angeklagten besteht darin, die Aussage abzustreiten (S. 475/476), daß er bei der Erschießung zugegen war. Er versuchte, sein Ableugnen durch Beibringung von zwei Zeugen, Herr und Frau Stellmarsch, zu untermauern, die ihm ein Alibi geben sollten (S. 477/479). Stellmarsch gab im Kreuzverhör zu, dem Angeklagten an jenem Abend erst nach Beendigung der Erschießung begegnet zu sein.«

Inglis wies fairerweise nachdrücklich darauf hin, daß der einzige Beweis gegen Brandt dessen eigene Aussage sei. Jedoch:

»Als er den Befehl zu schießen bekam, war er verängstigt

223

und mußte weitermachen. Er gibt zu, daß er die Exekution nicht für richtig hielt. Im Kreuzverhör (S. 523) wurde er zu dem Eingeständnis veranlaßt, gewußt zu haben, daß keine Verhandlung stattgefunden hatte. Paragraph 6 seiner Aussagen bei der Voruntersuchung ist aufschlußreich:

›Mir ist auch bekannt, daß im Fall der Leute, die von Herold... *und später von mir und anderen* erschossen wurden..., kein rechtmäßiges Verfahren stattfand.‹

Meiner Meinung nach konnte sich das Gericht auf mehr als ausreichendes Beweismaterial stützen und zu Recht befinden, daß der Angeklagte an der Massenerschießung teilnahm.«

Als nächster kam Euler:

»Selbst wenn sich Eulers Beteiligung darauf beschränkte, Gnadenschüsse abzugeben, was er eingesteht, so genügt dies meiner Meinung nach, einen Schuldspruch zu rechtfertigen. Seine Handlungsweise unterstützte das allgemeine Töten, sie war durch keine denkbare Begründung zu rechtfertigen und lief eindeutig auf Mord hinaus.

Eulers Vorliebe für die Verabreichung von Gnadenschüssen offenbart sich in seiner eigenen Aussage (Beweisstück J. 2) in Paragraph 5 und 6, wo er zwei weitere Fälle genau beschreibt, in denen er unnötige Gnadenschüsse abgab, und in Paragraph 10, wo er naiv bemerkt, ein weiterer habe sich für ihn erübrigt, da sein Opfer bereits tot gewesen sei. Diese Enthüllungen liefern dem Gericht hinreichenden Grund zu befinden, daß sein Motiv lediglich eine krankhafte Vorliebe für Mord war, und die implizierte Behauptung, es habe sich dabei um Gnadentod gehandelt, zu verwerfen.«

Bei Peller verhielt es sich freilich anders. Inglis zeigte einen gewissen Widerspruch in den Aussagen auf, die Peller als Teilnehmer an der Massenexekution identifizieren sollten, und schloß:

»Das Gericht schenkte der Darstellung des Angeklagten keinen Glauben, wozu es durchaus berechtigt war, irrte aber meiner Meinung nach bei der Verurteilung Pellers, da sich die Anklage ausschließlich auf Belastungsmaterial ohne Beweiskraft stützte, was für eine Verurteilung nicht ausreichte. Ich empfehle daher, den Schuldspruch gegen Peller aufzuheben. Es sollte kein Zweifel daran bestehen, daß die Gründe für diese Empfehlung völlig andere sind als die in Pellers Gesuch vorgebrachten. Sein Freispruch erfolgt *nicht,* weil er auf Befehl teilnahm, sondern weil die Beweise dafür, daß er überhaupt beteiligt war, unzureichend sind.«

Inglis gab nun eine Zusammenfassung des Falles Meyer unter Anklagepunkt drei, die zu folgendem Schluß führte:

»Selbst wenn Herold im Verlauf des Telefongesprächs Meyer an Leib und Leben bedroht hätte, könnte dieser nach den Bestimmungen von Paragraph 54 StGB nicht freigesprochen werden. Dort heißt es wie folgt:

›Voraussetzung des Notstandes ist eine gegenwärtige Gefahr für Leib und Leben des Täters oder eines Angehörigen; weiter muß der Notstand unverschuldet und auf andere Weise nicht abwendbar sein.‹

Meiner Meinung nach ist die Verurteilung von Meyer vollauf gerechtfertigt.«

Aus irgendeinem Grund wurde Anklagepunkt fünf ausgelassen und als nächster Anklagepunkt sechs untersucht. Das Beweismaterial über die Erschießung der Holländer wurde kritisch überprüft und mit folgender Empfehlung versehen:

»Herolds Verteidigung in diesem Anklagepunkt besteht darin, daß er bestreitet, den Befehl zur Erschießung der Opfer gegeben zu haben; aber das Gericht zog es vor, wozu es völlig berechtigt war, den Zeugen der Anklage zu glauben, und ich halte dafür, daß Herolds Verurteilung in diesem Anklagepunkt durchaus richtig war.«

Zu Anklagepunkt sieben gegen Euler hieß es einfach:

»In Anbetracht der zu Eulers Verurteilung nach Anklagepunkt zwei ausgesprochenen Empfehlung erübrigt sich hier jede ausführliche Erörterung. Die Anklage lautete auf Mord an einem flüchtenden Gefangenen, und das Gericht vertrat eine sehr nachsichtige Auffassung, als es auf Totschlag erkannte.«

Am Schluß äußerte sich Inglis aus seiner Sicht zu einigen der im Prozeß vorgebrachten juristischen Argumente, darunter Interpretationen des deutschen Rechts, insbesondere Dr. Schauenburgs Auslegung von Paragraph 211 StGB in seinen verschiedenen Versionen und von Paragraph 47 der deutschen Verordnungen über Strafverfahren im Krieg:

»Dr. Schauenburgs Annahme, daß der durch Gesetz vom September 1941 eingeführte neue Wortlaut von Paragraph 211 ›nicht den Gesetzen der Militärregierung entspricht‹, ist irrig; doch selbst wenn dies nicht der Fall wäre, genügen die bewiesenen Fakten, die Verurteilung wegen Mordes nach dem vor 1941 geltenden Gesetz zu rechtfertigen...

In seinen abschließenden Ausführungen zitiert er Paragraph 47 der Verordnung über die Neufassung des Militärstrafgesetzbuches vom 10. Oktober 1940, der wie folgt lautet:

›(1) Wird durch die Ausführung eines Befehls in Dienstsachen ein Strafgesetz verletzt, so ist dafür der befehlende Vorgesetzte allein verantwortlich. Es trifft jedoch den gehorchenden Untergebenen die Strafe des Teilnehmers:

1. wenn er den erteilten Befehl überschritten hat, oder

2. wenn ihm bekannt geworden ist, daß der Befehl des Vorgesetzten eine Handlung betraf, welche ein allgemeines oder militärisches Verbrechen oder Vergehen bezweckte.

(2) Ist die Schuld des Untergebenen gering, so kann von seiner Bestrafung abgesehen werden.‹

Selbst ein deutsches Standgericht spricht das Urteil nach dem vorschriftsmäßigen Verfahren. Alle an dem Massenmord beteiligten Angeklagten müssen gewußt haben, und die meisten geben dies auch zu, daß kein ordentliches Verfahren stattgefunden hatte; folglich müssen sie alle, ob sie Herold nun für einen echten Offizier hielten oder nicht, gewußt haben, daß die ganze Verurteilung und Exekution eine strafbare Handlung darstellte. Im Fall der von Meyer erschossenen acht Männer handelte er auf eigene Verantwortung.

Ich halte dafür, daß Paragraph 47 keinem der Angeklagten eine Rechtfertigung liefert.«

Der Schlußsatz von Brigadier Inglis an den Oberbefehlshaber lautete:

»Ich füge sechs Hinrichtungsbefehle und den Verkündungsbefehl zur Unterschrift bei.«

Der Interrogator eilte durch den Korridor. Die Zeit drängte.

Er hatte gerade einen Blitzbesuch bei der Legal Division abgestattet, die im Juni von Lübbecke nach Herford umgezogen und dort in der Marlborough Kaserne untergebracht war. Er war vor einem oder zwei Tagen aus London gekommen, um einige administrative Vorbereitungen zu treffen, und jetzt wieder einmal nach Oldenburg unterwegs, wo er bei der Staatsanwaltschaft noch einige offene Fragen klären wollte, bevor der Esterwegen-Prozeß eröffnet wurde. Das Wetter begann Ende Oktober umzuschlagen, und so wollte er ohne weitere Verzögerung losfahren. Auf den schlechten Straßen wurde es bei Dunkelheit gefährlich, zumal unter ungünstigen Wetterbedingungen. Er näherte sich dem Haupteingang und sah draußen den großen Horch-Wagen warten, den man ihm mit Fahrer zur Verfügung gestellt hatte.

Als der Interrogator die Halle durchquerte, kam durch die Tür eine bekannte Gestalt auf ihn zu: Brigadier Inglis.

»Hallo, Sie sind's«, begrüßte ihn Inglis. »Sie kommen wie gerufen.« Dem Interrogator schwante nichts Gutes, als Inglis die Pfeife noch fester zwischen die Zähne klemmte. »Wenn Sie einen Moment Zeit haben, ich hätte da 'ne Kleinigkeit für Sie.«

»Nun ja, Sir, eigentlich bin ich unterwegs nach Oldenburg. Ich bin schon etwas spät dran, und der Staatsanwalt erwartet mich. . .«

Inglis lächelte.

»Wenn ich Ihnen nun sage, daß Sholto drei von Herolds Bande davonkommen lassen will, glauben Sie, daß Sie dann eine Minute erübrigen können?«

Der Interrogator machte kehrt und begleitete Inglis in dessen Büro. Er erfuhr, daß die Überprüfung den Oberbefehlshaber nicht zufriedengestellt hatte und daß er die Todesurteile für Brandt, Euler und Hagewald in Frage stellte.

»Höchst merkwürdig«, sagte Inglis, »daß der einzige Beweis gegen Brandt dessen eigene Aussage war, das hat er akzeptiert, während ich fand, bei einer Mordanklage klingt das vielleicht etwas dünn. Aber er fragt sich, ob die drei trotz allem tatsächlich so üble Burschen sind. Nehmen Sie sich ein Blatt Papier, höchstens zwei, und sagen Sie ihm, was Sache ist, einverstanden? Sie kennen sie wahrscheinlich besser als jeder andere. Geben Sie's einfach handschriftlich in meinem Büro ab, bevor Sie gehen, sind Sie so nett?«

Der Interrogator wurde in ein leerstehendes Büro geführt, ordnete seine Gedanken und schrieb:

»Notizen zur Charakteristik von

Brandt, Hermann

Euler, Josef

Hagewald, Karl, Friedrich, Wilhelm

1. Gegen alle drei Männer, die kürzlich im Herold Prozeß zum Tode verurteilt wurden, können Klagen vorgebracht werden, und zwar völlig unabhängig von denen, für die sie sich vor Gericht zu verantworten hatten: in bezug auf Euler und Hagewald Anklagen wegen Mordes; in bezug auf Brandt wegen schwerer Körperverletzung.

2. *Brandt* Dieser Mann wurde in das französische Arbeitslager entsandt, in dem Emsland-Häftlinge 1943–44 eingesetzt waren und wo er zu den Aufsehern in der Strafkompanie im Raum Calais gehörte. Die Strafkompanie an sich stand wegen ihrer brutalen Schlägermethoden in denkbar schlechtem Ruf – ein Ruf, den Brandt stetig wahrte, wenn nicht noch vermehrte. Beweise dafür, daß er Gefangene fortgesetzt schlug, finden sich in den eidesstaatlichen Erklärungen von Rudolph Hammers (Abs. 3), Michael Hamacher (Abs. 47 und 48), Karl Guthörl (Abs. 2 und 3) und Edmund Collies (Abs. 10).

Der Zeuge Kurt Brennholt sagt aus, daß Brandt die Patienten in dem von ihm verwalteten Krankenrevier schlug. All diese eidesstattlichen Erklärungen sind in Band 1 des Anhangs zum Emsland-Bericht enthalten.

3. *Euler* Über die ihm bereits zur Last gelegten Morde hinaus gibt Euler in Paragraph 3, 6 und 8 seiner zweiten

Aussage (Band 1) zu, an der Tötung von drei weiteren Gefangenen zusammen mit einem Kameraden, Widhalm, teilgenommen zu haben.

Das Eigenlob, mit dem Euler sich seines Geschicks bei der Verabfolgung von Gnadenschüssen rühmt, bedarf wohl kaum eines weiteren Kommentars. Seine Mordgier ließe sich erforderlichenfalls auch noch durch seine eigenen Worte belegen, die vielleicht am besten die abgestumpfte Gefühllosigkeit seines Tuns unterstreichen:

›Ich zog meine Pistole und feuerte auf den Gefangenen. Der erste Schuß ging fehl, aber der zweite tötete ihn sofort, wodurch ein Gnadenschuß überflüssig wurde.‹ (Zweite Aussage, Paragraph 10).

4. *Hagewald* Obwohl dieser Mann seit 1925 als Berufsbeamter im Strafvollzug tätig war, steht er wegen seiner aktenkundigen Brutalität in den Emslandlagern nahezu unerreicht da. Eine Zusammenfassung seiner Aktivitäten als Oberaufseher in Lager VII wird in Paragraph 449 des Emsland-Berichts gegeben.

Die Beschuldigung, auf dem Marsch nach Collinghorst einen Gefangenen ermordet zu haben, indem er mit dem Gewehrkolben auf ihn einschlug, bis dieser zerbrach, findet sich in den eidesstattlichen Erklärungen von Schweidler (Abs. 4), Stawicki (Abs. 5), Ruettgers (Abs. 4) und wird durch die eidesstattliche Erklärung von Halmbert (Abs. 2) begründet. Von Mord durch Erschießen auf dem Marsch nach Collinghorst ist in den eidesstattlichen Erklärungen von Ruettgers (Abs. 4) und Kotecki (Abs. 4) die Rede. Ein Bericht über das Zusammenschlagen eines Gefangenen, der später an den Verletzungen starb, wird in der eidesstattlichen Erklärung von Kleinert (S. 2) gegeben, und Bürgler (Abs. 7) berichtet von einer außergewöhnlich schweren Mißhandlung, bei der die Schläge zusammen mit anderen Wachmännern über einem Tisch verabfolgt wurden. Zahlreiche Aussagen über Hagewalds brutale Schlägermethoden, mit den Händen oder mit einem Gummiknüppel, finden sich in den eidesstattlichen Erklärungen von Albrecht (Abs. 3), Dahler-Kaufmann (Abs. 4),

Hammers (Abs. 2), Brennholt (Abs. 4), Grabowski (Abs. 1), Hartmann (Abs. 6), Moehlen-Everts (Abs. 2), Heinz Müller (Abs. 3), Kotecki (Abs. 2), Kotulla (Abs. 4), Thomas (Abs. 3) und Schweidler (Abs. 2). Weitere Beweisdokumente für Hagewalds Verhalten auf dem Marsch nach Collinghorst liegen bei der Staatsanwaltschaft in Leer. Ein charakteristisches Merkmal für dieses beeindruckende Register ist vielleicht die komplette Gleichgültigkeit des wohlbestallten Sachkundigen, die aus Paragraph 5 von Hagewalds erster Aussage spricht:

›Während des Marsches brach ein Mann zusammen, aber ob er in Ohnmacht fiel oder bloß simulierte, kann ich nicht sagen. Ich verabreichte ihm ein paar Schläge mit meinem Gummiknüppel und sagte zu ihm, er könne auch gleich dort liegenbleiben.‹«

Der Interrogator lieferte seine Hausaufgabe ab und fuhr weiter nach Oldenburg.

28

Die Schlußszene im Fall Herold fand im Gefängnis von Wolfenbüttel statt. Der Henker, Hehr, war ein munterer Hannoveraner, der sein Amt in der Kaiserzeit angetreten, es in der Weimarer Republik und im Dritten Reich weiterhin ausgeübt hatte und nun auf seine alten Tage in gleicher Eigenschaft für die britische Militärregierung tätig war.

Pellers Gnadengesuch war genehmigt worden, und der Oberbefehlshaber hatte, wenn auch zögernd, die Hinrichtungsbefehle für die verbliebenen sechs Verurteilten unterzeichnet: Herold, Schütte, Meyer, Euler, Hagewald und Brandt. Die Hinrichtung sollte am Donnerstag, dem 14. November, morgens stattfinden. Der Interrogator traf am 13. November abends in Braunschweig ein, um tags darauf seinen vom Gericht erteilten Auftrag als Zeuge bei der Exekution zu erfüllen.

Aus dem Tagebuch des Interrogators

Braunschweig, 14. November 1946

Heute vormittag wurden sie geköpft. Sechs in dreizehn Minuten. Präzisionsarbeit. Jetzt, zwei Brandys und ein Mittagessen später, muß ich das alles niederschreiben. Alle, die mir als Augenzeugen von Enthauptungen berichtet hatten, erklärten übereinstimmend, sie hätten es als rasche, saubere Prozedur empfunden und ganz emotionslos reagiert. Zu meiner großen Überraschung stellte ich fest, daß sie recht hatten. Die heftige Gemütsbewegung, die ich bei der Urteilsverkündung erlebt hatte, wiederholte sich nicht.

Ich meldete mich beim Gefängnisdirektor – oder vielmehr seinem Stellvertreter, da er selber abwesend war – gegen zwanzig vor zehn. Um zehn vor zehn gingen wir von seinem Büro hinunter zum Hinrichtungsraum, der sich in einer Art Baracke im Hof befindet. Es gibt darin auch eine Zelle für die Verurteilten, aber für unsere sechs wurde sie nicht benutzt. Sie sollten nicht zu Ohrenzeugen der anderen Hinrichtungen werden, bevor die Reihe an ihnen war.

Der Exekutionsraum selbst ist durchaus angemessen – dunkle Eiche mit hellbraunen Fliesen. Der einzige Einrichtungsgegenstand, den man beim Eintritt sieht, war ein großer Altar aus dunklem Holz mit zwei riesigen brennenden Kerzen. Auf das dazwischen stehende Pult legte ich meine Hinrichtungsbefehle. Die andere Hälfte des Raums war durch einen zugezogenen Vorhang abgeteilt. Vor diesem stand Hehr mit seinen Gehilfen. Bei unserem Eintritt nahmen sie Haltung an, Hehr trat forsch einen Schritt vor und machte Meldung.

Ich bat darum, das Fallbeil zu inspizieren. Der Vorhang wurde aufgezogen, und Hehr zeigte mir sein Handwerkszeug mit liebevoller Gründlichkeit. Das Fallbeil, aus bestem Solinger Stahl, wiegt 38 Pfund und wird duch ein kleines Rad oder eine Kurbel mit Rollen betätigt.

Zwei Minuten vor zehn entstand Panik. Hehr erklärte dem stellvertretenden Direktor, er habe noch keine schriftlichen Anweisungen für die Hinrichtung erhalten und wolle sich keines Mordes schuldig machen. Der stellvertretende Direktor hatte die Schriftstücke in der Aufregung auf seinem Schreibtisch liegenlassen. Er stellte Hehr vor die Frage: Sollte er nach oben gehen und sie holen, womit die Exekution nicht pünktlich beginnen würde? Oder wäre es Hehr lieber, sich auf meine, vom Oberbefehlshaber persönlich unterzeichneten Hinrichtungsbefehle zu verlassen und pünktlich anzufangen, während die schriftlichen Anweisungen für ihn inzwischen geholt würden? Hehrs Sinn für Ordnung, Disziplin und Pünktlichkeit gewann offenbar die Oberhand, denn er willigte ein, sofort anzufangen, nachdem er meine Hinrichtungsbefehle durchgelesen hatte.

Auf der anderen Seite des Vorhangs waren sechs Särge gestapelt.

Unsere sechs wurden von 10 Uhr bis 10 Uhr 13 ins Jenseits befördert. Sie kamen einzeln herein, in einem weiten, pyjamaähnlichen Kleidungsstück, an den Füßen Leinenschuhe mit geflochtenen Sohlen. Bei jedem bestätigte ich die Identität, und dann übernahmen ihn Hehrs Gehilfen. Sobald das Fallbeil heruntergesaust war, wurde der Vorhang zugezogen und alles wieder in Ordnung gebracht. Die ganze Prozedur, vom Eintritt bis zum Tod, dauerte etwa vier Sekunden. Der Geistliche, der dem Vorgang beiwohnte, hatte uns allen zu Anfang einen leichten Schock versetzt, als er die *Erlaubnis erbat* zu beten; er sagte, es wäre ihm lieber, nicht für jeden einzeln zu beten, sondern am Schluß ein Gebet für alle gemeinsam und für ihre Angehörigen zu sprechen. Ein guter Gedanke.

Der stellvertretende Direktor, der entschlossen das Gesicht der Wand zukehrte, meinte, er fände mich sehr kaltblütig – als ob mir in einem solchen Augenblick wohl etwas anderes übriggeblieben wäre. Ich war erstaunt. Meine Gedanken galten weniger den sechs Männern, sondern vielmehr ihren Opfern und den Angehörigen aller Betroffenen, erklärte ich ihm.

Ich bin froh, diese Sache bis ganz zum Ende durchgestanden zu haben.

Bevor der Interrogator das Kasino in Braunschweig verlassen konnte, sah er sich den unvermeidlichen Fragen von Offizieren ausgesetzt, die wußten, weshalb er hergekommen war.

»Wie war Willi Herold nun wirklich? Was trieb ihn?« wollte ein Hauptmann wissen.

Der Interrogator schwieg einen Moment. Was eigentlich hatte Willi Herold getrieben? Natürlich mußte sich die Antwort aus vielen einzelnen Bestandteilen zusammensetzen, wenngleich vielleicht weder so tiefschürfend noch so simplifizierend, wie es uns manche pseudowissenschaftliche Soziologen gern glauben machen würden. Er war geistig und moralisch nicht ganz gefestigt, aber damals galt das für viele Menschen jeden Alters. Vom juristischen Standpunkt war er geistig gesund: Er hatte gewußt, was er tat, und daß es Unrecht war. Er war ein Produkt seiner Zeit und hatte die Gelegenheiten wahrgenommen, die sich ihm unter gänzlich außergewöhnlichen Umständen boten. Er hatte Persönlichkeit und Charme, aber nicht den entsprechenden Charakter. Dennoch hatte er angesichts der Ängste und quälenden Ungewißheit dieses Morgens mehr Mut bewiesen als die anderen. All diese Dinge gingen dem Interrogator durch den Kopf – und sollten danach noch oft wiederkehren.

»Im Grunde war es für ihn das größte und beste Indianerspiel seines Lebens«, erwiderte er, »nur eben mit scharfer Munition auf reale Menschen.«

Er hielt abermals inne.

»Jammerschade«, sinnierte er. »Unter glücklicheren Umständen hätte er einen verdammt guten Offiziersburschen abgegeben.«

233

Epilog

29

Unter den folgenden Prozessen zum Komplex Emsland gab es einen, der einen direkten Bezug zum Fall Herold hatte.

Gegen Ende 1946 wurde die Frage wieder aufgegriffen, weshalb das Kriegsgerichtsverfahren gegen Herold bei Kriegsende nicht ordnungsgemäß verlaufen war, so daß die Deutschen die in jenen unheilvollen Tagen in Aschendorf und Leer entstandenen außerordentlichen rechtlichen Probleme selber hätten lösen können. Ein höherer Beamter im Büro des Generalstaatsanwalts in Oldenburg, Staatsanwalt Bormann, war mit dieser Untersuchung beauftragt. Sie konzentrierte sich auf die Frage, ob Kriegsmarinerichter Franke oder Konteradmiral Weyher oder beide schuldhaft gehandelt hatten, als sie den Mordprozeß gegen Herold in Norden abbrachen und ihn statt dessen zur Frontbewährung im Sonderbataillon Emsland auf freien Fuß setzten.

Horst Franke wurde am 29. April 1900 in Leipzig geboren. Im April 1945 war er Marinerichter beim Seekommandanten Ostfriesland, unter Weyher als Gerichtsherrn. Als leitender Offizier im Führungsstab war er verantwortlich für die organisatorische Vorbereitung des Herold-Prozesses, als dieser in Aurich unter anderem des Mordes angeklagt wurde; für die Verlegung des Kriegsgerichtsverfahrens von Aurich nach Norden; und für sachgemäße juristische Unterrichtung und Beratung seines Flaggoffiziers, der die Verantwortung für die endgültige Entscheidung und Unterzeichnung trug. Bei Kriegsende hatte sich Franke nach Norderney zurückgezogen, wo er noch während des Jahres 1946 wohnte.

Kurt August Viktor Weyher wurde am 30. August 1901 in Graudenz geboren. Er war 1918 gegen Ende des Ersten

Weltkriegs als Kadett in die kaiserliche Marine eingetreten und seither Berufsoffizier. In den ersten beiden Jahren des Zweiten Weltkriegs führte er das Kommando auf dem »Hilfskreuzer 36« (später umbenannt in »Orion«) im Pazifik; auf See gefangengenommene britische Matrosen wurden an Bord seines Schiffes gut behandelt, wie damalige Unterlagen nachweisen. Während seiner ganzen Laufbahn hatte er sich bis 1942 entweder auf See oder in Übungslagern befunden, so daß er erst spät Erfahrung mit Stabsaufgaben sammeln konnte. Offiziere der deutschen Wehrmacht durften auch nach Hitlers Machtergreifung nicht in die Partei eintreten, wenngleich einige eindeutig sehr viel mehr »politisch« orientiert waren als andere. Weyher war nicht »politisch«; er widersetzte sich sogar beharrlich einer Parteimitgliedschaft seiner Frau. Dies war nun der Mann, der im November 1944 zum Konteradmiral und Seekommandanten Ostfriesland befördert wurde.

Staatsanwalt Bormann leistete beim Zusammentragen des Beweismaterials meisterhafte Arbeit. Die Akten des Kriegsgerichts von 1945 waren natürlich vernichtet worden, doch er unternahm einen kühnen Versuch, die Unterlagen zu rekonstruieren. Er befragte annähernd ein Dutzend Zeugen, darunter Kremer, den damaligen Vorsitzenden des Kriegsgerichts, der nach wie vor in Norden lebte; ebenso Herrmann, den Ankläger, den er in dessen Nachkriegspraxis in Bielefeld ausfindig machte; und schließlich Hübner, der Herold verhaftet hatte und jetzt in Hof wohnte. Franke wurde am 23. und Weyher am 28. Januar 1947 verhaftet. Beide wurden ins Gefängnis nach Oldenburg überstellt, um Bormann bei seinen Nachforschungen zu unterstützen. Am 28. Januar wurde schließlich gegen sie Anklage erhoben, daß sie

»im Mai 1945 in Norden – als Beamte, die vermöge ihres Amtes zur Mitwirkung bei einem Strafverfahren und bei der Vollstreckung einer Strafe berufen sind, wissentlich jemand der im Gesetz vorgeschriebenen Strafe entzogen haben.

Die Beschuldigten veranlaßten – der Beschuldigte Franke in seiner Eigenschaft als leitender Richter bei dem Gericht Seekommandant Ostfriesland, der Beschuldigte Weyher als Konteradmiral und Gerichtsherr –, daß der Angeklagte Herold, gegen den ein Verfahren wegen

Mordes u. a. anhängig war, aus der Haft entlassen wurde, ohne daß eine gesetzliche Grundlage für die Haftentlassung bestand.

– Verbrechen nach Paragraph 346 StGB.«

Der Prozeß wurde für den 21. Februar angesetzt. Er fand in einem der herrlichen historischen Säle des Oberverwaltungsgerichts am Schloßplatz in Oldenburg statt. Den Vorsitz führte Amtsrichter Hülle. Bormann trat als Ankläger auf. Dr. Schauenburg hatte die Verteidigung von Franke und Dr. Reuter die von Weyher übernommen.

Bormann begann mit der bekannten Darstellung des Falles und des zeitgeschichtlichen Rahmens. Dann machten die Zeugen und die Angeklagten ihre Aussagen.

Aus Hübners Zeugenaussage ging eindeutig hervor, daß die wesentlichen Punkte von Herolds ungesetzlichen Handlungen, einschließlich der Massenexekution im Aschendorfer Moor und der Erschießung der Holländer in Leer, beim ersten Verhör in Aurich klar bewiesen wurden. Herold hatte sie in der Tat zugegeben. Dies alles war Franke von Hübner berichtet worden.

Durch Herrmann wurde weiterhin erhärtet, daß Hübners Erkenntnisse durch sein eigenes Verhör mit Herold bestätigt worden waren und in seiner Anklage vor dem Kriegsgericht in Norden begründet wurden. Herrmann hielt den Tatbestand in dem Fall für klar und eindeutig und die Mordanklagen vermittels der schrecklichen Geschehnisse jener Tage für so wohlbegründet, daß er beschlossen hatte, mit den ein Leben lang geübten beruflichen Gepflogenheiten zu brechen und für Herold nicht nur ein Todesurteil zu fordern, sondern ausdrücklich Tod durch den Strang, da nur dies und nichts anderes für eine Serie derart grauenhafter Verbrechen angemessen erschien.

Dr. Kremer bekundete, wie sehr er mit Herrmanns Auffassung des Falles übereingestimmt habe, als er die Unterlagen vor dem Kriegsgericht studierte. Es handelte sich um einen klaren Fall von Mord. Herold hatte seine Greueltaten eingestanden, und das Verfahren hätte am selben Tag mit Herolds Verurteilung und Verhängung der Todesstrafe enden sollen. Und so wäre es auch gekommen, wenn nicht der ranghöhere Beisitzer eine andere Meinung vertreten hätte, so daß nach zweieinhalbstündiger Debatte offenbar nichts anderes übrigblieb, als sich bis zum nächsten Tag zu vertagen. Und inzwischen hatte sich das dritte rangjüngere Mitglied des Kriegsgerichts Kremers Standpunkt angeschlossen. Daß zur gleichen Zeit der Angeklagte Herold dem Gericht ohne jede vorherige Benachrichtigung direkt vor der Nase weggeschnappt würde, diese Möglichkeit war ihnen überhaupt nicht in den Sinn gekommen. Er schilderte die Reaktionen an jenem zweiten Tag:

»Herrmann und ich waren über die Maßen empört, als dieses Ergebnis bekannt wurde. Wir tauschten sehr offen unsere Meinungen aus und gaben unserem Unmut laut Ausdruck.«

Die Aussagen der Angeklagten bestanden vorwiegend in gegenseitigen Schuldzuweisungen. Weyhers Verteidigung war einfach: Franke hatte ihm nur die Hälfte mitgeteilt.

»Franke. . . berichtete, daß ein Mann namens Herold, ein Gefreiter in der Uniform eines Hauptmanns der Luftwaffe, sich unbefugt Rechte angemaßt hatte. Herold hatte Deserteure im Frontgebiet vor ein Standgericht gebracht und ein paar Leute erschossen. Franke erklärte, Herold habe dabei militärisch keinen Schaden verursacht, ganz im Gegenteil habe er durch sein persönliches Vorgehen gegen Deserteure zur Stärkung der kämpfenden Front beigetragen. Franke hob Herolds Schneid ausdrücklich hervor und schlug seine Versetzung an die Front vor, wo er seine Qualitäten unter Beweis stellen könne. Er empfahl daher Frontbewährung und Verschiebung des Gerichtsverfahrens.«

Auf Befragung des Anklägers fügte Weyher hinzu:

»Die Behauptung, Franke habe mir irgend etwas von Massenexekutionen berichtet, ist völlig unzutreffend. Er hat mich auch nicht über den aktuellen Stand des Verfahrens informiert. Insbesondere war mir nicht bekannt, daß Herold bereits wegen Mordes, Fahnenflucht, unbefugter Freilassung von Gefangenen und so weiter angeklagt worden war, noch daß der Staatsanwalt Tod durch den Strang gefordert hatte. . . Tatsache ist, daß ich in diesem Fall einfach Frankes Vorschlag zustimmte. Wäre ich gegenteiliger Ansicht gewesen, ist es undenkbar, daß ich eine Entscheidung getroffen hätte, ohne die Meinung des Gerichts zu hören. . . Hätte Franke mir den Fall so dargestellt, wie er jetzt nach Aktenlage aussieht, wäre es für mich gar nicht in Frage gekommen, Herold zur Frontbewährung freizulassen. Das hätte ich niemals getan.«

Weyher erklärte ferner, er habe nicht angeordnet, die Gerichtsakte über den Fall Herold zu vernichten. Er habe über dieses Thema nur einmal mit Franke gesprochen, und zwar einen Monat zuvor, als angesichts der vorrückenden feindlichen Streitkräfte bestimmte Kategorien von Dokumenten zur Vernichtung oder Verlagerung markiert worden waren.

Frankes Verteidigung war nicht minder einfach: Er hatte das getan, was sein Vorgesetzter Weyher von ihm verlangt hatte.

Weyher hatte ihn beauftragt, wie er sagte, das Kriegsgerichtsverfahren zu beenden und Herold zur Frontbewährung freizulassen; die Gerichtsakte war auf Weyhers Anweisung vernichtet worden. Franke räumte ein, daß er Herolds Verhaltensweise weitaus weniger streng beurteilt habe als Herrmann und Kremer, erklärte dies aber für berechtigt angesichts von Herolds militärischem Auftreten und der Bereitschaft der SS, ihn im Sonderbataillon Emsland aufzunehmen. Er behauptete, Urbanek habe dies ausdrücklich im Namen des Bataillons verlangt, die Initiative sei von dort, nicht von ihm selbst ausgegangen. Maat Horst Prawitt, Herolds Verteidiger vor dem Kriegsgericht, bestätigte diesen letzten Punkt und bekundete, er sei bei der Zusammenkunft von Franke und Urbanek zugegen gewesen, als letzterer um Herolds Freilassung nachsuchte. Frankes Verteidigung stützte sich in der Hauptsache darauf, daß Frontbewährung nach Paragraph 20 der Kriegssonderstrafrechtsverordnung bei Rechtsverfahren eine Alternative darstellte.

Der Staatsanwalt kam auf die Anklage zurück. Sein erster Punkt betraf Frankes generelle Einstellung zum Fall Herold. Franke hatte – im Gegensatz zu den meisten anderen, denen die Tatsachen bekannt waren – keine Spur von Abscheu gezeigt. Es blieb dahingestellt, inwieweit Weyher nun genau unterrichtet worden war oder nicht, aber es bestand kein Zweifel, daß Franke durch Hübner und Herrmann einen umfassenden Überblick erhalten hatte. So einfach konnte Franke nicht von dem abrücken, was er als Weyhers Entscheidung deklarierte. Laut Paragraph 7 der Kriegsstrafverfahrensverordnung hatten der vorladende Offizier und sein vorgesetzter Rechtsoffizier die Entscheidung zu unterzeichnen, und wenn der Rechtsvertreter mit seinem Vorgesetzten nicht übereinstimmte, mußte er dies schriftlich mitteilen und begründen. Franke hatte nichts gesagt, sondern unterschrieben, war also einverstanden und übernahm durch seine Unterschrift die Mitverantwortung.

Der Staatsanwalt machte sich nun daran, Frankes Auslegung von Paragraph 20 der Verordnung als juristische Rechtfertigung des von ihm und Weyher eingeschlagenen Weges zu zerpflücken.

»Am 19. September 1938 erließ das Oberkommando der Wehrmacht Ausführungsbestimmungen (Reichsgesetzblatt 1939, I, S. 1477). Darin heißt es:

Diese Vorschriften können insbesondere Anwendung finden

1. wenn die Beschuldigungen nicht zugleich den Vorwurf unehrenhafter Gesinnung enthalten (z. B. fahrlässige Straftaten) und militärische Belange nicht gefährdet werden;

2. wenn die Straftat so weit zurückliegt, daß für ihre Verfolgung während des Kriegszustandes kein Bedürfnis besteht;

3. wenn das Ermittlungsverfahren im wesentlichen abgeschlossen ist.

Diese Voraussetzungen waren im Fall Herold nicht gegeben; er war vielmehr bereits vor einem Kriegsgericht zur Verhandlung gekommen und das Urteil hätte am selben Tag ergehen sollen.«

Das Gericht zog sich zurück, und am 24. Februar verkündete der Vorsitzende das Urteil. Im wesentlichen stellte es fest, daß Frontbewährung nach geltendem Recht und unter den im April 1945 herrschenden Umständen für Franke und Weyher eine legale Wahlmöglichkeit bot. Angesichts der widersprüchlichen Aussagen war es unmöglich, dabei bestehendes schuldhaftes Verhalten Einzelpersonen zuzumessen. Deshalb wurden beide Angeklagten für nicht schuldig befunden und freigelassen.

Vor dem Gerichtssaal wurde weiter darüber spekuliert, was wohl tatsächlich dahinterstecken könnte, um dieses außergewöhnliche Nachspiel zu Herolds blutbesudeltem letzten Lebensabschnitt zu erklären. Die Oldenburger Staatsanwaltschaft hatte vor dem Prozeß behauptet, sie habe Beweise dafür, daß Franke örtlicher Parteisekretär gewesen sei. Wie dies einem Wehrdienst tuenden Offizier möglich gewesen sein sollte, ist schwer einzusehen, und dem Gericht wurde keinerlei Beweis für diese Behauptung vorgelegt. Doch es könnte einen Anhaltspunkt bieten. An Frankes starken Sympathien für die Partei dürfte kaum Zweifel bestehen, und er mag es für durchaus opportun gehalten haben, die Dinge nach besten Kräften zugunsten der Partei zurechtzubiegen, als Urbanek in SS-Uniform erschien und Herolds Freilassung verlangte, dessen frühere Handlungen von der Partei unterstützt worden waren.

Das muß Spekulation bleiben. Doch eines stand am Ende jenes Prozesses mit Sicherheit fest: Zwischen dem ganzen Rechtsstreit, zwischen Selbstrechtfertigung und Ausflüchten waren die Greueltaten Herolds und das sträfliche Versäumnis, ihn 1945 zur Rechenschaft zu ziehen, irgendwo auf der Strecke geblieben.

Und damit wäre dann der Fall ja wohl erledigt. . .

Berichtigungen/Ergänzungen zur 2. Auflage 1995

S. 14, 2. Abs., 1. Z. und
S. 35, 4. Abs., 10. Z.:   Walter Freytag
richtig: Reinhard Freitag
      [Anm.: F. ist Ende der 80er Jahre in Bayern gestorben]

S. 15, 2. Abs., 2. Z.:   ... das erste Konzentrationslager in Oranienburg
richtig: ... eines der ersten Konzentrationslager in Oranienburg

S. 24, 4. Abs., 1. Z.:   Militärpolizei
richtig: Feldgendarmerie

S. 25, 2. Abs., 3. Z. und
S. 35, 4. Abs., 12. u. 16. Z.: ... zum Unteroffizier ›beförderte‹, ...
richtig: ... zum Oberjäger ...
      [Anm.: Bei den Fallschirmjägern hieß ein Uffz. Oberjäger]

S. 33, 2. Abs., 5. Z. und
S. 34, 4. Abs., 1. Z.:   ... Gestapo in Emden...
gemeint ist: Grenzpolizeikommissariat Emden der Stapostelle Wilhelmshaven
      [Anm.: In Grenzorten wurde die Stapo als Grepo bezeichnet]

S. 34, letzter Abs., 4. Z.: Militärpolizist
richtig: Offizier der Feldgendarmerie

S. 49, 3. Abs., 2. Z.:   Feldwebel
richtig: Bootsmann (Feldwebel der Marine)

S. 49, eingerückter Abs.: Korvettenkapitän Deharde
richtig: Standortkommandant in Leer war zu der Zeit Fregattenkapitän Frey

S. 57, 2. Abs., 2. Z.:   In Ihrhove
richtig: in Ihren bei Ihrhove

Ergänzung:	Am bzw. um den 20.4. wurden in Ihren 2 deutsche Soldaten oder 2 uniformierte ›begnadigte‹ Häftlinge seiner ›Leibwache‹ erschossen.
S. 57, 3. Abs., 3. Z.: Ergänzung:	Hotel Oranien: Brunnenstraße 5 Gasthof Schützengarten: Heisfelder Straße 135 Herold meldete sich beim damaligen Stadtkommandanten, Fregattenkapitän Frey, beim Kreisleiter Steckert und bei Bürgermeister Drescher, um Untersuchungen auf seine Einheit und deren Status vorzubeugen.
S. 58, 1. Abs., 6. Z.:	Anneliese Thiemann war verheiratet mit einem Bootsmann (Musiker) der 8. Schiffsstamm-Abteilung, Leer.
S. 59, 1. Abs., 2. Z.: Ergänzung:	Burfehnerweg im Veenkampsland jetzt ›Alter Weg‹, zum Leeraner Ortsteil Nüttermoor Veenkampsland = Ländereien von Bohlsen Die Erschießungen erfolgten in der Nähe des großen Aschenhaufens der städtischen Müllabfuhr (Alter Wasserturm).
S. 59, 3. Abs., 9. Z.: richtig: Ergänzung:	... nicht unbemittelter Bäcker namens Jansen ... Bäckermeister Wilhelm Janßen, verstorben Die 10.000 Reichsmark wollte Herold bei dem Stabsarzt Köhler, Reservelazarett Leer, einzahlen. Wegen der unbekannten Herkunft wurde die Geldannahme verweigert.

S. 60, eingerückter Abs.:
Ergänzung: Diese ›Urteile‹ wurden bei Herolds
                                Festnahme im ›Schwarzen Bär‹ in
                                Aurich aufgefunden.

S. 60, 5. Abs., 4 Z.:   Ilona Pieper
Ergänzung: Irmgard Ilona Pieper

S. 60, 6. Abs., 1. Z.:
Streichung: Das war der letzte Coup, den Willi
                                Herold landete.
Ergänzung: Am 25. April 1945 hat Herold den
                                desertierten Marinesoldaten Emil
                                Pausch, Jahrgang 1922, aus dem
                                Sudetenland, am Tor des Gefängnis-
                                ses in Leer erschießen lassen. Dieser
                                in Ketten gelegte Mann ist auf dem
                                Friedhof an der Heisfelder Straße
                                beerdigt worden.
                                Einen Tag später, am 26. April 1945
                                hat Herold vor dem Hotel ›Oranien‹
                                den geistig behinderten Carl-Heinz
                                Schulz, genannt Witter, aus einem
                                nichtigen Anlaß (Berühren ›seines‹
                                Dienstwagens) angeschossen; er ist in
                                seiner benachbarten Wohnung,
                                Brunnenstraße 1, verblutet.

S. 60, letzte Z.:   25 Kilometer nördlich von Leer...
richtig: 32 Kilometer ...

S. 62, 1. Abs., 3. Z.:   Alle verhaftet
richtig: Alle festgenommen
[Anm.: Weil die Marine und nicht die Feldgendarmerie
die Festnahmen durchführte, wurde leider versäumt, die
genauen Personalien und die letzte richtige Einheit festzustellen. Das führte bei den Nachkriegsermittlungen zu
erheblichen Schwierigkeiten; s.a. S. 63]

S. 67, 4. Abs., 3. Z.:	verhaftet
richtig:	festgenommen

S. 88, 5. Abs., 3. Z.:
[Anm.: Ein ehemaliger Major der Fallschirmjäger namens
Gramse wohnte nach dem Krieg in Braunschweig.]

S. 91, 6. Abs., 5. Z.:	Infanterie-Angriffsabzeichen
richtig:	Infanterie-Sturmabzeichen
Ergänzung:	Im Kürschnergeschäft Julius Müller, Leer, Mühlenstraße 2–4, das während des Krieges auch Orden usw. anbot, suchte Herold nach einem Ritterkreuz. Angeblich war ihm dieser Orden vom Führer verliehen worden, und die Frontlage ließ eine Urkunden- und Ordensübersendung nicht mehr zu.
S. 112, letzter Abs. 2. Z.:	Totenscheine
richtig:	Sterbeurkunden
S. 118, 1. Abs., 15. Z.:	Kriminalrat Struve von der Gestapo Emden
richtig:	Kriminalrat Struve, Leiter des Grenzpolizeikommissariats Emden der Stapo
S. 131, 3. Abs., 5. Z.:	
Ergänzung:	in der Bar ihres derzeitigen Logis im Hotel Schöneck (Das Hotel gibt es heute noch)
S. 218, 1. Abs., 29. Z.:	Gefängniswärter Max Berndt
richtig:	Gefängniswächter Max Berndt
S. 230, 1. Abs., 7. Z.:	Staatsanwaltschaft in Leer
richtig:	Staatsanwaltschaft in Aurich